UMA QUESTÃO DE COR

CB078181

CONSELHO EDITORIAL BLUCHER

André Luiz V. da Costa e Silva

Cecilia Consolo

Dijon De Moraes

Jarbas Vargas Nascimento

Luís Augusto Barbosa Cortez

Marco Aurélio Cremasco

Rogerio Lerner

COMISSÃO CIENTÍFICA

Federação Psicanalítica da América Latina (Fepal)

Blucher

UMA QUESTÃO DE COR

Decolonialidade e psicanálise

Organizadoras

Maria José T. Barbos Irmã

Rafaela Degani

Uma questão de cor: decolonialidade e psicanálise
© 2024 Maria José Tavares Barbos Irmã e Rafaela Degani (organizadoras)
Editora Edgard Blücher Ltda.

Série Fepal: psicanálise latino-americana
Coordenadora científica Marina Massi

Publisher Edgard Blücher
Editor Eduardo Blücher
Coordenação editorial Rafael Fulanetti
Coordenação de produção Andressa Lira
Produção editorial Quirino Edições
Diagramação Joyce Gama Rosa
Capa Laércio Flenic
Colaboração Leo Mangiavacchi (designer – Fepal)
Arte no Terreiro de Yiá (2021), de Rona. Massa acrílica, tinta acrílica, lápiz carvão e lápiz pastel sobre lona. 1,60x1,56m. Foto: Pâmela Perez

Blucher

Rua Pedroso Alvarenga, 1245, 4º andar
04531-934 – São Paulo – SP – Brasil
Tel.: 55 11 3078-5366
contato@blucher.com.br
www.blucher.com.br

Segundo o Novo Acordo Ortográfico, conforme 6. ed. do *Vocabulário Ortográfico da Língua Portuguesa*, Academia Brasileira de Letras, julho de 2021.

É proibida a reprodução total ou parcial por quaisquer meios sem autorização escrita da editora.

Todos os direitos reservados pela Editora Edgard Blücher Ltda.

Dados Internacionais de Catalogação na Publicação (CIP)
Angélica Ilacqua CRB-8/7057

Uma questão de cor : decolonialidade e psicanálise / organizado por Maria José Tavares Barbos Irmã, Rafaela Degani. - São Paulo : Blucher, 2024.
288 p. (Série Fepal / coordenadora Marina Massi)
Bibliografia
ISBN 978-85-212-2267-5
1. Psicanálise 2. Racismo I. Irmã, Maria José Tavares Barbos II. Degani, Rafaela III. Massi, Marina IV. Federação Psicanalítica da América Latina V. Série

24-4071 CDD 150.195

Índice para catálogo sistemático:
1. Psicanálise

Sobre a série

O projeto da Série Fepal é fruto de dois anos de trabalho como Coordenadora Científica da Fepal, durante a gestão 2022-2024, presidida por Wania Maria Coelho Ferreira Cidade.

A integração dos colegas e a produção latino-americana foram alguns dos marcos norteadores das atividades da equipe da Coordenação Científica. São pontos de encontro no *trabalho coletivo* que potencializa e abre horizontes para uma produção viva e criativa, capaz de enriquecer teoricamente, tecnicamente e clinicamente a Psicanálise.

No programa inicial da Coordenação Científica da Fepal (2022-2024), um dos objetivos principais era a função articuladora e agregadora entre as diversas áreas da Fepal, promovendo um diálogo permanente entre seus membros e entre os diversos projetos que vinham sendo realizados e os que se iniciaram em nossa gestão.

O objetivo era de integração, respeitando a criatividade, a diversidade e a autonomia, no âmbito interno das comissões de trabalho vinculadas com a Coordenação Científica: Comissão de Formação e Transmissão da Psicanálise, Comissão de Investigação, Comissão de

Casal e Família, Comissão de *Working Parties* e o Grupo de Estudos de Psicossomática.

Desse modo a Série Fepal nasce, para além das comissões da Coordenação Científica, da integração e da parceria com outras diretorias, e pretende ser um veículo de expressão e difusão dos trabalhos produzidos no âmbito da instituição Fepal.

Os cinco livros que dão início à Série Fepal vêm completos de história de trabalho e dedicação de muitos colegas psicanalistas implicados com uma compreensão mais profunda sobre as questões de desamparo, étnicas, sociais, de gênero e ambientais de nosso continente.

Compartilhamos da necessidade de, como psicanalistas, conhecer o mundo ao qual pertencemos para que possamos, de forma mais encarnada, colaborar com nossos pacientes, com os casais e famílias, com o trabalho em instituições, comunidades, grupos, e desenvolver a escuta analítica que é o nosso ofício e arte.

Meus profundos agradecimentos para todos que tornaram viável a realização deste projeto editorial.

Marina Massi
Coordenadora científica da Série Fepal

Conteúdo

Prefácio
Racismo: a comunidade psicanalítica diante da urgência de um desafio

Wania Maria Coelho Ferreira Cidade

A história deste livro teve origem antes mesmo do desejo e da possibilidade de sua publicação; ela é uma história longa, que antecede à gestão que o produziu e ao curso que deu nome à obra, "Uma questão de cor: decolonialidade e psicanálise". Esta história nasce da intenção dos povos indígenas e afrodiaspóricos de romper o silêncio, de sair das sombras do apagamento e do recalque que afastam e bloqueiam aquilo que é sentido como ameaçador.

Esta história é igualmente definida pela meticulosa obstrução de crescimento igualitário, promovida por consecutivos sistemas políticos que separam e excluem, através de mecanismos econômicos e de poder, as populações citadas. Trata-se da história do privilégio racial determinado por europeus e mantido por seus descendentes, e de passos que vêm de longe, dos povos originários ou pela migração forçada, pelo sequestro de África, exigindo voz e direito de contar a própria história.

Portanto, o livro fala antes de sua existência, como na mitologia das religiões de matrizes africanas, em que "Exu matou um pássaro ontem com a pedra que só jogou hoje", ou como na elaboração psíquica, na qual compreendemos internamente uma ideia ou um sentimento que preexistia à nossa consciência, que age internamente independente da nossa vontade. Os autores deste livro falam hoje, mas os elementos desta construção, o que a torna inteligível, vem sendo pavimentado desde o passado pelos que sofreram e pelos que vieram antes de nós.

No programa que sustentou a nossa direção da Fepal (2023-2024), dizíamos:

> *A América Latina, marcada historicamente pela colonização dos impérios espanhol e português, com algumas exceções, traz em si, na sua formação, o experimento da necropolítica, de matança real e simbólica, de matanças invisíveis que, nas palavras do filósofo e historiador camaronês Achille Mbembe, significa a soberania e o controle sobre a mortalidade, e a definição da vida "como implantação e manifestação de poder", a capacidade "de ditar quem pode viver e quem deve morrer" (2020, p. 5). Atravessada, pois, pela invasão colonial e pela eliminação de povos e de idiomas originários, a AL sofre da (...) hierarquização de suas populações, de guerras ocultas e dissimuladas fundamentadas pelas marcas afetivas desse tempo passado. É, portanto, frágil quando estratégias do autoritarismo desafiam os pactos que estabelecemos para viver em sociedade.*
>
> *(...) vêm daí também, das colonizações, a questão do poder que se manifesta na linguagem, as ideologias presentes no discurso, tal qual vemos na história de Calibán, personagem central da peça "A Tempestade" (de Shakespeare) que, não por acaso, nomeia a publicação oficial da Fepal (Wania Cidade, 10/2022).*

Formulamos, assim, uma política em que foi fundamental trazer à tona o racismo, denunciá-lo, abrir vias de discussão e de ação a respeito deste fenômeno que tem repercussões visíveis nas instituições psicanalíticas e nas clínicas particulares.

Qualquer psicanalista sensível, que olhe ao seu redor, verá o seu próprio reflexo: nuanças da mesma tonalidade de pele, do mesmo estrato social, do mesmo acesso à educação, à saúde, à habitação, à cultura. Decerto que há exceções, mas a grande maioria é branca, de classe média e não teve maiores dificuldades materiais para acessar a psicanálise. A despeito deste quadro, os psicanalistas não são afeitos a discutir o racismo antinegro, apesar de ser Freud um judeu, vítima do racismo europeu e do antissemitismo que provocou o holocausto.

Neste ponto, é digno de nota um agradecimento especial à coordenadora científica, Marina Massi (SBPSP), que expandiu a discussão sobre o racismo, promovendo o curso que deu nome a este livro: "Uma questão de cor: decolonialidade e psicanálise", tornando-o tema de um dos eixos do Congresso de Psicanálise da América Latina e fazendo desta publicação uma realidade.

Marina não esteve sozinha, contou com Maria José Tavares (SBPSP), que organizou e coordenou o curso, que, por sua vez, contou com Rafaela Degani (SBPdePA), que a ajudou a coordená-lo.

Devo agradecimentos também à secretária geral, Joyce Goldstein (SPPA), à coordenadora de Infância e Adolescência, Zoila Ortiz (Socolpsi), à diretora de Comunicação e Publicações, Adriana Pontelli (APC), à diretora de Comunidade e Cultura, Diana Zac (APdeBA), à diretora do Conselho Profissional, Maria Pia Costa (SPP). Estas mulheres, psicanalistas, mergulharam nas questões provocadas pelo racismo e puseram em prática o que antes era uma promessa: o desafio contundente de debater e de promover mudanças no ambiente psicanalítico da Federação Psicanalítica da América Latina – Fepal. Cada qual, dentro do seu espaço de atuação, mexeu em cenários malditos e pensou sobre centenários comportamentos que puseram sobre o pensamento libertador da psicanálise o véu encobridor e mofado das lembranças indesejadas.

Houve uma caminhada importante que é preciso mencionar, embora saibamos que em um universo de cinco mil pessoas, talvez cinco por cento tenham sido profundamente tocadas pelas reflexões conceituais e pelas ações deste grupo.

Lidamos com um fenômeno renitente, e reproduzido através dos séculos, com o qual os psicanalistas precisam se defrontar, pois não é razoável que se ignore a pouca frequência ou a escassa participação de não brancos entre nós. Se em quase cem anos o panorama não se alterou, se os institutos não veem a sociedade civil representada no seu interior, isto indica que necessitam de muita reflexão e de projetos que contemplem a descolonização do pensamento e a inclusão da plurietnicidade e da multiculturalidade existentes na América Latina.

Alfabetizar é preciso! Voltar no tempo, olhar o presente, mudar o futuro, como na simbologia contida no *Sankofa*, em que a história é revisitada, retornando-se ao passado para alcançar conhecimentos que promovam mudanças no futuro.

As leitoras e os leitores escutarão a multiplicidade de vozes do coro que entoa a sinfonia afrodiaspórica, e deleitar-se-ão com a existência, a subjetividade e a autoridade com que falam de si e de suas gentes, descendentes de África que, com as suas palavras, contrariam um destino vaticinado, transgridem e cortam o olhar que aprisiona e que tenta fixar o sujeito em um só lugar.

São psicanalistas, professores, filósofos, a maioria afrodescendentes, mas também indígenas e colegas que encaram o desafio de pensar e de agir sobre os efeitos do racismo na América Latina.

Tenham uma boa e inquietante leitura!

Apresentação

Maria José Tavares Barbos Irmã e Rafaela Degani

Este livro é fruto do curso *"Letramento Racial Latino-americano"* organizado pela Federação Psicanalítica da América Latina (Fepal), na gestão que tem como presidente, a psicanalista Wania Cidade, primeira mulher negra a ocupar esse lugar. O curso, "*Uma Questão de Cor: decolialidade e psicanálise*", homônimo do livro, é uma iniciativa da equipe da Coordenação Científica dessa gestão, coordenada pela psicanalista Marina Massi, que tem como um de seus eixos principais de estudo e transmissão das questões das relações raciais na América Latina.

Foram 12 aulas ministradas ao longo de um ano. Contamos com a participação de profissionais de diversas áreas, que generosamente compartilharam seu vasto conhecimento a respeito do tema. Foram encontros marcados pelo diálogo e diversidade, que se transformaram em textos presentes nos capítulos deste livro.

A América Latina é marcada por uma história de colonialismo, resistência e diversidade cultural. A psicanálise latino-americana fertilizou-se no continente, tendo hoje uma relevância mundial. Entretanto, por décadas não se discutiu o racismo, seus efeitos e causas sob um viés psicanalítico, denunciando uma desmentida coletiva em nossas instituições. Como não pensar a clínica e a teoria em nosso ofício se estamos inseridos em uma sociedade marcadamente racista? Por essa razão, julgamos urgente um projeto de letramento racial para a comunidade Fepal e demais interessados.

É premente que a psicanálise se debruce sobre as heranças do colonialismo, sobre aquilo que nos constitui enquanto sujeitos latino-americanos. Assim, este livro se apresenta não apenas como um convite ao diálogo, mas como uma ação em direção ao letramento racial tão necessário em nosso meio. Que as próximas páginas inspirem novas investigações, aguce a escuta e amplie as fronteiras de uma psicanálise ainda bastante branca e eurocêntrica.

Boa leitura.

1. Pulsão de destruição: entre racismo anti-negro e o *devir-negro* da humanidade[1]

Ignácio A. Paim FIlho

> *Assim, o ato de comer é uma destruição do objeto com a finalidade de incorporação, e o ato sexual, uma agressão com a intenção da mais íntima unificação. Essa atuação de ambas as pulsões fundamentais – em combinação ou contradição entre si – produz toda a diversidade dos fenômenos da vida.*
>
> S. Freud, 1940, p. 27.

> *Desde logo, os riscos sistemáticos aos quais os escravos negros foram expostos durante primeiro capitalismo constituem agora, se não a norma, pelos menos o quinhão de todas as humanidades subalternas.*
>
> A. Mbembe, 2018b, p. 17.

---

1 Este trabalho reproduz as ideias artigo "Pulsão de destruição – o disruptivo em ação – entre o tanático e o criativo", publicado no livro – *Racismo: por uma psicanálise implicada* (Paim Filho, 2021). Entretanto, essa nova versão revisa e amplia vários postulados postos no texto original, com destaque especial ao conceito o *Devir-Negro* de A. Mbembe (2018b). Devido a essas modificações se fez necessário um novo título, que remete ao original, mas gera torções, que acredito que fazer jus ao nome: "Pulsão de destruição: entre o racismo anti-negro e o *devir-negro* da humanidade".

Em fevereiro de 1914, Freud está concluindo seu trabalho *À guisa de introdução ao narcisismo* – libido do Eu *versus* libido objetal (segunda dualidade pulsional) – palco que faz da libido agente predominante da vida psíquica. O narcisismo estrutura o Eu em seus dois segmentos Eu-ideal e o Ideal-de-Eu. Com essa proposição disruptiva, a primeira dualidade se vê engolfada pela libido; a pulsão de autoconservação, exteriorizada na mítica primeira mamada, que, uma vez ocorrida, vai ficar subjugada à força ligante da libido. A psicose, patologia narcísica, convoca Freud para pensá-la e incluí-la no escopo da universalidade do humano: "O sonho é, portanto, uma psicose, com todos os disparates, formação delirantes e confusões sensoriais, que lhe são próprios" (Freud, 1940, p. 85). O primitivo, o mais além da neurose, se faz presente nos desafios da clínica e na cultura – a destrutividade exteriorizada no sadismo, com suas defesas narcísicas, torna-se proeminente e as *perversões patológicas* (Freud, 1905) se reconfiguram.

O porquê, desde do pensar freudiano, das guerras, das cruzadas com sua evangelização forçada, da inquisição, do fascismo, do nazismo, da escravidão, da colonização e dominação do continente africano, dos fundamentalismos e..., – enquanto traços da intrínseca crueldade humana – começa a ser concebido. Todas essas barbáries, merecem ser assinaladas, têm como seu maior agente promotor o homem branco europeu: o que se julga o civilizado por excelência.

Em julho desse mesmo ano eclode a primeira grande guerra, tendo como palco a Europa. Essa vai desenrolar-se com toda a sua destrutividade durante quatro longos anos – 1914/1918 –, fazendo do velho continente o representante maior da intolerância com os semelhantes. Essa tragédia encenada e protagonizada pelo e para o ser humano, em termos metapsicológicos, tem um dos seus pilares psíquicos edificados em torno do *narcisismo das pequenas diferenças* (Freud, 1930, p. 367). Este, que segundo Freud está entrelaçado pelas demandas do Ideal-de-Eu, que contém além da parte individual, uma parte social, "[...] o ideal comum de uma família, de uma classe, de uma nação" (Freud, 1914, p. 118). Seguindo esse pensamento, que delimita a diferença e incita segregações, entre grupos e seu efeito de *apartheid*, enfatiza: "Sempre é possível ligar um grande número de pessoas pelo amor, desde que restem outras para que se exteriorize a agressividade" (1930, p. 366). A força inóspita dos pactos narcísicos, trabalhando em prol da endogamia, em detrimento da exogamia: o estrangeiro como agente de ruptura que deve ser eliminado. Tempo que faz reflorescer, por exemplo, correntes antissemitas – o disruptivo com seus efeitos tanáticos – que atingirá seu ápice no decorrer da segunda grande guerra (1939/1945), com o holocausto do povo judeu.

No ano seguinte, em meio aos acontecimentos decursivos da guerra, Freud, na solidão da Bergasse 19, irá escrever os seus textos metapsicológicos. Entre eles destaco o trabalho *Luto e melancolia*. Esse destaque é realizado em função do vínculo intenso que esse texto de 1915 tem com o de 1914. Ambos versam sobre o lugar determinante do objeto na constituição do aparato psíquico, do estrutural ao psicopatológico: narcisismo teoria, luto e melancolia produzindo ressonâncias clínicas. Dentro de tal escopo, teremos o anúncio de que a complexidade desse aparato dar-se-á no interjogo do trabalho do luto *versus* o trabalho da melancolia. Nessa conjunção, um breve ensaio de 1916, *Transitoriedade*, cumpre um papel importante como meio de propagação da relevância do trabalho do luto para o processo de amadurecimento do sujeito e da ordem social, clima condizente para o devir de uma postura ética. A melancolia nos escraviza ao determinismo nefasto da destruição, o tanático – "[...] recua diante de tudo que é doloroso, eles sentiram sua fruição no belo prejudicada devido às ideias acerca da sua transitoriedade" (Freud, 1916, p. 223), enquanto o luto, em sua elaboração é libertador, o criativo – "Se antes o luto for superado, isso mostrará que nossa elevada avaliação dos bens culturais não sucumbiu à experiência da sua fragilidade. Reconstruiremos tudo o que a guerra destruiu *[...]*" (Freud, 1916, p. 224).

Esses trabalhos em seu conjunto vão sinalizar o caminho disruptivo para a hegemonia do princípio do prazer, calcado nos destinos da pulsão sexual e em sua íntima relação com o estado de desejo: precursores da inconfidência de vinte – anúncio de uma disposição passiva primária, produzindo ranhuras ao postulado da atividade primária, aos moldes configurados no texto *Pulsões e destino da pulsão* (Freud, 1915). O objeto começa a rascunhar seu protagonismo na estruturação da psique, tomando por referência as identificações narcísicas: o ser identificado – o Eu-ideal – que o narcisismo primário contempla. O aparelho psíquico de 1900, chamada primeira tópica, centrado no inconsciente recalcado, com sua composição representacional, começa a dar notícias de sua insuficiência: o Eu, a consciência moral, o não representável, reclamam por um *topos*, que lhes forneça os elementos necessários para atingir a dimensão metapsicológica em sua plenitude: econômica, dinâmica e topográfica. A segunda tópica (1923) começa a ser gestada.

Tal contexto, em sua relação com a destrutividade e os destinos da pulsão sexual, terá suas ressonâncias mais significativas após 1920, com o advento da dualidade pulsão de vida *versus* pulsão de morte – o disruptivo na teoria das pulsões sendo reencenado. Com essa terceira dualidade em cena, decorrente das ressonâncias da conjuntura cultural e da clínica, Freud revelará novas rupturas no até então estabelecido. Demarcação medular na instituição de Freud como um pensador inconfidente (Paim Filho, 2020).[2] Trará para o palco analítico a força disruptiva da pulsão de destruição, que conjuntamente com Eros, com seu vigor conjuntivo, vão determinar o acontecer da vida da morte: *Essa atuação de ambas as pulsões fundamentais – em combinação ou contradição entre si – produz toda a diversidade dos*

2 No artigo "Freud, o inconfidente e seus estranhos pensamentos", o autor busca fazer do inconfidente um conceito, que tem uma íntima relação com *Das Unheimliche*. Conceito que remete a ideia de ruptura – ser desleal a posturas dogmáticas – o que se antepõe ao estabelecido, como por exemplo, a *inconfidência* de vinte.

fenômenos da vida. Com esse novo postulado como agente fundante da psique, teremos a vida anímica acontecendo a partir do intricamemto dessas pulsões. Essa concepção está calcada, agora, na proposição de uma masoquismo primário, que em sua inter-relação com o narcisismo, desenhará as vicissitudes das pulsões, do sujeito psíquico.

A ideia do disruptivo, enquanto movimento de desacomodar, de quebra, de fratura no curso do *status quo,* sempre esteve presente no pensamento freudiano. Tal constatação é condizente com sua concepção de pensamento científico, delineada em *Totem e Tabu* (1913): um pensar que suporta um constante interrogar-se, fomento para romper com as fronteiras do conhecido. Evidentemente a ideia de uma pulsão de morte, como a pulsão das pulsões, que faz da pulsão de vida um mero vassalo, é uma grande ruptura, uma subversão, provavelmente tão sinistra quanto a ideia de seus demais *Shibboleth:*[3] sonhos (1914, inconsciente (1923), sexualidade infantil (1919) e complexo de Édipo (1920). Contudo, é com o conceito de pulsão de morte, ou melhor, de destruição,[4] com sua capacidade de *dissolução das conexões* (Freud, 1940, p. 25) que o disruptivo ganha contornos metapsicológicos: a força desassimiladora da pulsão de destruição visando romper com a força assimiladora de Eros – o derivativo desse embate será a melodia pulsional dominante. Recordemos que sempre guiada por Eros. Esse

3 Freud, a partir de 1914, decorrente da primeira cisão do movimento psicanalítico, nomeia quatro constructos teóricos como fundamentais, na edificação da psicanálise. Para tal vai buscar o Livro do Juìzes, do *Antigo Testamento*, a palavra armadilha – *Shibboleth*. Essa vai ser atribuída aos seguintes conceitos: sonhos (1914); sexualidade (1919), complexo de Édipo (1920) e o inconsciente (1923). Remetemos ao trabalho: *Shibboleth, Freud e o fundamental na psicanálise e no devir analista* (Paim Filho, 2010).

4 Paim Filho (2016), no texto "Silêncio: uma escuta metapsicológica " tece considerações no sentido de diferenciar pulsão de morte de pulsão de destruição. A primeira, é a pulsão situada entre o somático e o psíquico, essa sim silenciosa; a segunda, é a pulsão já no psíquico, enlaçada por Eros, portanto se faz barulhenta pelo confronto com a libido e, ao mesmo tempo, faz uma exigência de trabalho.

é que traça os itinerários a serem percorridos da repetição do mesmo à repetição diferencial. Portanto, na intricação pulsional, quer predomine a pulsão de destruição ou a libido, a resultante "[...] sempre acabará assumindo o papel de principal representante de Eros" (Freud, 1923, p. 50).

Cabe destacar que pulsão de morte com sua força centrífuga é cega, surda e muda, seus caminhos sempre serão sinalizados pela força centrípeta da libido. Sendo assim, o tanático e o criativo dependem do disruptivo da pulsão de destruição, que possui a capacidade única de desacomodar o que está acomodado e de Eros, que tem o compromisso de fazer novas ligações. Diante dessa proposição, podem ocorrer três destinos, não excludentes: a) quando a força de ligação de Eros for submetida à pulsão de destruição, o tanático irá vigorar – por exemplo, traumas precoces; b) se houver predomínio de Eros, a pulsão de destruição domesticada seguirá as regras propostas por este, espaço para criação – por exemplo, a sublimação e c) equilíbrio entre essas forças, que propicia uma homeostasia psíquica, estado potencial para o criativo e/ou tanático. Seguindo este pensar, Freud argumenta: "Um acréscimo substancial na agressividade sexual leva alguém da condição de amante à de assassino passional, enquanto que um decréscimo substancial do fator agressivo o torna tímido ou impotente" (Freud, 1940, p. 27). O fator intensidade, o mais característico da pulsão, é o grande marcador das diferenças.

Esses pontuais assinalamentos sobre o disruptivo, no pensar freudiano, têm por meta serem indicadores para exercitarmos um pensar sobre isso, centrado na pulsão de destruição, em nossa contemporaneidade: Século XXI. Esse que nasce sob a insígnia da busca pela completude narcísica. A ideia de imortalidade se faz premente, não como ficção, mas sim como um fato, acompanhados pelas certezas de sua efetivação. Segundo Harari, "para as pessoas modernas a morte é um problema técnico que pode ser resolvido" (2016, p. 31). O tempo das certezas de um "pensamento científico", atravessado pelas idealizações do pensamento animista e/ou religioso, sofre um embate 100 anos depois: a morte, por mais uma pandemia, retorna com toda a sua letalidade. Essa revivência vai reproduzir o disruptivo em vários vértices: parafraseando Freud (1917, p. 178), "[...] não somos senhores da nossa própria casa". O que julgávamos encerrado, a morte, por questões básicas de saúde e pela negligência do poder público de manter vigente de forma constante as medidas protetivas (confinamento, isolamento, distanciamento, uso de máscaras), volta a nos assombrar e, ao mesmo tempo, a morte das pessoas negras, pelo racismo institucional, começa a nos assombrar com maior transparência:

Sendo assim, pretendo abordá-la em dois segmentos: o reemergir da transitoriedade da vida, também para o povo branco, – somos seres finitos – na sociedade do querer é poder; e o emergir, de forma mais contundente, da condição social que faz parte da ordem cultural – o racismo estrutural – em particular o que está em vigor no dia/dia de nossas vidas, há 500 anos: *riscos sistemáticos [...] quinhão de todas as humanidades subalternas.* Possibilidades do povo do gigante adormecido em berço esplêndido – remanescente do narcisismo do colonizador – comece a despertar da sua *autocomplacência narcísica* (Freud, 1921, p. 207)?

Do disruptivo da pandemia viral ao disruptivo da virulência do racismo anti-negro

> *Na economia do biopoder, a função do racismo é regular a distribuição da morte e tornar possíveis as ações assassinas do Estado (Mbembe, 2018, p. 18).*

Adotando o encontro desses disruptivos como indicadores, desenvolvo um pensar sobre a potencialidade que apresentam em revelar a fragilidade do humano e questionar sobre a responsabilidade que temos na causa e na resolução dessas "guerras virais". De um lado a pandemia, com seu vírus mortal, anunciando diariamente o que não queremos saber, o inexorável ciclo da vida – nascer e morrer. De outro, por uma sinistra coincidência, a virulência diária do racismo se impõe e se expõe, com toda sua letalidade, como o genocídio do povo negro, auge das operações do *necropoder*, calcada na ideologia racial. Ambas versam sobre as atrocidades cometidas por aqueles que detêm o poder – *a necropolítica* (Mbembe, 2018) – os grandes colonizadores do passado e do presente, a pulsão de destruição atada por um Eros comprometido com ideais supremacistas de raça, classe social, gênero e... Contexto altamente disruptivo que denuncia, nos dias de hoje, para o povo branco, a precariedade da crença onipotente, assentada na veracidade da condição da universalidade da brancura, como fator de imunidade absoluta, diante das *forças descomunais, implacáveis e destrutivas* advindas do mundo externo (Freud, 1930, p. 321). Afinal vidas importam, em sua dupla face: no corpo e na alma? O que faremos diante da irrupção dessa incontestável constatação: renovação ou repetição do mesmo?

Terei com guia nessa aventura disruptiva, que implica transitar por estradas mais desconhecidas do que conhecidas, portanto, mais próximo do pulsional, a posição freudiana de 1920: "Aquilo a que não podemos chegar voando, temos de alcançar mancando … A Escritura diz que: mancar não é pecado" (Freud, citando Rücert, p. 182).

A pandemia viral – o disruptivo NA *humanidade*

> *A indisfarçada brutalidade do nosso tempo está pesando demais sobre nós. Amanhã ela deverá ser cremada, nossa pobre menina de domingo! (Freud a Pfister, 17.01.1920, p. 393).*

Como sabemos, Freud, como pensador e criador da psicanálise, sempre manteve uma interação investigativa e propositiva com a cultura e com a clínica. Desse processo temos como resultante os avanços, decorrentes de rupturas nos postulados de sua ciência do inconsciente, ou ainda, como gosto de chamá-la, a Ciência *Unheimliche* (Paim Filho, 2009). Nesse sentido, reputamos a importância da primeira guerra, as neuroses traumáticas, a compulsão à repetição, entre outros, para sua imersão na problemática da destrutividade a partir de 1920, até o final de sua obra. O que chama atenção, pela ausência absoluta, é uma outra tragédia, que se abateu de forma universal ao final da guerra (1918/1920), matando milhares de pessoas: a *Gripe Espanhola*[5].

Em relação a essa pandemia, com sua demoníaca letalidade, encontraremos breves referências em sua correspondência, algumas em relação ao seu luto, pela morte da filha Sofia, em janeiro de 1920: "[...] não estamos juntos nesse miserável momento de cativeiro e não podemos juntar-nos [...] se trata de um golpe brutal do destino este que roubou a nossa Sofia, algo contra o que não podemos acusar [...] apenas inclinar a cabeça como ser humano indefeso" (Freud à M. Halberstadt, 25/01/1920, p. 381). Entretanto, temos o explícito e o implícito. Compreendo que, o traumático vivido de forma pessoal e universal, o impediu de debruçar-se diretamente sobre esse acontecer dramático e estrondosamente disruptivo – a fragilidade e a crueldade do humano, mais além da guerra vivida nos campos de batalhas – precisou de um distanciamento temporal e espacial, para ganhar algum contorno: *a indisfarçada brutalidade do nosso tempo está pesando demais sobre nós.*

5 Esse nome merece um breve esclarecimento: recebeu esse codinome devido ao fato que a Espanha, que não estava envolvida diretamente na guerra, foi pioneira na divulgação da pandemia. Os demais países, as grandes potências, mantiveram em sigilo, por um tempo maior, a presença do vírus em seus territórios. Em nome do que? Apresentação de uma *necropolítica*? A história se repete...

Entendo que essa temática, de forma implícita, é retomada no trabalho *Mal-estar na cultura* (1930), em particular quando refere-se às três fontes de sofrimento do humano, no primeiro parágrafo do capítulo III: *[...] o poder superior da natureza, a fragilidade do nosso próprio corpo e a inadequação dos dispositivos que regulam as relações dos seres humanos entre si na família, no Estado e na sociedade* (Freud, 1930, p. 332). No encerramento do referido capítulo agrega, como mais uma fonte de sofrimento, o elemento que remete à essência da natureza anímica, o pulsional desgarrado e as exigências que as renúncias da cultura exigem: *[...] surge a suspeita de que por trás disso também poderia estar presente uma parte da natureza invencível, só que, dessa vez, uma parte de nossa própria constituição psíquica* (Freud, 1930, p. 333).

Diante dessas proposições freudianas, estabelecidas em 1930, pretendo fazer um enlace com o mal-estar de nosso tempo. Tempo de ressignificar disruptivo da pandemia viral 1920/2020/2021/2022 e de significar o disruptivo da virulência racismo 1500/2020... Mesmo sabendo dos limites e riscos de estruturar um pensar, ainda sobre a vigência do traumático, esse *brutal golpe do destino* e *miserável momento de cativeiro* – cenas bem conhecidas pelos descendentes da diáspora forçada africana – vou ousar fantasiar, em parceria com nossa metapsicologia.

Com essa proposição em mente, lancemos um olhar, seguramente impregnado de estranhamentos, para essas fontes do nosso sofrimento. Num primeiro momento, podemos dizer que elas falam por si mesmas, não obstante, creio que merecem que façamos algumas considerações. Comecemos pela pandemia viral. Indiscutivelmente ela revela a *força da natureza e a fragilidade dos nossos corpos*. Um vírus, produto da natureza, que tem uma letalidade paradoxal: morre com água e sabão, conjuntamente com medidas de higiene; mas quando se aloja em nossas células nos deixa totalmente vulneráveis, onde morte é uma grande probabilidade.

Com tudo que a medicina avançou no decorrer do século XX e na primeira década do século XXI, ainda não temos defesas eficazes contra o novo coronavírus: o ontem da Gripe Espanhola, se faz no hoje da Covid-19, com sua alta performance de contágio. Entre as muitas hipóteses sobre as complexidades dessa pandemia, o disruptivo na humanidade, não podemos deixar de considerar os efeitos da ação destrutiva do homem, *parte da natureza invencível [...] uma parte de nossa própria constituição psíquica* – a força indomável da pulsão de morte, guiada pela libido, em seu afã narcísico, se faz *Homo Deus* (Harari, 2016) – sobre o meio ambiente. Este que é composto por um conjunto de elementos físicos, biológicos e químicos, que envolvem todos os seres vivos em uma intervenção mútua. Esta definição simples, porém, altamente emblemática requer uma escuta atenta e sensível: *envolve todos os seres vivos em uma intervenção mútua* – a relação causa efeito, com sua intrínseca retroalimentação está colocada.

Entendo que essa proposição é condizente com o que pensadores contemporâneos, como P. Crutzen e E. Stoermer (2000), têm chamado a *Era do Antropoceno.* Tal era tem o humano como referência, sua ação é determinante do alto impacto que causa sobre a terra, produzindo alterações significativas na atmosfera, na biodiversidade, no clima, no curso dos rios e... A natureza, em um efeito mimético com o humano, reproduz ativamente o que viveu passivamente sob a espécie que se considerava dominante, impondo sua soberania mortífera sobre a mesma. Momento de ressignificar a máxima darwiniana, nossa segunda ferida narcísica, segundo Freud, o golpe biológico: *O homem não é um ser diferente dos animais, ou superior a eles; ele próprio tem uma ascendência animal* [...] (Freud,1917, p. 173). Dolorosa constatação, criamos a cultura, porém seguimos existindo como um dos mamíferos que compõe a natureza, quer seja em 1920 quer em 2020...: convite ao trabalho do luto, em meio à tentação de nos deixarmos enredar no trabalho da melancolia, com suas fugas maníacas.

Essa pandemia reinstalou o caos de nossas origens, reconectou-nos com nossa transitoriedade, com a finitude e tem nos obrigado a olhar para a forma com que cuidamos de nós, no individual e no coletivo – proeminente contágio viral comunitário – bem como de nosso planeta: A era do *Antropoceno* está *sub judice.* Seu impacto disruptivo é um chamado para refletirmos o que somos, o que queremos e para onde vamos... Condição com potencialidade criativa, devido à presença contundente do complexo de castração, enquanto inscrição da alteridade, contágio psíquico produtor de imunidade, para a construção de novos destinos para o narcisismo e o masoquismo que nos habitam.

Em meio a esse cenário catastrófico, com milhares de mortes, deparamo-nos com o emergir de um processo ominoso: a *explosão de movimentos antirracistas.* Movimentos que vêm ganhando proporções pandêmicas de formas inéditas. A virulência do racismo tem sido explicitada em vários contextos. As múltiplas facetas do racismo estrutural – econômicas, políticas e subjetivas – e sua relação com a branquitude – lugar de privilégios e de poder – passam a fazer parte das preocupações da nossa vida cotidiana, ampliando as fronteiras dos movimentos negros e do universo acadêmico. O plantado pelos ativistas negros desde Zumbi (1655/1695) germina, floresce e dá frutos: tempo de fazer a colheita?

A própria psicanálise, que até então vinha mantendo-se omissa em relação a essa problemática, rompe com sua inércia e busca ocupar-se das implicações do racismo na constituição do sujeito e da estrutura social – o disruptivo como marca do pensamento freudiano, vem retomando o seu lugar de um interlocutor inquieto, com as intersecções entre as massas e o indivíduo. Posição condizente com sua ideia de democracia, enquanto espaço de liberdade, de livre pensar e de relações simétricas, decorrentes dos princípios éticos instalados com o advento da horda fraterna, como está posto no preâmbulo de *Moisés e o monoteísmo* (1939 [1934-1938]), escrito no exílio em Londres: "*[...] posso exalar um suspiro de alívio agora que peso foi tirado de mim e mais uma vez posso falar escrever – quase disse 'e pensar' – como quero ou como devo*" (Freud, 1938, p. 74). Meu escrito caminha nesse sentido. Como podemos contribuir para reparar os danos que produzimos, ativa e passivamente, como analista, para a manutenção do racismo, na medida em que o abordávamos, exclusivamente, pelo viés da psicopatologia individual de negros e negras. Por exemplo, referente ao sentimento de inferioridade em relação ao branco, muitas vezes, utilizando a falácia da meritocracia, para negativar as diferenças históricas do lugar subalterno delegado à população negra – que vença o mais capaz, desconsiderando os pontos de partida. Tudo isso sem levar em conta que o racismo é sistêmico, encontra-se instaurado nos fundamentos de nosso aparato psíquico, sendo um dos elementos que conferem sustentação ao processo identificatório:

> *Uma parte do mundo externo é, ao menos parcialmente, abandonada como objeto e acolhida no Eu, tornando-se, assim (por identificação), parte do mundo interior (Freud,1940, p. 173).*

Identificação com os ideais, oriundos do mundo externo, erigidos pela minoria branca, a que detém o poder, sobre a maioria negra. Seria o Eu-ideal e o seu herdeiro o Ideal-de-Eu brancos? (Paim Filho & Degani, 2021).

Refletindo sobre nossos agentes de fraturas do estabelecido, a interrogação se instaura: como a pandemia, o disruptivo *na* humanidade, está relacionada com a percepção, em toda a sua sensorialidade, em grande escala, de norte a sul, do que, em parte, mantinha-se silencioso e invisível, para o povo branco, – o racismo – o disruptivo *da* humanidade?

Uma das possibilidades é a ideia da morte compartilhada, conjuntamente com o fenômeno do negacionismo ou, sendo mais analítico, da alucinação negativa coletiva: da virulência do racismo de ontem/hoje, trauma contínuo – tragédia em andamento – que segue no seu primeiro tempo, assim como, da letalidade da pandemia hoje, segundo tempo do trauma da pandemia de ontem. A desafetação perante a morte e a precariedade da vida, que atinge a todos, são pontos de convergência entre essas condições e o contexto social. Assim sendo, as palavras de Mbembe são proféticas, sobre o destino que está sendo desenhado para a humanidade: "A essa nova condição fungivel e soluvél, á sua instituonalização enquanto padrão de vida e sua generalização pelo mundo inteiro, chamamos o *devir-negro do mundo*" (Mbembe, 2018b, p. 20) Examinemos por onde corroborar essa hipótese.

A virulência do racismo anti-negro – o disruptivo da humanidade

> *O racismo não é um problema pessoal, mas um problema branco estrutural e institucional que pessoas negras experienciam. [...] intimidação por um lado, patologização individual por outro (Kilomba, 2019, p. 204).*

Com a finalidade de tornar viável e visível meu escrito, irei circunscrevê-lo a nossa realidade: o racismo à brasileira, com sua hipocrisia de uma democracia racial. Ratifico, até então, essa temática não havia merecido ser objeto de reflexões e tomadas de posições, de tal envergadura, nos mais diversos segmentos de nossa organização social. Escolho como ponto de partida o assassinato do americano George Floyd, homem negro, por policiais brancos, em maio de 2020. Ponto de ruptura que amplia e dá notoriedade nos mais variados continentes, à problemática que o movimento norte-americano *Vidas Negras Importam* vinha desnudando desde 2013: o genocídio do povo negro, a perpetuação do traumático. Como afirma Freire, em 1982, no prefácio do livro de Neuza Souza: *Ser negro é ser violentado de forma continua, constante e cruel, sem pausa sem descanso* ... (1983, p. 12).

Esse fato apresenta repercussões também no Brasil, juntando-se à realidade do processo de racismo institucional que visa o extermínio, sobretudo, dos jovens negros – morre assassinado um a cada 23 minutos. O movimento *Vidas Negras Importam* ganha uma "visibilidade" inaudita – se faz ver com todas as suas sinuosidades, se faz ouvir numa vibração maior, se faz sentir, tocando a pele negra pela identificação e pele branca pela empatia, se faz sentir no gosto amargo do sangue, se faz sentir no cheiro ácido da morte e... Possível ponto de encontro entre a letalidade da natureza, encarnada no coronavirus, com a letalidade da natureza humana encarnada no racismo que estrutura nossa cultura? Entendo que sim. Esse entrecruzamento criou as condições para revelar e fazer trabalhar o retorno da destrutividade da natureza sobre o humano e o deflexão da destrutividade do humano sobre o humano: *O ser vivo preserva, por assim dizer, sua vida destruindo a vida alheia* (Freud, 1933, p. 436).

Buscando equacionar meus interrogantes, retomo a terceira fonte de sofrimento do *humano indefeso*, enunciada por Freud em 1930: *a inadequação dos dispositivos que regulam as relações dos seres humanos entre si na família, no Estado e na sociedade.* A está agrego uma outra afirmação freudiana, que enfatiza a importância do outro, em minha percepção, enquanto agente que cria os dispositivos dos marcadores sociais que levam à inclusão e à exclusão:

> *[...] relações com outros seres humanos. O sofrimento que provém dessa fonte, talvez o sintamos de maneira mais dolorosa do que qualquer outra; somos inclinados a ver nele um ingrediente de certa forma supérfluo [...] (Freud, 1930, p. 321).*

Como sabemos, toda concepção de raça é uma criação. Criação que no caso do racismo, com o povo negro, remonta ao século XVI, tendo como agente o homem branco europeu. Nesse processo, que segue até nossos dias, foi se formatando o racismo estrutural, hierarquia de raças, dispositivos que visam determinar para afro-brasileiros ocupação de espaços desvalorizados, em termos econômicos e políticos, com suas ressonâncias na produção da subjetividade – *a inadequação dos dispositivos que regulam as relações*. Dispõe como premissa a inferioridade intelectual, ética, moral e... dos negros e negras, que são referendadas pelo Estado e pela sociedade brasileira, quando seus dirigentes e as classes que detêm a posição de soberania, negam a existência do racismo: a *intimidaçaõ* como ferramenta de coersão. Contexto que visa manter o domínio brancocentrista presente na branquitude. Nele o negro assume o papel do diabólico, do mesmo modo que o *judeu no mundo ideal ariano* (Freud, 1930, p. 373). Todos esses elementos constitutivos do racismo da vida cotidiana tendem a ser silenciados, vistos como queixume, sem sentido, *somos inclinados a ver nele um ingrediente de certa forma supérfluo*: afinal vivemos num país miscigenado. A desmentida está posta. Há que se interrogar o regime democrático, pois não existe democracia com racismo.

Conjuntura que põe em relevo a necessidade do enfrentamento com o mal-estar que nos toca – o desamparo absoluto, o desgarrado da pulsão de destruição, insuflado pelos ideais de satisfação narcísica da cultura – em função do sistema político, econômico e social sobre o qual a sociedade brasileira foi e permanece sendo construída: racismo – escravidão – racismo e seus prolongamentos na gênese e desenvolvimento do capitalismo, com sua premissa altamente individualista, no qual vidas negras não importam. Segundo A. Mbembe (2020), esse sistema é *baseado na distribuição desigual de oportunidades de viver e de morrer*. Essa problemática vai estar vinculada também com a pandemia, essa que exige para a sua resolução, assim como o problema do racismo, um trabalho coletivo – amparo no semelhante, abastecido por uma libido que traga consigo a marca da alteridade – e a presença de um Estado comprometido com o princípio ético que todas as vidas importam. Trabalho esse que inevitavelmente denunciará a falência do atual sistema, uma ilusão sem futuro...

Pandemia – Racismo: desdobramentos do disruptivo

> *As histórias importam. Muitas histórias importam. As histórias foram usadas para espoliar e caluniar, mas também podem ser usadas para empoderar e humanizar. Elas podem despedaçar a dignidade de um povo, mas também podem reparar essa dignidade despedaçada* (Adichie, 2019, p. 32).

Estes breves assinalamentos têm por meta reconectar-nos com a relação do racismo/branquitude e sua virulência. Condição estrutural, que como estamos discorrendo, rompe com o silêncio histórico de forma ampla, sobre o ataque à dignidade humana, no ano paradigmático de 2020. Tenho a hipótese que pandemia com sua força disruptiva e re-anúncio da finitude, desacomoda nossas percepções do mundo. Nossas defesas narcísicas entram em colapso: somos frágeis em relação ao vírus e, temos, de maneira concreta, a faculdade de lesar o nosso semelhante – a letalidade que nos habita, em relação ao outro, ganha representatividade: pela virulência do vírus e pela virulência do racismo. A possibilidade de ter um olhar mais atento ao outro se faz de forma mais sutil e cuidadosa. Contexto que incita a novos discursos, *as histórias podem ser usadas para empoderar e humanizar.*

Em paralelo, especulo de maneira complementar, sobre as peculiaridades do povo negro e do povo branco, para administrar o encontro com o trágico, o disruptivo da pandemia, em meio a presença nefasta da necropolítica, e a capacidade de alavancar saídas criativas. Os primeiros têm uma longa história de lutas e resistências para sobreviver e transformar as adversidades: fazer da pulsão de destruição uma aliada, para fomentar Eros, em prol da pulsão de apoderamento do que lhes é devido, por direito. Ser negro implica em um eterno confronto com a virulência do racismo, comprometido com a sua transformação, implicando o branco em sua responsabilidade pela criação e desenvolvimento dessa hierarquia de raças, calcadas numa ideologia de corpo e de cor. Enquanto o povo branco, com suas histórias centenárias de privilégio e de um poder, constituído na servidão involuntária da população afrodescendente, se encontra em maior grau de desamparo, diante do disruptivo da pulsão de destruição. Sua capacidade de criar novos caminhos requer um maior trabalho: desafios de suportar as dores do luto. Saber um pouco mais de si, de forma menos projetiva, pode ser um bom roteiro para instrumentalizar recursos para escutar a si mesmo e o outro. Possibilidade de *reparar essa dignidade despedaçada.* Percorrendo esse caminho sentimos as ressonâncias sinistras da indagação feita por Mbembe: "Se, além disso, no meio da tormenta, o negro conseguir de fato sobreviver àqueles que o inventaram e se, numa dessas reviravoltas [...], toda a humanidade subalterna se torna-se efetivamente negra, que riscos acarretaria um tal *devir-negro do mundo* à promessa de liberdade e igualdade universais [...]? (Mbembe, 2018b, p. 22).

Sendo assim, em tempos de pandemia, temos a resistência e luta do povo negro que, mais do que nunca, vem ocupando o seu lugar de fala. Lugar de potência, que tem produzido efeitos que ressoam em todos os territórios, abalando as bases fundantes do racismo estrutural: resgate de *muitas histórias que importam*. Por outro lado, o povo branco, em sua fragilidade, quando não mais desmentida, habilita-se em poder haver-se com sua branquitude, com seus efeitos deletérios. Essa composição, com suas diferentes intensidades, precisa seguir acontecendo, sendo escutada, pensada, trabalhada e não silenciada. O disruptivo dessa pandemia de 2020 foi um *start*, um grito de alerta que fez sua função de ressoar em alto e bom tom o racismo que nos habita. Tempo de torná-lo *o centro do universo*; omissão não pode ser sinônimo de neutralidade – às vezes, ou melhor, sempre *devemos interferir*. Com isso, como sinalizador, as seguintes perguntas insurgentes se impõem: que tipo de racista somos? Como assumir os efeitos patogênicos da branquitude? O que pretendemos fazer para desconstruí-los?

Finalizando, recorro à guisa de recomendação, as palavras do discurso disruptivo do vencedor do *Prêmio Nobel da Paz* de 1986:

> *Às vezes devemos interferir. Quando vidas humanas estão ameaçadas, quando a dignidade humana corre risco, as fronteiras nacionais e as sensibilidades se tornam irrelevantes. Toda vez que homens ou mulheres são perseguidos por causa de sua raça, religião ou opiniões políticas, aquilo deve – naquele momento – tornar-se o centro do universo (Elie Wiesel, 1986).*

Referências

Adichie, C. N. (2019). *O perigo de uma história única* (pp. 11-48). Companhia das Letras.

Freire, J. (1983). Prefácio. In Souza, N. *Tornar-se negro: as vicissitudes da identidade do negro brasileiro em ascensão*. Edição Graal.

Freud, S. (1969). Totem e tabu. In *Obras psicológicas completas de Sigmund Freud* (Vol. 13, pp. 17-191). Imago. (Trabalho original publicado em 1913).

Freud, S. (1969). Uma dificuldade no caminho da psicanálise. In *Obras psicológicas completas de Sigmund Freud* (Vol. 17, pp. 171-179). Imago. (Trabalho original publicado em 1917).

Freud, S. (1969). Moisés e o monoteísmo: três ensaios. In *Obras psicológicas completas de Sigmund Freud* (vol. 23, pp. 19-161). Imago. (Trabalho original publicado em 1939[1934-1938]).

Freud, S. (1982) Carta de Freud a Pfister, 17/01/1920. In *Sigmund Freud, correspondência de amor e outras cartas (1873-1939)*. Nova Fronteira. (Trabalho original publicado em 1920).

Freud, S. (1982). Carta de Freud a M. Halberstadt, 25/01/1920. In *Sigmund Freud, correspondência de amor e outras cartas* (1873-1939). Nova Fronteira. (Trabalho original publicado em 1920).

Freud, S. (2004). À guisa de introdução ao narcisismo. In *Escritos sobre a psicologia do inconsciente de Sigmund Freud* (Vol. 1, pp. 95-131). Imago. (Trabalho original publicado em 1914).

Freud, S. (2004). Pulsões e os destinos da pulsão. In *Escritos sobre a psicologia do inconsciente de Sigmund Freud* (Vol. 1, pp. 145-173). Imago. (Trabalho original publicado em 1915).

Freud, S. (2006). Luto e melancolia. In *Escritos sobre a psicologia do inconsciente de Sigmund Freud* (Vol. 2, pp. 99-116). Imago. (Trabalho original publicado em 1915/1917).

Freud, S. (2006). O além do princípio de prazer. In *Escritos sobre a psicologia do inconsciente de Sigmund Freud* (Vol. 2, pp 135-198). Imago. (Trabalho original publicado em 1920).

Freud, S. (2007). O Eu e o Id. In *Escritos sobre a psicologia do inconsciente de Sigmund Freud* (Vol. 3, pp 27-71). Imago. (Trabalho original publicado em 1923).

Freud, S. (2014). Transitoriedade. In *Obras incompletas* (pp. 221-224). Autêntica Editora. (Trabalho original publicado em 1916).

Freud, S. (2014). Compêndio de Psicanálise. In *Obras incompletas* (pp. 11- 177). Autêntica. (Trabalho original publicado em 1940).

Freud, S. (2016). Três ensaios sobre a teoria da sexualidade. In *Obras psicológicas completas* (Vol. 6, pp. 13-172). Companhia das Letras. (Trabalho original publicado em *1905*).

Freud, S. (2020). Psicologia das massas e análise da Eu. In *Obras incompletas* (pp. 137-225). Autêntica. (Trabalho original publicado em *1921*).

Freud, S. (2020). O mal-estar na cultura. In *Obras incompletas* (pp.305-405). Autêntica. (Trabalho original publicado em 1930).

Freud, S. (2020). Por que da guerra? In *Obras incompletas* (pp. 421-441). Autêntica. (Trabalho original publicado em 1933).

Harari, Y. N. (2016). *Homo Deus; uma breve história do amanhã*. Companhia das Letras.

Kilomba, G. (2019). *Memórias de plantação – Episódios de racismo cotidiano*. Cobogó.

Mbembe, A. (2018A). *Necropolítica: biopoder, soberania, estado de exceção, política de morte.* n-1.

Mbembe, A. (2018b). *Crítica da razão negra*. n-1.

Mbembe, A. (2020) Entrevista a Folha de São Paulo, em 30.03.2020. Disponível em: www1.folha.uol.com.br

Paim Filho, I. A. (2010). Shibboleth, Freud e o fundamental na psicanálise e no devir analista. In *Formação psicanalítica: fatos e versões*. Letra & Vida.

Paim Filho, I. A. (2019). Silêncio: uma escuta metapsicológica. In *Inconfidências metapsicológicas: das Unheimliche*. Sulina.

Paim Filho, I. A. (2020). Freud, o inconfidente e seus estranhos pensamentos. *Revista da Associação Sigmund Freud*.

Paim Filho, I. A. & Degani, R (2021). Racismo – a inegável existência da crueldade – no mundo conceitual branco. In *Racismo: por uma psicanálise implicada*. Artes & Ecos.

2. A psicanálise e a cultura da discriminação: o corpo negro enquanto categoria imaginária simbólica

Isildinha Baptista Nogueira

Aliás, o preconceito racial "parece aumentar à proporção que os negros deixam de serem escravos, e a desigualdade se grava nos costumes à medida que se apaga nas leis" (Torqueville, citado em Mbembe, 2014/2018, p. 153). Abolição do princípio de escravidão não significa necessariamente a libertação dos escravos e a igualdade distributiva, apenas contribui para fazer deles "'desgraçados destroços', destinados à destruição" (p. 153). Achille Mbembe, na *Crítica da razão negra* (2014/2018), fez essa citação de Alexis de Torqueville.

A liberdade, como diz Mbembe (2014/2018), não nos permite compartilhar direitos, prazeres, trabalho, dores e muito menos a morte; podemos ser assassinados aos olhos da lei, sem que seja de fato um crime, que permanecerá sem reparação possível, num acordo cordial perverso; a morte dos negros não importa (p. 153).

A escravidão lhe vergou o corpo e a alma, o cativeiro o brutalizou, desonrou-o, desconstruiu sua raça, tirou-lhe a noção de pertencimento a uma nação; a África se torna uma lembrança distante, da qual deve esquecer: sua religião, a língua dos seus pais e sua cultura.

Sua língua não o insere nesse mundo desconhecido, mas o coloca na categoria de semi-humanos; o negro escravizado é a representação da degeneração física e moral; torna-se um ser abjeto, portanto naturalmente depositário de uma justificada violência que não cabia na fantasia de superioridade da raça branca.

A lembrança desse passado sócio histórico o desabona racialmente e o aprisiona num eterno devir escravo, de um corpo negro, excluído de um lugar numa cultura que o elegeu como depositário de todas as mazelas, que justificam sua exclusão.

A abolição, na realidade, embora lhe tenha atribuído a cidadania, não o libertou, pois não lhe garantiu as condições necessárias para o seu exercício; e, além disso, apesar da abolição, permaneceria nele por tempo indeterminado o cativeiro psíquico de uma imagem que, com o crivo da ciência, justificaria uma "inumanidade" do negro. Não faltaram estudos e pesquisas científicas que, tendo estudado a conformação do cérebro africano, pretendiam atestar sua incapacidade mental.

Ciente desse passado socioeconômico histórico me proponho, a partir da psicanálise, pensar esse *corpo negro* como categoria imaginária e simbólica; afinal é enquanto *corpo imaginário* e *corpo simbólico* que o corpo vai se inscrever na dimensão psíquica; sendo essas as questões que desenvolvi no meu trabalho de tese: *A cor do inconsciente: Significações do corpo negro* (Nogueira, 2021, p. 97).

Para a psicanálise, o corpo, enquanto tal, é irrepresentável.

Impossível de ser capturado numa representação, o real do corpo permanece fantasticamente ligado às experiências arcaicas de despedaçamento, anteriores à fase do espelho.

Corpo imaginário corresponde à imagem totalizadora que a criança conquista na fase do espelho, e que lhe advém pelo reconhecimento do outro: é nesta experiência fundadora que se produzem as estruturas de identificação. Se o *corpo imaginário* constitui um todo, uma imagem, um contínuo de ligações, o *corpo simbólico* corresponde à forma significante, isto é, a algo que, como parte, representa numa relação simbólica aquilo que, enquanto tal, escapa à representação. Na dimensão simbólica será, portanto, um pedaço, um aspecto do corpo devidamente simbolizado; isto é, investido de significação que emerge como marca de uma totalização impossível (Nogueira, 2021, p. 97).

Explorei as dimensões imaginárias e simbólicas do corpo negro, que do meu ponto de vista produzem vivências psíquicas singulares, as quais entendi que produzem, para o negro, uma condição subjetiva particular.

Para o negro a complexidade da sua vivência do processo do espelho acarreta uma identificação com a *brancura* enquanto justamente aquilo que, na sua imagem especular, lhe escapa.

Considerei a *pele negra* como significante, do ponto de vista do corpo simbólico, como aquilo que representa a condição de negro para os não-negros, e explorei os sentidos a que tal significante se associa nas redes simbólicas da formação social, explorando as dimensões imaginárias e simbólicas que a experiência de portar um corpo negro produz, as vivências psíquicas que experimentam os negros.

Françoise Dolto, em seu livro *A imagem inconsciente do corpo* (1954/1992), estabelece uma distinção entre os conceitos de *imagem do corpo* e de *esquema corporal*, cujos sentidos são confundidos.

O *esquema corporal* indica a condição de representante da espécie do indivíduo, sendo em geral o mesmo para todos, o de pertencimento a raça humana; a *imagem do corpo* não se define a partir desse inexorável pertencimento genérico à espécie humana; ela é única a cada um, singular, está ligada ao sujeito, à sua história; é inconsciente e sustentada no narcisismo.

A *imagem do corpo* é uma construção imaginária determinada pelo fato de que o aparelho psíquico se estrutura nas instâncias psíquicas do id, do ego, do superego, tal como propôs Freud. Para Dolto, o mediador das instâncias psíquicas (id, ego, superego), nas representações metafóricas expressas por um sujeito, é a imagem do corpo. Nesse sentido, a imagem do corpo estará envolvida em todas as formações do aparelho psíquico.

Quanto ao *esquema corporal*, diz Dolto (1984/1992): "é uma realidade de fato, sendo de certa forma, nosso viver carnal no contato com o mundo físico" (p. 10).

Sendo assim as experiências que vivenciamos serão determinadas pelas condições físicas do organismo, conforme este se apresente num estado de integridade ou lesões passageiras, ou permanentes, de caráter neurológico, muscular ou ósseo, ou sensações fisiológicas dolorosas, viscerais ou circulatórias.

A simbolização de uma imagem de corpo não enfermo depende da aceitação, pelos pais, do problema da criança para que, apesar do problema, esta possa ser reforçada positivamente em suas possibilidades, garantindo sua humanização.

Problemas orgânicos precoces, mesmo que circunstanciais, resultam em perturbações do esquema corporal. A falta ou interrupção das relações que Dolto denominou a "imagem falante do corpo"[1] podem resultar em modificações passageiras ou permanentes da imagem do corpo. No entanto, não é incomum a coexistência de um esquema corporal enfermo e uma imagem sã do corpo, ou um corpo saudável com uma imagem doente.

Quando a mãe é incapaz de falar para criança de sua diferença, enquanto a criança, no decorrer de seu desenvolvimento, irá se dando conta das diferenças reais entre seu corpo e o corpo das outras

---

1 Para Dolto (1984/1992), a "imagem falante do corpo" constitui o conjunto das formas verbais em que a imagem do corpo pode se representar e se expressar.

crianças, haverá dificuldade para que a criança passe pelas várias etapas do desenvolvimento.

As mães negras se calam acerca do corpo negro, resultado de uma sociedade que se cala acerca do racismo, produzindo para o negro um processo de negação da sua diferença fenotípica em relação ao branco, como forma de evitar a dor da exclusão e do apagamento que acontece, justamente, pela cor que porta o seu corpo negro. "A imagem do corpo é, a cada instante, para o ser humano a representação imanente inconsciente em que se origina seu desejo" (Dolto, 1984/1992, p. 24).

A partir de Freud, Dolto pensa que as pulsões que visam à realização de desejo são de vida e de morte. As pulsões de vida estão invariavelmente ligadas a uma representação, ao contrário das pulsões de morte que escapam à representação. A pulsão de morte não representa o desejo de morrer, mas se caracteriza pelo desinvestimento erótico nas relações com o outro, tal como se pode perceber em estados de repouso, de sono profundo, de ausências e de coma.

Sendo assim, a relação da criança com seus progenitores é de grande importância para que na criança a pulsão de vida se sobreponha à pulsão de morte; isto é, para que seu investimento erótico e autoerótico aconteça nas relações com o outro, ao invés de um desinvestimento e consequente cisão consigo mesma que não lhe permitiria a elaboração de sua imagem do corpo, que se constrói na história do sujeito.

Até que ponto, na medida em que o negro é atravessado pelas representações depreciativas em relação ao corpo negro, é possível para ele a construção de uma imagem de corpo, em que a condição genérica esteja preservada?

Penso que até mesmo o que por herança nos daria um sentimento de humanidade e pertencimento fica abalado quando muitos negros rejeitam sua conformação física e se tornam desejantes de características físicas que os aproximem "do branco", que os "humanizem".

Não são incomuns os negros que lançam mão de cirurgias plásticas numa tentativa de – via flagelo corporal – modificar suas características físicas. Não raro as mães negras, através de métodos deploráveis, tentam modificar as características físicas de seus bebês, para que não cresçam com seus narizes chatos ou nádegas volumosas.

Que sujeito desejante é o negro que vê no seu equipamento para a satisfação do desejo, o corpo, desde já um entrave – sua cor? Um corpo que é a negação daquilo que deseja, pois, seu ideal de sujeito, sua identificação é o inatingível – o corpo branco.

Há uma dissonância, aí, entre o *esquema corporal* e a *imagem de corpo*, que se expressa quando o negro idealiza para si uma imagem de corpo que não corresponde ao seu esquema corporal – quando é esse que, teoricamente, daria ao negro o sentimento de universalidade, de pertencer à espécie humana.

Para os brancos o sentimento de universalidade está posto porque se reconhecem em um "nós", para o negro não há esse sentimento porque o negro não é semelhante nessa visão que humaniza e universaliza o branco, e segrega o negro.

Seu esquema corporal é retaliado pela cor da pele, pelos tipos de cabelo etc., e essas diferenças não são aplacadas pelos pais, mesmo quando trabalham uma imagem de corpo mais saudável, porque seus corpos também estão atravessados pelo mesmo estigma.

Enquanto Françoise Dolto (1984/1992) trabalha a imagem inconsciente do corpo, diferenciando *imagem do corpo* e *esquema corporal*, Sami-Ali (1977/1993), trabalha a questão do corpo a partir da dialética entre o *real* e o *imaginário*, *psique/soma*, para entender a unidade psicossomática constitutiva do homem a partir do referencial psicanalítico.

Para Sami-Ali (1977/1993), na constituição da imagem do corpo, o rosto e o sexo se destacam como pontos relevantes. O rosto é "o lugar onde se afirma a dupla identidade sexual e simbólica do sujeito" (p. 108).

Mas o rosto só pode ser percebido no plano da visão por outro, ou pelo próprio sujeito através do espelho; para o sujeito, só é possível ter acesso direto ao rosto pelo tato, e não pelo olhar: o rosto é o invisível onde se revela o visível.

É um fato que o sujeito tem, para si, um rosto que transcende a série de manifestações que possa ele exibir, mas não se trata da simples possibilidade de um *ser* que supera o *parecer*; trata-se, antes, de uma "ambiguidade radical" que é o se apropriar de um rosto que esboça e passa a ter existência a partir do "ponto de vista dos outros" (Sami-Ali, 1977/1993, p. 108).

Sami-Ali recorre ao mito de Narciso para explicar essa "ambiguidade radical". No mito de Narciso o conhecimento de si é sinônimo de morte; o que, segundo Sami-Ali, mostra a ambiguidade desse conhecimento.

O mito se dá, diz Sami-Ali, em torno do rosto que representa o corpo em sua totalidade. Quando Narciso vê o reflexo de seu rosto na água, na medida em que a imagem que ele reconhece é a de um outro, Narciso "sem se dar conta, deseja a si mesmo... O que ele vê? Ele não sabe, mas o que ele vê o consome; o mesmo erro que engana seus olhos excita-os" (Ovídio, citado em Sami-Ali, 1977/1993, p. 108).

A exatidão do reflexo da imagem de Narciso o fascina, impedindo-lhe um distanciamento; mantem a ilusão ao mesmo tempo em que a destrói: quanto mais ele tenta se aproximar, mais se afasta do objeto.

Narciso não se engana por muito tempo: "Mas essa criança sou eu!", Narciso se reconhece como um outro que é ele mesmo, e essa alteridade – pela qual se mede o fato de que ele é estranho a si mesmo – em vez de libertá-lo do fascínio do objeto, vai ligá-lo a ele até a morte.

Narciso morre diante de sua imagem, a qual, aliás, não cessará de contemplar durante sua permanência no inferno, nas águas do Estige, deixando um corpo que se transforma em "uma flor cor de açafrão, cujo centro está rodeado de brancas pétalas" (Ovídio, citado em Sami-Ali (1977/1993), p. 109).

Sami-Ali aponta que, se atentarmos ao mito de Narciso tal como se expressa no poema de Ovídio, pode-se reconhecer, além do "narcisismo formal" que coloca "o sujeito em confronto com sua imagem" (p. 109), um "narcisismo material" que funda a identidade do sujeito e do objeto: Narciso e a fonte que o separa de si mesmo e de sua imagem fazem parte do engano das origens: "O espelho é um rosto e o rosto é um espelho" (p. 109).

O rosto, no início, é um dado constitutivo do mundo externo, uma forma significativa, "mas surpreende por um vazio ao nível da imagem do corpo" (Sami-Ali, 1993, p. 108). Sem que haja uma perda da identidade pessoal, nesse vazio da não constituição, "o sujeito é aquele que não tem rosto" (p. 111). Isto significa o reconhecimento do estrangeiro em si mesmo: "ser sem rosto e possuir um rosto que se perde em seguida, são duas maneiras de expressar uma intuição fundamental do ser" (p. 111).

A partir dos três meses, quando se instala a visão binocular, a criança passa a ter a visão do rosto da mãe, sendo a mãe objeto de identificação primária. O rosto da mãe coincide com o campo visual imediato, dificultando o discernimento entre a experiência de ver e a de ser visto, entre visão e órgão da visão. Trata-se de um processo incialmente caótico, onde não há diferenciação entre sujeito e objeto.

Inicialmente a criança percebe o rosto do outro – o da mãe – como sendo seu próprio rosto, o que corrobora as observações que atribuem à criança o rosto visível a partir do olhar do outro: "No primeiro tempo do processo de reconhecimento do sujeito ele não tem um rosto; no segundo, ele tem o rosto do outro; no terceiro, ele percebe o rosto como sendo outro" (Sami-Ali, 1977/1993, p. 120).

Neste terceiro momento não se trata, para a criança, de uma percepção do outro em si, ou do outro em relação a ela mesma, mas do outro que se diferencia em relação a outros: assim a mãe e o pai, da perspectiva da criança, são percebidos como estranhos entre si. Esta percepção da criança de que existem outros rostos diferentes do rosto da sua mãe significa, para ela, pressentir a possibilidade de ela mesma ser um rosto diferente do da mãe.

A angústia do oitavo mês se dá no momento em que a identificação do rosto dá lugar a uma projeção; e, nesse momento, se estabelece simultaneamente a diferença e a distância em relação a outro *self*: "Daí decorre a profunda identidade entre o familiar e o estranho revelada por um sentimento de inquietude sempre que se opera a objetivação incerta do rosto do outro que foi, de início, o rosto do sujeito" (p. 121).

É nesse processo que o sujeito se descobre como duplo, pois a imagem de si garantida num primeiro momento pela identificação com o rosto da mãe se vê afetada pela dimensão de alteridade, que produz para o sujeito uma perda de si mesmo no estranho. É esse processo que Sami-Ali chama de "angústia de despersonalização".

A partir desse processo, a criança passa a reconhecer no rosto da mãe um outro com o qual ela, anteriormente, se identificou, o que produz um sentimento estranho e inquietante em que a criança percebe a distância entre si mesma e o outro (mãe): "sou e não sou o rosto do outro" (pp. 124-125). Estranho que é o outro em relação ao outro, isto é, o próprio sujeito. Ao projetar seus impulsos, a criança disporá das noções de *estranho* e *ruim*, de *familiar* e *bom*. Aqui *bom* e *ruim* se relacionam à elaboração da criança em relação à presença e à ausência da figura materna, representando uma clivagem do sujeito e do objeto.

Para Sami-Ali (1977/1993) é sob esse fundo que se dá para a criança a experiência do espelho: se, de um lado, ela dá acesso – para o sujeito – à identidade enquanto rosto, essa, uma vez atravessada pela dimensão da alteridade, produz uma vivência ambivalente, o sentimento de possuir um rosto (enquanto um dentro) e, ao mesmo tempo, não o possuir (enquanto um fora).

A experiência do espelho, segundo Sami-Ali, coloca desde o início o sujeito em contraposição com o outro; outro que ainda não é o próprio sujeito.

Esta experiência, portanto, se caracteriza por um processo de desidentificação do rosto da mãe, para um processo de identificação com o rosto do próprio sujeito.

Sami-Ali lança mão de um conceito de Lacan, "a assunção jubilatória", para explicar que a criança da fase do espelho depende da mãe para se alimentar em processo de desenvolvimento de suas funções motoras; ela está longe de colocar em ação todo o processo dialético da identificação com o outro. No entanto, dá-se aí o deslanchar de um longo processo de projeção que tem como objetivo formar, em sua diferença, o rosto do outro com o qual a criança se identifica de início:

> *A assunção jubilatória adquire então uma tríplice significação: é a culminância da separação primordial entre o dentro e o fora; é a superação do estranho inquietante primitivamente ligado à percepção do duplo; e é a confirmação do primado absoluto dessa mesma percepção (Sami-Ali, 1977/1993, pp. 131-132).*

Por ser a experiência do espelho derivada do duplo e não ao contrário – por mais eventual que ela possa ser – não deixa de ser uma experiência na qual a criança vivencia a perda da sua subjetividade enquanto rosto, isto é, a perda do rosto que ela imagina ter.

As proposições teóricas de Sami-Ali, permitiram-me perceber uma nova luz nas discussões em torno da condição subjetiva do negro.

O modo como o negro é pensado, pode ser exemplificado pelo comentário de Jurandir Freire Costa (1984) quando afirma que:

> *ser negro é ser violentado de forma constante e contínua e cruel, sem pausa ou repouso por uma dupla injunção: a de encarnar o corpo e os ideais de Ego do sujeito branco e a de recusar, negar e anular a presença do corpo negro (p. 104).*

Para Jurandir Freire é a violência racista que, como um peso insuportável, se impõe ao negro através de uma "norma psico-sócio-somática" (p. 104) criada e imposta por uma classe dominante branca. A violência racista se baseia na destruição da identidade do negro.

À medida que o negro se depara com o esfacelamento de sua identidade negra, ele se vê obrigado a internalizar um ideal de ego branco.

A identidade do sujeito depende em grande parte do corpo ou imagem corporal eroticamente investida, isto é, a identidade depende da relação que o sujeito cria com o próprio corpo. Jurandir, conclui que: "A partir do momento em que o negro toma consciência do racismo, seu psiquismo é marcado com o selo da perseguição pelo corpo-próprio" (p. 108).

É em função dessa consciência que o sujeito negro passa a controlar, observar e vigiar o corpo que "se opõe à construção da identidade branca" (Costa, 1984, p. 104) que foi obrigado a desejar. É aí que o sofrimento pela consciência da diferença do seu corpo em relação ao corpo branco faz emergir a negação e o ódio a seu próprio corpo: corpo negro.

Eu, no entanto, penso que essa condição é mais que uma *injunção*, como afirma Freire. A meu ver, trata-se de algo que ultrapassa os limites do imposto, mas que se caracteriza como o que proponho chamar de *sobreposto*.

Negar e anular o próprio corpo não torna o sujeito "outro", visto que só existimos como sujeito em relação ao outro, à alteridade; portanto, ser sujeito é ser outro, e ser o outro é não ser o próprio sujeito.

O que somos nós, os negros?

O "ser negro" corresponde a uma categoria incluída num código social, que se expressa dentro de um campo etno-semântico onde o significante "cor negra" encerra vários significados. O signo "negro" remete não só a posições sociais inferiores, mas também a características biológicas supostamente aquém do valor das propriedades biológicas atribuídas aos brancos. Não se trata, está claro, de significados explicitamente assumidos, mas de sentidos presentes, restos de um processo histórico-ideológico que persistem numa zona de associações possíveis e que podem, a qualquer momento, emergir de forma explícita.

Se o que constitui o sujeito é o olhar do outro, como fica o negro que se confronta com o olhar do outro que mostra reconhecer nele o significado que a pele negra traz enquanto significante?

Resta ao negro, para além de seus fantasmas inerentes ao ser humano, o desejo de recusar esse significante que representa o significado que ele tenta negar, negando-se, dessa forma, a si mesmo, pela negação do próprio corpo.

Todo esse processo, pelo qual vive o negro corresponde antes a uma *sobreposição*, pois o encontro com o racismo enquanto experiência consciente vem a se sobrepor a um real de recusa do corpo negro que corresponde a uma lembrança arcaica.

Ao contrário do que afirma Freire, não há, para o negro, um momento mítico, original, anterior ao encontro com a dimensão social mais ampla, na qual o racismo se manifesta: para o sujeito negro esse encontro se sobrepõe à lembrança arcaica de um encontro anterior, a partir do qual suas estruturas narcísico-imaginárias se determinaram.

Como afirma Jerusalinsky (1984): "A criança existe psiquicamente na mãe muito antes de nascer, e ainda mais, muito antes de ser gerada" (p. 40).

O bebê negro, está claro, não é menos desejado que o bebê branco, para sua mãe que, inconscientemente, deseja o filho. Mas a criança do projeto e do desejo da mãe certamente não está representada no pequeno corpo, que o olhar materno, inconscientemente, tende a negar. A mãe negra deseja o bebê branco, como deseja, para si, a brancura.

Isto se explica porque o eixo central do processo que constitui o sujeito não está na satisfação nem na frustação das suas necessidades; para o sujeito humano, não há nenhum mecanismo genético que possa garantir esse processo. A operação que o define se situa, ao contrário, em outro – o do significante:

> *As falas fundadoras, que envolvem o sujeito, são tudo aquilo que o constitui, seus pais, seus vizinhos, toda a estrutura da comunidade, que constituiu não somente como símbolo, mas no seu ser. São leis de nomenclatura as que determinam, ao menos até um certo ponto, e canalizam as alianças a partir das quais os seres humanos copulam entre si e acabam por criar, não só outros símbolos, mas também seres reais que, ao chegarem ao mundo, logo possuem essa pequena etiqueta que é seu nome, símbolo essencial do que lhe está reservado (Lacan, 1978/1985, p. 31).*

Isso significa que todo ato da mãe para com a criança é parte de um discurso que se expressa em todos os movimentos e atitudes do outro com quem a criança se identifica, e no qual se manifesta o desejo materno: "Sendo que esse desejo se articula no que falta à mãe: o falo, esse fica sendo o orientador dessas identificações que utilizam o imaginário como significante" (Lacan, citado em Jerusalinsky, 1984, p. 10).

Partindo das proposições lacanianas, entendo "falo" como o que representa o poder (a plenitude, a felicidade), ao transpor essas proposições para a situação da mãe negra cuja "falta" se expressa enquanto desejo de ser "branca", portanto, do desejo desse poder que ela não detém, que lhe falta, vemos que a criança negra sofreria na relação original sua *primeira avaria,* pois o que a constitui como sujeito nesse momento original – o desejo da mãe – já estaria impregnado de um significado que é negado no discurso da própria mãe.

Assim, não dispondo de qualquer possibilidade de disfarce da diferença que o constitui, o negro passa por um processo identificatório forjado no desejo do que seria ser "branco"; projeta, portanto, o branco que nunca será por condição biológica.

O negro sofre do medo permanente da perda da sua imagem, tal qual ele a mantém em sua representação imaginária: a de branco, mantida por um ideal de brancura.

Entre o que o olhar do outro reflete para o sujeito negro e a imagem que o negro tem de seu próprio corpo negro, há, na verdade, uma coincidência. O que o olhar do outro lhe mostra, desse modo, é o que, no seu desejo, o sujeito negro recusa: o fato, de que ele é a encarnação do significado "negro", na medida em que ele traz no corpo o significante "negro".

A experiência do espelho, para criança negra, se dará de modo muito singular.

Como para qualquer criança, é na experiência que Lacan denominou o "estádio do espelho" que se produz a experiência de domínio do corpo como uma totalidade, em substituição àquilo que anteriormente era vivenciado em pedaços. Mas, a particularidade que a experiência do espelho, na criança negra, envolve, diz respeito ao fato de que o fascínio que essa experiência produz é acompanhado, simultaneamente, por uma repulsa à imagem que o espelho virtualmente oferece. Nesse movimento, a assunção jubilatória de que falava Lacan é necessariamente acompanhada de um processo suplementar que envolve a negação imaginária do semblante que a imagem especular oferece, pois a criança negra reluta em aderir a essa imagem de si que não corresponde à imagem do desejo da mãe.

Ao tomar-se pela imagem, ela conclui que "aquela imagem é ela"; mas, não reconhecendo ali a imagem do desejo da mãe, a criança se vê, desde então, inconscientemente mobilizada a procurar, nessa imagem, o que a reconciliaria com o desejo materno.

Nesse movimento, produz-se um mecanismo complexo de identificação/não identificação que reproduz, para a criança negra, as experiências do adulto negro: o fato de sua identificação imaginária ser atravessada pelo ideal da "brancura". Para se reconciliar com a imagem do desejo materno – a brancura – a criança negra precisa negar alguma coisa de si mesma.

O que Lacan chamou de "identificação primordial" com uma imagem ideal de si mesma, na experiência da criança negra ocorre de forma conturbada, porque a imagem que o espelho lhe dá exige, para ser introjetada, uma operação suplementar de idealização: é preciso projetar nessa imagem um ideal de "brancura" para afastar dela o componente de rejeição que a pele negra envolve, no desejo materno.

A criança negra desenvolve uma relação persecutória com o corpo negro. Para Sami-Ali (1977/1993), no processo de despersonalização o sujeito vivencia uma alternância entre perder e recuperar a sensação de ter um corpo, o que acarreta uma angústia que se refere ao medo de perder a forma humana, na possibilidade de uma possessão que o faria se transformar em um animal ou algo inominável. Daí resulta um imenso pavor da loucura, estado permanente de angústia de despersonalização: desencadeia-se, então, para o sujeito, uma ânsia desesperada por estar em relações transferencialmente positivas.

É o caso de se perguntar se tal processo de despersonalização não é algo que o negro, guardadas as devidas proporções, vivencia de uma forma crônica, e que, estranhamente, não o leva a suas últimas consequências, ou seja, à loucura.

Lembremos que é num processo inconsciente que essa gênese se dará, como resultante de um duplo processo identificatório e projetivo: "ser o sujeito sendo concomitante a outro e ser o outro não sendo o próprio sujeito" (Sami-Ali, 1977/1993, p. 13).

Evidentemente, no confuso processo pelo qual passam os negros, ser sujeito no outro significa não ser o real do seu próprio corpo, que deve ser negado para que se possa ser o outro. Mas esta imagem de si forjada na relação com o outro – e no ideal de brancura – não só não guarda nenhuma semelhança com o real de seu corpo próprio, mas é, por este, negada, estabelecendo-se aí uma confusão entre o real e o imaginário.

O sujeito, assim fragilizado, vê-se exposto a uma situação em que nada separa o real do imaginário, as fantasias estão "concomitantemente dentro e fora":

> *Na despersonalização, por conseguinte, o sujeito trata suas fantasias como objetos reais e trata os objetos reais como fantasias, duas particularidades que remetem, por ocasião da formação da imagem do corpo, aos inícios imprecisos da separação – mediatizada por uma projeção primordial – do dentro e do fora. O sujeito vive o mundo no corpo e o corpo no mundo; despersonalização e estranho inquietante são as duas faces de um mesmo e único processo desrealizador (Sami-Ali, 1977/1993, p. 13).*

Estranho inquietante: inquietante porque é, ao mesmo tempo, simultaneamente estranho e familiar, esse é o conceito freudiano de "*das Unheimlich*", um jogo dialético complexo, onde o familiar e o inquietante se localizam num mesmo e único objeto. O estranho inquietante se dá ao nível do espaço sensorial, espaço esse organizado pela visão e que, dependendo das modificações que esse espaço possa vir a sofrer, pode tornar o objeto familiar estranhamente inquietante.

O sentimento de estranho inquietante é um confuso retorno a uma organização espacial "onde tudo se reduz ao dentro e ao fora e onde o dentro é também o fora" (Sami-Ali, 1977/1993, p. 34).

Penso que esse movimento do estranho inquietante pode bem caracterizar o tipo de experiência que marca a relação do negro com o dia-a-dia no meio social. É impossível para o negro não se perturbar com as ameaças aterradoras que lhe chegam via racismo. Dentro desse universo de terror, mesmo que o negro acredite conscientemente que tais ameaças racistas não se cumprirão, o pavor não desaparece, porque ele traz no corpo o significado que incita e justifica, para o outro, a violência racista.

É justamente porque o racismo não se formula explicitamente, mas antes sobrevive num devir interminável, enquanto uma possibilidade virtual, que o terror de possíveis ataques (de qualquer natureza, desde física à psíquica) por parte dos brancos cria para o negro uma angústia que se fixa na realidade exterior e se impõe inexoravelmente.

Quando o processo de despersonalização de que nos fala Sami-Ali (1977/1993) é levado às últimas consequências, o indivíduo sofre a perda da condição de sujeito e, a uma quebra no processo de simbolização: ocorre, então, a perda do simbólico, que implica na impossibilidade de elaboração de qualquer situação do seu cotidiano.

Tal forma extrema a que pode levar o processo de despersonalização depende, está claro, da constituição psíquica estrutural do sujeito, que o torna mais ou menos vulnerável à possibilidade de uma cisão psíquica.

Essas considerações se aplicam identicamente ao conceito de vergonha que pode levar ao ódio de si, proposto por Radmila Zygouris (1995), que pode funcionar tanto como uma etapa intermediária antes da possibilidade de instauração propriamente dita do processo de despersonalização, como pode funcionar como processo pontual, eventualmente experimentado pelo sujeito em função das experiências vividas.

A vergonha, diz Zygouris, não habita o recém-nascido: esse sentimento começa a existir a partir da percepção do que ela denomina o julgamento moral do outro, e produz, como consequência para o sujeito, um estado de angústia:

Zygouris (1995) estabelece uma correlação entre o sentimento de vergonha de si e a experiência original da angústia:

> *A angústia nasce do medo de perder o objeto amado ou de sua espera devastadora, a vergonha é uma decadência social, ainda que o "social" seja reduzido à sua mais simples expressão: um olhar que julga! Esse olhar pode ser o da própria mãe desde os tempos primordiais de um aparente idílio, mas que não lhe pertence: esse olhar que julga já é a instância à qual a mãe se submeteu e que a criança percebe como estrangeira ao território de ambas (p. 166).*

Zygouris (1995) aponta aí a origem da primeira experiência do sentimento de exclusão, da primeira sensação de "derrota do bem para si em proveito do bem para o outro" (p. 166).

Para Zygouris, não importa qual tenha sido a causa, nem qual o objeto da vergonha de si, nem se se trata de vergonha por um outro: sempre será vivida como vergonha de si mesmo: "Toda situação onde a vergonha se faz presente é uma situação de violência real ou simbólica, violência feita ao psiquismo, e em consequência da impossibilidade de uma resposta eficiente, ao próprio corpo" (p. 167).

É nesse sentido que na vergonha de si há um aspecto pulsional que lhe dá fundamento corporal. Assim, a vergonha de si aparece como um desastre visceral, que não pode ser esquecido, que demanda o tempo todo um agir que não pode acontecer, levando o sujeito a uma sensação de impotência.

Ela desencadeia a angústia e se apodera do corpo, provocando o rubor, o suor e o desejo de desaparecer. É impossível esquecê-la porque ela está inscrita no sujeito, não só como uma representação, uma lembrança de dor, mas "como uma experiência traumática inscrita no próprio corpo" (p. 166).

Mas quando essa situação desencadeia, para o sujeito, a vergonha de si, é impossível a reação da pulsão agressiva, uma vez que o sujeito, nesse caso, se vê numa situação de impotência, e a pulsão agressiva, ao invés de se exteriorizar em direção ao outro, encontra como saída o próprio corpo do sujeito:

> *O sujeito é, assim, duplamente atingido: em seu objeto de amor, do qual sempre é apenas parcialmente separado; e em sua capacidade de resposta, sofrendo desse modo a violência da pressão da pulsão contra si próprio – seu corpo, sua face, seu nome (p. 168).*

No processo de vergonha de si a denominação é a figura por excelência, pois comumente a denominação marcada pelo sentido da vergonha – como ocorre nos casos exemplares do insulto ao da injúria – ocupa, no discurso que produz a ofensa, o lugar do nome próprio do sujeito. Dessa forma, a denominação proferida pelo outro reduz o sujeito a não ser mais nada, resultando, para ele, na perda simultânea do nome próprio e da identidade.

Quando o negro é designado, por exemplo, como "macaco", a vergonha invade.

O negro ensaia uma resposta, mas o impacto da situação o paralisa. A fantasia, no entanto, é a de poder dar uma resposta à altura e se vingar do agente dessa situação de humilhação.

A designação "macaco" vem ocupar o lugar de seu nome próprio, pois toda denominação ocupa o lugar do nome próprio do sujeito.

Nesses momentos, aquilo que o sujeito encontra no olhar do outro – a reprovação – assume o significado particular expresso na denominação e mostra o quanto aquela marca – a cor negra que o sujeito negro, imaginariamente, crê, poder esconder, neutralizar, está sempre lá.

Nesses momentos, o sujeito negro se dá conta de que o lugar social que porventura veio a ocupar (condição econômica elevada, prestígio social etc.) não o põe a salvo do estigma que faz da cor negra uma mancha, um defeito.

Não conseguindo se ver incluído, o negro acaba por se excluir, como única alternativa para eliminar aquilo que é impossível de ser eliminado. Somente os processos autodestrutivos podem significar, para ele, a eliminação daquilo que exclui seu próprio corpo, sua própria condição de sujeito.

A alienação, resultado de um longo período histórico de subordinação e humilhação, faz com que os negros padeçam de um terrível sentido de inferioridade, que chega até mesmo ao ódio, em relação à sua condição de "pessoa negra".

No imaginário social produzido pela sociedade branca e escravocrata, o negro funcionou como significante catalisador dos fantasmas e perversidades dessa mesma sociedade que, exteriorizando esses núcleos internos que aterrorizam, construiu representações em que tais horrores são tornados presentes no corpo negro.

É assim que a representação da sexualidade do negro, para tal imaginário, coloca-o na dimensão da violência selvagem (o estupro, por exemplo), ou na dimensão do gozo invejado (na figura de uma extraordinária potência sexual do homem negro ou da sensualidade exacerbada da mulher negra).

A essas imagens sociais, obviamente, o negro não está imune e seu efeito é confundir e perturbar o sujeito que, na sua tentativa desesperada de não ser atualização do "mal", adere de forma fantasmática aos valores "brancos", pela negação de suas características étnicas que chega, no limite, como vimos, à negação de seu corpo próprio.

Referências

Costa, J. F. (1984). *Violência e psicanálise.* Graal.

Dolto, F. (1992). *A imagem inconsciente do corpo* (N. Moritz Kon, trad.). Perspectiva. (Trabalho original publicado em 1984).

Jerusalinsky, A. (1984). *Psicanálise do autismo.* Artes Médicas.

Lacan, J. (1985). *O Seminário, livro 2: O eu na teoria de Freud e na técnica da psicanálise.* Zahar. (Trabalho original publicado em 1978).

Mbembe, A. (2018). *Crítica da razão negra.* (M. Lança, trad.). Antígona. (Trabalho original publicado em 2014).

Nogueira, I. B. (2021). *A cor do inconsciente: Significações do corpo negro.* Perspectiva.

Sami-Ali, M. (1993). *Corpo real corpo imaginário* (S. Cassal, trad.). Artes Médicas. (Trabalho original publicado em 1977).

Tocquiville, A. de. (1998). *A democracia na América.* Martins Fontes.

Zygouris, R. (1995). *Ah! As belas lições!* Escuta.

3. A negação do racismo na América Latina e suas implicações para afrodescendentes e indígenas: perspectivas para pensar a psicanálise

Sônia Beatriz dos Santos

Introdução

A partir de uma análise da formação histórico-cultural do Brasil sob a perspectiva da ordem geográfica e da ordem do inconsciente, Lélia Gonzalez, em seu artigo "A categoria Político-Cultural de Amefricanidade", argumenta que as "formações do inconsciente" no país não eram predominantemente constituídas por características "europeias e brancas". Convicta de seu argumento, ela acrescenta ainda que,

> *Ao contrário, ele [Brasil] é uma América Africana cuja latinidade, por inexistente, teve trocado o t pelo d para, aí sim, ter o seu nome assumido com todas as letras:* Améfrica Ladina *(não é por acaso que a* neurose cultural *brasileira tem no* racismo *o seu sintoma por excelência). Nesse contexto, todos os brasileiros (e não apenas os "pretos" e*

> *os "pardos" do IBGE) são* ladinoamefricanos. *Para um bom entendimento das artimanhas do racismo acima caracterizado, vale a pena recordar a categoria freudiana de denegação (*Verneinung*): "processo pelo qual o indivíduo, embora formulando um de seus desejos, pensamentos ou sentimentos, até aí recalcado, continua a defender-se dele, negando que lhe pertença" (Laplance & Pontalis, 1970). Enquanto denegação de nossa ladinoamefricanidade, o racismo "à brasileira" se volta justamente contra aqueles que são o testemunho vivo da mesma (os negros), ao mesmo tempo que diz não o fazer ("democracia racial" brasileira) (Gonzalez, 1988, p. 69).*

Um estudo comparativo seria importante para aprofundar que similaridades poderíamos encontrar em outras sociedades latino-americanas no que se refere a manifestação destas formações do inconsciente apontadas por Lélia Gonzalez. Considero pertinente tomar o argumento da autora como um ponto de partida para a reflexão proposta neste trabalho e afirmar que o fenômeno observado por ela no Brasil, também se reproduziu (e se reproduz) em outras sociedades (ou melhor dizendo em outras mentes, manifestações de afeto e de mal-estar) no contexto latino-americano, visto que a matriz colonial – europeia e branca – se apresentou de forma compulsória como uma realidade para todo o continente americano, a despeito das especificidades em termos das experiências étnico-raciais, culturais e sócio-históricas e econômicas de cada uma das distintas sociedades formadas nesta região. Neste sentindo, a autora sinaliza algumas evidências importantes:

> *Graças a um contato crescente com manifestações culturais negras de outros países do continente americano, tenho tido a oportunidade de observar certas similaridades*

que, no que se refere aos falares, lembram o nosso país. É certo que a presença negra na região caribenha (aqui entendida não só como a América Insular, mas incluindo a costa atlântica da América Central e o norte da América do Sul) modificou o espanhol, o inglês e o francês falados na região [...]. Ou seja, aquilo que chamo de "pretoguês" e que nada mais é do que marca de africanização do português falado no Brasil (nunca esquecendo que o colonizador chamava os escravos africanos de "pretos" e de "crioulos", os nascidos no Brasil), é facilmente constatável sobretudo no espanhol da região caribenha. O caráter tonal e rítmico das línguas africanas trazidas para o Novo Mundo, além da ausência de certas consoantes (como o l ou o r, por exemplo), apontam para um aspecto pouco explorado da influência negra na formação histórico-cultural do continente como um todo (e isto sem falar nos dialetos "crioulos" do Caribe). Similaridades ainda mais evidentes são constatáveis, se o nosso olhar se volta para as músicas, as danças, os sistemas de crença etc. Desnecessário dizer o quanto tudo isso é encoberto pelo véu ideológico do branqueamento, é recalcado por classificações eurocêntricas do tipo "cultura popular", "folclore nacional" etc., que minimizam a importância da contribuição negra (Gonzalez, 1988, p. 70).

Deste modo, a experiência da dominação europeia apresentou padrões semelhantes difundidos pelas Américas impondo um protótipo de ser humano e de humanidade, um modelo de cultura, de sociedade, de organização socioeconômico e política, e de relações sociais e com a natureza.

A partir destas circunstâncias, o presente trabalho busca refletir sobre uma consequência (ou talvez melhor identificar como sequela) desencadeada pelo racismo na América Latina, e que considero ser uma evidência do desenvolvimento de um padrão comum que influencia as formações do inconsciente dos indivíduos na região, a saber, a negação da existência do racismo justificada por valores eurobrancocêntricos.

O trabalho está organizado em duas seções, seguido de considerações finais. Na primeira parte busca-se explorar aspectos da ordem geográfica apontados por Lélia Gonzalez acerca da presença afrodescendente e indígena no continente americano, e mais especificamente na América Latina. E na segunda parte, são discutidas as questões sobre a negação da existência do racismo na região e seus efeitos sobre os povos afrodescendentes e indígenas. A reflexão foi desenvolvida a partir das análises de Lélia Gonzalez (1988), Tanya Hernández (2017), Abdias Nascimento (2019), Milanez et al (2019) e de dados pertinentes providos pela CEPAL-ONU (2015) e a Deutsche Welle – DW/Brasil (2018).

Evidências geográficas: a presença afrodescendente e indígena nas Américas

Como uma forma de vislumbrarmos a ideia de ordem geográfica destacada por Lélia Gonzalez acerca da formação histórico-cultural, não só do Brasil, mas num sentido mais amplo da América Latina, iniciemos esta reflexão explorando mapas do continente americano que demonstram por um lado, a presença marcante dos povos indígenas, habitantes originários deste território, e por outro lado, o grande contingente de escravizados africanos transportados em condições sub-humanas para a região, e seu resultado posterior, que é a formação da população afro-latino americana. Tais evidências demonstram que os povos africanos e indígenas, e, portanto, suas culturas, valores, crenças e tradições estão profundamente enraizados na constituição das sociedades do continente, e, por conseguinte, influenciaram as relações sociais e as formações do inconsciente dos segmentos populacionais que ali se originaram, para além do europeu branco.

Os povos indígenas

> *É possível que vocês tenham ouvido falar de nós. No entanto, não sabem quem somos realmente. Não é uma boa coisa. Vocês não conhecem nossa floresta e nossas casas. Não compreendem nossas palavras. Assim, era possível que acabássemos morrendo sem que vocês soubessem. É por isso que, se ficarmos no esquecimento de vocês como tartarugas escondidas no chão da floresta, penso que é pena.*
>
> *Os brancos em torno da nossa terra são hostis. Não sabem nada da gente e nunca perguntam como viviam nossos ancestrais. Só pensam em ocupar nossa floresta com seu gado e em destruir nossos rios para catar ouro. Só a gente de longe quer nos conhecer e nos defender. Suas palavras são fortes e vêm nos ajudar. Graças a elas, a gente de perto, que não para de falar contra nós, desistirá de invadir a floresta.*
>
> *Brancos vieram de longe para fazer uma exposição de nossas imagens. Viveram entre nós e ouviram nossas palavras. Viram-nos com seus próprios olhos e comeram nossas comidas. Fizemos amizade. Agora, o pensamento deles é direito, e eles estão ao nosso lado. Na volta deles, falarão de nós para as pessoas de suas terras. Contarão o que viram e ouviram na floresta. Mostrarão nossas imagens e farão ouvir nossas vozes. Muitos deles, por sua vez, nos compreenderão. Se for assim, vou ficar feliz. Será uma coisa bonita e direita (Kopenawa, p. 55).*

Dados da Deutsche Welle (DW – Brasil) de 2018 demonstravam que a região da América Latina possuía 522 povos indígenas, e deste contingente 241 residiam no Brasil. Estudos indicam que a chegada e ação dos europeus no continente americano a partir do século XV traduziu-se numa catástrofe demográfica para os povos indígenas, atingidos por situações de extermínio ocasionadas pelos choques culturais e sociais, tais como fome, doenças, e conflitos populacionais e territoriais que perduram até os dias atuais e levaram um processo dramático de dizimação e em muitos casos de extinção de etnias indígenas.

> *Não foi só a maquinaria bélica que ajudou a ocupação europeia do continente e o despovoamento de seus históricos habitantes, mas também a carga de doenças que os europeus trouxeram consigo e que dizimaram gravemente as populações originárias. À introdução de novas doenças, como a varíola, o sarampo, o tifo, a febre amarela e a malária, se somou a submissão a trabalhos forçados e a castigos desumanos. Denevan (1976) estima que na época dos primeiros contatos com europeus viviam 57,3 milhões de indígenas em todo o continente, dos quais 47 milhões habitavam nos países hoje denominados latino-americanos. No entanto, estima-se que 130 anos depois essa população havia diminuído em 90% e que a população indígena do Caribe quase foi exterminada em menos de meio século (CEPAL, 2015, p. 13).*

E ainda segundo esse relatório, os povos indígenas constituem os segmentos populacionais "mais desfavorecidos, como resultado de complexos processos sociais e históricos iniciados há mais de 500 anos, que foram estabelecendo práticas discriminatórias persistentes até o presente e implicaram uma desapropriação sistemática de seus territórios", acarretando sérias sequelas para suas condições de saúde e vida (CEPAL, 2015, p. 5). A despeito de todo este processo de despossessão material e imaterial, os indígenas representam um dos principais pilares da identidade latino-americana, constituintes de uma diversidade de costumes, tradições, e manifestações culturais diversas.

Parto do contexto brasileiro para pensarmos sobre o lugar que os indígenas ocupam na discussão do racismo, fato que apresenta similaridades em outras regiões da América Latina. Trata-se de atentarmos para o fato de que o racismo contra os povos indígenas tem sido tradicionalmente invisibilizado no Brasil. Os seguintes autores revelam no caso brasileiro dois aspectos importantes. O primeiro é que:

> *A historiografia tradicional pouca atenção deu ao protagonismo da resistência indígena à colonização, e as abordagens da "transição" da escravidão indígena para a negra não apenas reforçaram a narrativa da extinção – que coloca os indígenas prementemente num lugar pertencente ao passado –, como também serviram para desconsiderar o violento sistema de exploração da força de trabalho, a espoliação e o genocídio que permanecem desde o primórdio da colonização até os dias atuais (Milanez et al., 2019, p. 2162).*

Como segundo aspecto, relembram que:

> *Na história do Brasil, os povos indígenas foram os primeiros a serem escravizados – a força de trabalho empregada na montagem dos engenhos de açúcar no Brasil, por exemplo, foi predominantemente nativa –, antes da escravização dos africanos capturados e deportados de seu continente original, que começaram a ser traficados em meados do século XVI (cf. Marquese, 2005). Se os Ameríndios foram os primeiros a serem escravizados, os*

> *trabalhos que mostram as consequências (e a continuação) dessa escravidão ainda recebem pouca atenção; mas, como diz Kabengele Munanga, muitas das dificuldades que os indígenas encontram hoje estão diretamente relacionadas com a escravidão do passado. Isto é, a escravidão não ficou no passado: como nunca foi coibida, foi negada, e até hoje a escravidão indígena nas fronteiras agrícolas é uma prática constante, como entre os Kaiowa e Guarani no Mato Grosso do Sul ou nos subempregos em lavouras de soja no Mato Grosso (p. 2166).*

O histórico da problemática da invisibilidade dos povos indígenas desde o período da colonização europeia até o período contemporâneo apresentada para o caso brasileiro, encontra eco em outras regiões da América Latina. A situação imposta de preconceitos, discriminação e violência e de cerceamento de acesso a recursos para a garantia de sua sobrevivência a que os povos indígenas na região são submetidos ainda hoje no século XXI, deve ser compreendida como sequelas profundas do racismo resultante da ação de exploração predatória dos europeus há mais de cinco séculos. Ações que foram desde o início da colonização desapossando estes grupos de seus territórios de habitação e "de seus espaços de reprodução social e cultural e também de sua própria cultura, cosmovisões e modos de vinculação com a natureza"; adicionalmente, este processo de incursões violentas "significou a perda da 'territorialidade política' dos povos indígenas do continente e da soberania sobre seus territórios, e inaugurou um ciclo de extensa duração histórica" (CEPAL, 2015, p. 13).

Os dois quadros a seguir apresentam dados entre as décadas de 1990 e 2000, que indicam a elevada porcentagem de populações indígenas em todas as regiões do continente americano.

Figura 3.1 População indígena da América.

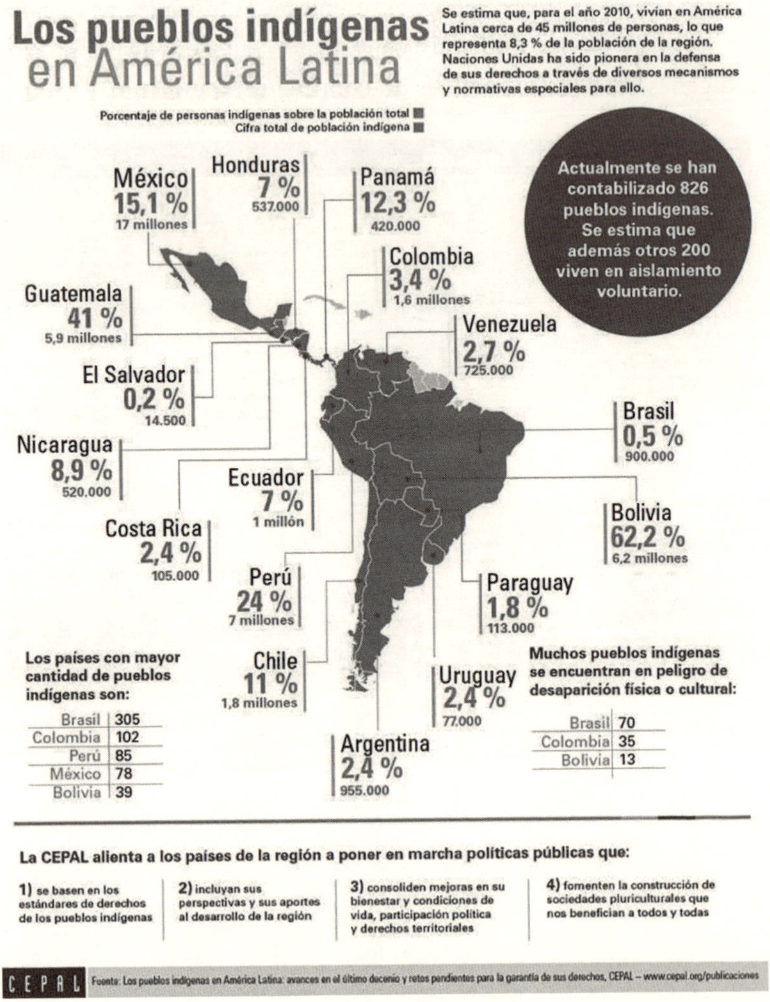

Figura 3.2 Os povos indígenas na América Latina.

Os povos afrodescendentes

Os afrodescendentes estão profundamente envolvidos na construção das sociedades da América Latina. A distribuição forçada mostra que os grupos africanos, mesmo em condições subalternas e desumanas, se organizaram e prosperaram do modo como lhes foi possível por todo o continente americano, de modo que seria impossível desconsiderar suas influências na constituição psicossocial e cultural da população latino-americana e caribenha.

African Slave Trade Routes and Numbers Map

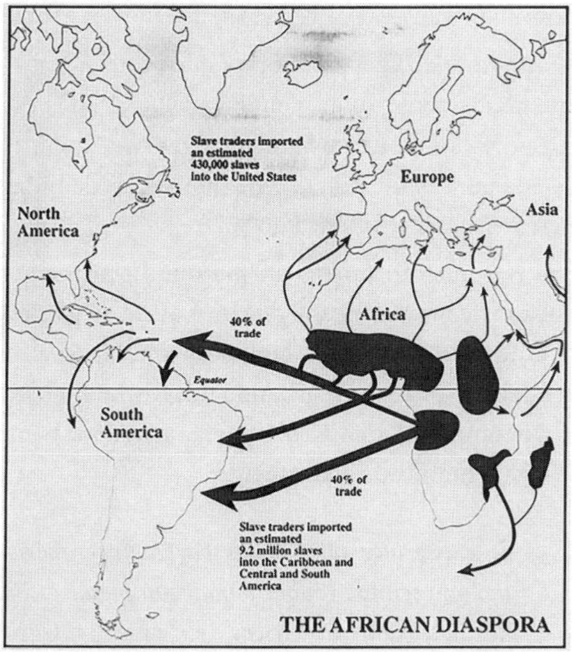

From Williams. Macmillian Encyclopedia of World Slavery, 1E. © 1998 Gale, a part of Cengage Learning, Inc. Reproduced by permission. www.cengage.com/permissions

Imagem 3.3 Rotas e números do comércio de escravos africanos (Hernández, 2017, p. 8).

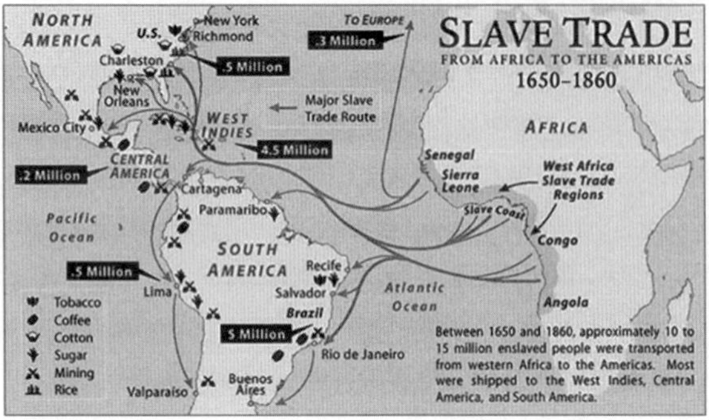

Figura 3.4 Tráfico de escravos da África para as Américas, 1650-1860.

O resumo do mapa acima informa que entre os anos de 1650 e 1860, aproximadamente 10 a 15 milhões de africanos escravizados foram transportados da África Ocidental para as Américas. A maioria foi enviada para as Ilhas do Caribe (nomeadas de Índias Ocidentais), América Central e América do Sul.

Abdias Nascimento (2019) afirma que "a primeira realidade da presença africana em nossa região é a sua negação explícita", e ressalta ainda que "o mundo tem sido convidado a ignorar" os afrodescendentes (p. 325), destacando um trecho do texto do afro-peruano Nicomedes Santa Cruz, poeta, ativista e pensador, que denuncia esta tentativa de apagamento:

> *Se existe algo que, nestas partes das Américas, tem-se tentado sempre roubar e maliciosamente esconder (além dos nossos direitos cívicos), é a nossa presença histórica, decisiva em muitos casos, assim como nossa contribuição enorme e positiva no campo do folclore e das artes. A política tradicional do silêncio, a teorização absurda quando não é mais possível silenciar, ou a usurpação direta, têm sido as respostas sistemáticas que se tem dado no Peru a cada contribuição africana. E nós, os descendentes dos*

> *escravos, à margem da cultura "oficial", recebemos para todas as nossas manifestações o débil adjetivo "negroide" (Nascimento, 2019, p. 326).*

O autor também ressalta que "durante quatro séculos, constituindo quatro quintos da sua existência no tempo, a maioria das colônias e repúblicas da região tinha populações africanas majoritárias".

> *No Peru, o censo de Lima mostra que em 1640 havia quinze mil africanos somente naquela cidade, o que representava a metade de sua população. No Chile, entre 1540 a 1620, os negros eram muito mais numerosos que os brancos. Até o século XIX, Buenos Aires tinha mais de um terço de negros na sua população. No Equador, no século XVII, de acordo com dados oficiais, havia noventa mil africanos, mais ou menos um terço da população. Na ocasião da independência venezuelana, o país tinha 200 mil europeus e 406 mil africanos. Em Cuba, de acordo a Nicolás Guillén, no ano de 1840 "a população negra ultrapassava a branca, a nativa e a espanhola juntas". Na Colômbia os africanos sempre constituíram mais da metade da população, e em 1901 eles constituem 80% da população nacional. (...) Em 1570 a população africana no México era de 20.569. Até os dias de hoje, a população africana sempre foi majoritária no Brasil (Nascimento, 2019, p. 326).*

Ao trazer este cenário, Abdias Nascimento evidencia a riqueza da presença africana no continente americano, exercendo protagonismo na formação de suas distintas sociedades. Ele chama nossa atenção para a existência de "grande número de escravos foragidos, africanos livres, africanos que já chegaram nas Américas como homens livres, e escravos ou semiescravos chamados negros-de-ganho ou *ganaderos*, que ganhavam seu próprio dinheiro vendendo nas ruas, com considerável liberdade de movimento" (p. 326). E acrescenta:

> Em toda América espanhola e portuguesa, a preponderância dos africanos causava preocupações profundas nas autoridades, e não sem razão (...) os *cimarrones*, *cumbes*, *palenques*, quilombos e outras espécies de sociedades africanas livres proliferavam na confrontação armada contra as sociedades escravistas. Outras formas de resistência minavam a economia e forçavam os espanhóis no Caribe, por exemplo, a estruturar toda uma força policial, especialmente para perseguir os foragidos. Rebeliões, guerras, movimentos de guerrilha urbana e sociedades africanas organizadas, livres ou clandestinas, abundavam do século XVI até o começo do século XX. Não eram rebeliões individuais e isoladas, mas constituíam um fenômeno coletivo que desafiava seriamente a ordem econômica mundial. Sua importância está não apenas na sua resistência à estrutura colonial, como também no seu legado de princípios africanos de sociedade, cultura, economia e política. (...) A cultura africana, nas palavras de John Henrik Clarke, "tornou-se a força coesiva e o sistema de comunicação que colocavam em ação essas lutas revolucionárias" (Nascimento, 2019, p. 327).

O seguinte mapa nos permite vislumbrar – olhando para as porcentagens de afrodescendentes indicadas nele – a força do enraizamento das culturas e tradições africanas nas distintas sociedades do continente americano.

Figura 3.5 Mapa (Hernández, 2017, p. 9).

A negação do racismo na América Latina

Na américa latina o racismo e a discriminação racial têm sido sistematicamente invisibilizados como questões sociais de grande impacto sobre a produção de desigualdades, injustiças e violências que – em conjunto com outras formas de discriminação baseadas no gênero, orientação sexual, classe – têm subsidiado a negação da humanidade e consequentemente de direitos de afrodescendentes e indígenas. E isto, a despeito de todos os Estados membros da Organização dos Estados Americanos (OEA) reconhecerem "os direitos fundamentais do indivíduo sem distinção de raça, nacionalidade, credo ou sexo" na Carta da OEA (1993, cap. 2, art. 3).

Mesmo assim, segundo o Portal CIRDI (Convenção Interamericana contra o Racismo, Discriminação Racial e Formas Correlatas de Intolerância):

> *Nas Américas, especialmente nos países da América Latina e do Caribe, o racismo aparece de diferentes maneiras a partir de seu passado colonial, onde a discriminação racial e étnica tem suas raízes na escravidão e no colonialismo europeu a partir do século XV. Ainda em 2021, as múltiplas formas de discriminação e de racismo contra afrodescendentes, povos indígenas e outros grupos raciais e minorias permanecem latentes e em ascensão no hemisfério. A recente visibilidade da brutalidade policial somada aos episódios de discriminação racial, além da violência sistêmica contra afrodescendentes e sua impunidade, são a prova de que a erradicação do racismo é urgente e não pode esperar.*[2]

Segundo Ailton Krenak, "o racismo é um projeto de Estado, visível, (...) é uma epidemia global causada pela recusa de

2 Cf. https://cirdi2024.org/pt/noticias-e-eventos/noticias-pt/53-racismo-sistemico-nas-americas-e-a-convencao-interamericana-contra-o-racismo. Para o texto da Convenção: https://cirdi2024.org/images/documentos/inter_american_treaties_A-68_Convencao_Interamericana_racismo_POR.pdf

compreender a diferença" (Milanez et al., 2019, p. 2170). Seu argumento é ratificado por Élida Lauris (2022), quem demonstra que as sociedades e Estados Latino-americanos são racializados, tendo como característica marcante a violência racial imposta de forma contundente aos grupos afrodescendentes e indígenas. A autora chama nossa atenção para o fato da violência racial se constituir como o "princípio organizador do racismo mais importante". Mais especificamente ela ressalta que:

> *há uma circularidade, característica de Estados modernos e pós-modernos; sociedades e Estados são racializados porque o racismo lhes é inerente, enquanto forma de violência racial; a violência racial e o racismo são inerentes a sociedades e Estados porque ambos são racializados. Isso acontece porque Estados modernos e pós-modernos são raciais e racistas. O racismo é parte da formação política, social e ideológica do projeto de Estado-nação, de tal modo que o que se conhece como Estado é um Estado racial (Lauris, 2022, p. 7).*

A autora destaca ainda dois aspectos importantes:

> *Os Estados são raciais pelos modos como definem, determinam e estruturam sua população. Complementarmente, são Estados racistas devido a esses modos de definir, determinar e estruturar a população, cujo único propósito é operar desvantagens e privilégios, utilizando a raça como dispositivo de organização, exclusão e inclusão, o que define quem vive, quem tem proteção e quem morre. A diferenciação racial integra os métodos de governamentalidade (no sentido de Foucault) do Estado sobre a*

> *população, e os Estados raciais são, por sua vez, Estados de violência (p. 7).*
>
> *O sistema racializado desenvolve formas próprias de manutenção da ordem racial patriarcal. Juntamente à ideologia racial, a violência mantém a dominação e garante o exercício de poder da classe racial dominante. (...) É a violência estrutural que mantém a base do sistema social racializado, gerando e mantendo as desigualdades raciais. A legitimação social da violência sobre a população negra é um dos principais elementos desenvolvidos pela ideologia racial. (...) A partir do momento em que a raça é empregada como dispositivo de diferenciação, o racismo ganha vida própria e passa a organizar o sistema social. A violência racial, por sua vez, organiza o racismo. (...) as violências raciais – sejam violências diretas ou epistêmicas, sejam padrões destinados a prejudicar, matar ou coagir – conformam mundos negros. Historicamente, a resistência negra tem impedido que a violência defina o seu sentido de existência. As dinâmicas entre o racismo e a resistência ao racismo (...) vão modulando como as violências raciais produzem uma condição de ser negro, a qual se baseia na luta (p. 26-27).*

A despeito de tantas evidências contundentes, o racismo continua sendo negado como uma realidade social na América Latina. Em seu livro, Tanya Hernández aborda aspectos fundamentais sobre esta recusa. O pensamento de que o "'racismo não existe' é bastante difundido na América Latina", apesar dos movimentos negros e de cientistas sociais apresentarem provas de uma realidade contrária.

> *Quando a BBC entrevistou latino-americanos, em 2005 sobre a existência de racismo na região, um número*

> *significativo de pessoas enfaticamente negou sua existência. Muitos, por exemplo, falaram que "ibero-americanos não são racistas" e que "A América Ibérica não é uma região racista pelo simples fato de ser a maioria da população indígena, crioula ou mestiça" (Hernández, 2017, p. 16).*

Para esta autora, a negação do racismo é uma questão "enraizada no 'mito da democracia racial' – a noção de que a mestiçagem em uma população é uma característica emblemática de harmonia racial e impossibilita discórdia e desigualdade racial". Porém, as teorias latino-americanas que postulam que "a mistura seria marca registrada da harmonia racial", têm sido contestadas por estudos acadêmicos nos últimos 20 anos (p. 16).

Também Milanez et al. (2019) confirmam a existência desse mito no Brasil:

> *A ideia de que o brasileiro não é racista, mas que há racismo, fundamenta-se no mito da democracia racial, segundo o qual o Brasil seria o paraíso racial de relações harmoniosas. Novamente, explica Munanga, "o mito vai afirmar que somos um povo mestiço, isto é, nem branco, nem negro e nem indígena, mas sim uma nova raça brasileira, uma raça mestiça". Assim, resta a pergunta falaciosa: "quem vai discriminar se somos todos mestiços?" De acordo com esse mito, a mestiçagem "biológica" passa pela "miscigenação", enquanto a mestiçagem "cultural" pelo sincretismo e a "integração". No caso dos povos indígenas, permanece o evolucionismo positivista pela transitividade da condição, como um caminho para 'virar branco', superado em termos legais pela Constituição Federal, mas ainda em prática nas políticas públicas racistas (...).*

> *O mito da democracia racial proclamou o Brasil como um paraíso onde as relações entre branco e negro, e branco e indígena são harmoniosas, isto é, sem preconceito ou discriminação, a não ser pelos preconceitos de ordem socioeconômica que atingem a todos os brasileiros sem diferença baseada na cor da pele. Embora o mito da democracia racial venha sendo negado há décadas por estudiosos, tal como a fênix ele continua permanentemente a ressurgir no imaginário cultural brasileiro e nos discursos políticos. (...) O racismo no Brasil é por isso mesmo ambíguo, e alicerçado em uma constante contradição: a de negar a existência de práticas racistas, e a existência do preconceito racial (p. 2167-2168).*

O estudo desses autores ressalta que:

> *Implícito e disfarçado, o racismo brasileiro desmobiliza as vítimas, e diminui a sua coesão com a compartimentação entre negros e indígenas, criando a ambiguidade dos "mestiços" e "pardos". Dificulta assim o processo de formação de identidades, segundo o qual muitos preferem o ideal do branqueamento que, segundo pensam, oferece algumas vantagens reservadas para a branquitude (p. 2168).*

Além do racismo disfarçado, não faltam discursos públicos e atitudes racistas em relação aos povos indígenas.

> *Na visão de Kum Tum Akroá Gamela, o racismo estabelecido pelo Estado, e sustentado por várias instituições, faz com que indígenas como ele tenham que provar, no dia-a-dia, a sua própria existência. Isso se dá em atos corriqueiros, desde o registro de uma criança – quando o cartório se recusa a registrar a criança como indígena –,*

até reuniões com a FUNAI – aonde os agentes se referem a alguns indígenas como "autodenominados indígenas", criando sub-categorias de subjetividade. É a terra articulando o racismo que estrutura a reivindicação da terra (Milanez et al., 2019, p. 2172).

Hernández destaca ainda, um outro aspecto da marca do racismo que é compartilhado entre as distintas sociedades latino-americanas, que são o uso de noções depreciativas do termo "negro" acionado para se referir a pessoas de descendência africana. Trata-se dos termos assumir significados estereotipados: são perfilados como criminoso, de caráter duvidoso, não confiáveis, intelectualmente inferiorizados, objetificados sexualmente e equiparados esteticamente a animais (Hernández, 2017, p. 18).

Como já foi indicado anteriormente, mesmo diante de tantas manifestações explicitas de racismo, os latino-americanos "continuam defendendo a noção de que, ao contrário dos Estados Unidos, por haver na região uma grande miscigenação, inexiste respaldo jurídico no estilo da legislação Jim Crow, tornando a América Latina 'racialmente inocente'" (Hernández, 2017, p. 16).

* * *

Considero, neste ponto, ser importante finalizar a reflexão buscando pensar como as discussões apresentadas incidem sobre o debate "psicanálise e racismo", na perspectiva da teoria e da clínica.

Por isso, numa perspectiva propositiva, proponho pensarmos sobre o racismo de per si, bem como do processo de negação de sua existência e seus efeitos na constituição da subjetividade e das identificações da população latino-americana, inclusive observando as especificidades plurais de ser afrodescendente, ser indígena, ser branco fora da Europa. Que diálogos profícuos e produtivos com a teoria e a clínica psicanalíticas podemos estabelecer?

Me suscita curiosidade investigativa e clínica discutir como o mito da democracia racial ou a crença na "inocência racial" entre latino-americanos – como apresentados acima – influenciam na constituição de nossas formações do inconsciente, bem como dos afetos e do mal-estar; e ressalto que o uso do termo "nossos" se refere à dupla analista e analisando(a).

Devo confessar, no entanto, que a discussão me suscitou mais perguntas do que respostas:

- Como a negação da existência do racismo e a afirmação da inocência racial incidem sob psicanalistas e suas instituições?
- Qual a relação entre essas convicções e o silenciamento acerca do racismo no interior das sociedades de psicanálise, mais especificamente na teoria e na clínica?
- Por que, em geral, os psicanalistas 'escolhem' ignorar ou não conseguem lidar com as situações de racismo que aparecem na clínica com seus pacientes?
- Como ser compelido a adotar características europeias e brancas afeta as formações do inconsciente, e as manifestações dos afetos e do mal-estar de um indivíduo?
- Como a ideia de inocência racial incide sobre o tratamento psicanalítico de pessoas negras e indígenas?
- Que implicações a ideia de negação da existência do racismo e da inocência racial trazem para o campo analítico, no que se refere ao lidar com o afeto, o sofrimento?

Estou ciente de que todas são questões complexas, mas, a meu ver, necessárias, e que demandam muitas mentes e afetos se debruçando sobre elas. Acredito também que as melhores respostas virão do envolvimento pessoal contínuo.

Considerações finais

Para iniciar minhas considerações finais me servirei das reflexões que um grupo de pensadores realizou sobre a diversidade biocultural deste território que chamamos de Brasil e de suas especulações sobre os impasses do Antropoceno, cruciais para o inadiável reenvolvimento com a terra e para a ampliação dos nossos imaginários de coexistência.

> *Conceitos que achamos que se parecem muito com os conceitos de* "bem viver" *e de* "viver bem" *são o* "viver de forma orgânica" *e o* "viver de forma sintética". Bem viver é viver de forma orgânica *e* viver bem é viver de forma sintética. *Compreendemos que há um saber orgânico e um saber sintético. Enquanto o saber orgânico é* o saber que se desenvolve desenvolvendo o ser, *o saber sintético é o saber que se desenvolve desenvolvendo o ter. Somos operadores do saber orgânico e os colonialistas são operadores do saber sintético.*
>
> *Quando o deus dos brancos disse que a terra estava amaldiçoada por causa de Adão e Eva e que eles comeriam com a fadiga do suor, ele disse que não poderiam desfrutar da natureza como a natureza se apresenta.* Logo, eles precisariam sintetizar tudo. E assim eles saíram mundo afora sintetizando – inclusive a si próprios. *Grande parte do pensamento dos brancos é sintetizado. O pensamento produzido nas academias é um* pensamento sintético. *É um saber voltado para a produção de coisas. O pensamento operacionalizado pela escrita é um pensamento sintético, desconectado da vida. Já o nosso pensamento, movimentado pela oralidade, é um pensamento orgânico.*

> *O ser tem pouco valor no saber sintético, apesar de ser o criador do ter. Já o ter é a criatura que devora o seu criador. As pessoas atuam sempre em função do ter. Até a biologia está se tornando sintética. Logo vocês vão comer bife sem precisar de boi...*
>
> *A nossa avaliação é que, neste exato momento, estamos vivenciando uma das maiores possibilidades de um fim desse mundo eurocristão, monoteísta, colonialista e sintético. Esse mundo está chegando ao fim. Não é à toa que estamos vivendo esse desespero, essa grande confusão. Mas, por incrível que pareça,* estamos vivendo também uma nova confluência.
>
> Confluência *foi um conceito muito fácil de elaborar que foi só* observar o movimento das águas pelos rios, pela terra *(Carnevalli et al., 2023, p. 12-13; ênfase minha).*

O racismo é um grande sintetizador de coisas, de gente, de seres vivos, de tudo. Por meio de suas manifestações materiais e imateriais – preconceito, estereótipos e discriminação – produz saberes sintéticos que transformam seres humanos e não humanos em coisas. Um fenômeno que produziu a exploração colonial e a escravidão moderna.

Como argumenta Tanya Hernández (2017, p. 15) "há cerca de 150 milhões de pessoas de ascendência Africana na América Latina, representando cerca de um terço da população total", que somadas à população indígena forma um grande contingente de populações tradicionalmente marginalizadas, subalternizadas e invisibilizadas nas estatísticas oficiais e no cotidiano de suas sociedades de origem há mais de 500 anos. Populações que vêm sobrevivendo à escravidão, ao genocídio e ao epistemicídio com seus próprios recursos materiais e psicossociais.

São os povos afrodescendentes e indígenas negligenciados e desamparados pelas sociedades (e seus Estados), que têm buscado, a despeito do racismo, prover qualidade de vida para si, a partir de suas cosmovisões de mundo, de pessoas, de cultura, de natureza, de seres vivos (e da relação com estes), de saúde.

Penso que estamos vivendo uma nova confluência na psicanálise, um convite à observação do movimento de outras águas, rios e terras... Há muitas resistências, sofrimentos reprimidos, afetos, mal-estar, dores, choques assustadores físicos e simbólicos na constituição desta confluência, mas estamos caminhando...

Muitos de nós temos pressa porque se trata de vida e morte...

Referências

Carnevalli, F. et al. (2023) *Terra: antologia afro-indígena*. Ubu Editora; Piseagrama.

CEPAL; ONU. (2015). *Os povos indígenas na América Latina: Avanços na última década e desafios pendentes para a garantia de seus direitos*. Disponível em: https://repositorio.cepal.org/bitstream/handle/11362/37773/1/S1420764_pt.pdf

CIRDI (2024). *Convenção Interamericana contra o Racismo, Discriminação Racial e Formas Correlatas de Intolerância*. Texto da Convenção disponível em: https://cirdi2024.org/images/documentos/inter_american_treaties_A-68_Convencao_Interamericana_racismo_POR.pdf

Deutsche Welle-Brasil. (2018). Povos indígenas na América Latina. Disponível em: https://pt-pt.facebook.com/dw.brasil/posts/a-am%C3%A9rica-latina-abriga-522-povos-ind%C3%ADgenas-sendo-que-241-deles-est%C3%A3o-no-brasil-/10155935691943520/

Gonzalez, L. (1988). A categoria político-cultural de amefricanidade. *Tempo Brasileiro*, 92 (93), 69-82.

Hernández, T. K. (2017). *Subordinação racial no Brasil e na América Latina: o papel do Estado, o Direito Costumeiro e a Nova Resposta dos Direitos Civis*. EDUFBA.

Kopenawa, D. (2023). Gente de perto, gente de longe. In: B. Albert; D. Kopenawa. *O espírito da Floresta*. Companhia das Letras.

Lauris, E. (2022). *Racismo, violência e Estado: três faces, uma única estrutura de dominação articulada – abordagem conceitual*. Criola. [livro eletrônico].

Milanez, F. et al. (2019). Existência e Diferença: O Racismo Contra os Povos Indígenas. *Direito e Práxis*, 10 (3), 2161–2181. Disponível em: https://doi.org/10.1590/2179-8966/2019/43886

Nascimento, A. (2019). *O quilombismo: Documentos de uma militância Pan-Africanista*. Perspectiva.

4. Necropoder, mundos de morte e mercado

Renato Noguera

Introdução

Num exercício filosófico, o que uma breve introdução precisa nos dizer? O que está em jogo num exercício crítico filosófico? Ora, "não redizer o que disse um filósofo, mas dizer o que ele necessariamente subentendia, o que ele não dizia e que, no entanto, está presente naquilo que diz" (Deleuze, 1992, p. 118). Portanto, aqui não se trata somente de apresentar a descrição do filósofo Achille Mbembe sobre necropolítica, mas "o que", "com" e "a partir" da necropolítica (esteja explícito ou não no ensaio Mbembe). Aqui o que nos interessa é enfrentar o desafio de saber se somos capazes de pensar para encontrar caminhos possíveis para resistir ao mundo de morte.

O que Achille Mbembe pensa ou o que podemos pensar sobre o seu pensamento, mas "o que", "com" e "a partir" de Mbembe (seja em favor ou contra). Somos (ainda) capazes de pensar sobre a contemporaneidade? O que Mbembe nos inspira a pensar a respeito da instalação do necropoder e dos caminhos possíveis para enfrentá-lo?

O princípio filosófico-teológico do necropoder

No final do livro *Necropolítica,* Achille Mbembe afirma: "A forma mais bem sucedida de necropoder é a ocupação colonial contemporânea da Palestina" (Mbembe, 2015, p. 136). O que o filósofo camaronês propõe é mais do que uma imagem, mesmo que o texto não esteja suficientemente articulado para sustentar essa afirmação numa longa cadeia argumentativa. Sem dúvida, essa é a metáfora fundamental para a compreensão do necropoder como uma perspectiva ligada a uma disputa geopolítica com fundamentação étnico-religiosa. É preciso recuar, brevemente, no tempo para situar alguns aspectos da ideologia da tribo eleita que remontaria, eis a hipótese religiosa, o pacto divino do Deus de Israel com a humanidade. Como podemos interpretar essa narrativa cultural, segundo a qual um povo foi eleito por Deus para aproximá-lo do mundo, com o processo geopolítico do estabelecimento do Estado de Israel? No final do século XIX, os movimentos nacionalistas cresciam na Europa. Diante da diáspora judaica, Theodor Herzl defende a manutenção da identidade étnico-cultural do povo judeu através de um Estado independente.

> *Em maio de 1895, deu Herzl seu primeiro passo na rota do sionismo. Consistiu numa carta dirigida a um, então, muito conhecido filantropo judeu bávaro, o barão Maurice de Hirsch. Era este fundador da Jewish Colonization Association, organização que teve inicialmente por objetivo principal estabelecer judeus russos na Argentina e outras partes da América (isso porque o barão Hirsch queria afastá-los o mais possível da Rússia czarista) para que ali se dedicassem a trabalhos agrícolas. Nessa carta, pedia Herzl uma entrevista a fim de discutir "um plano político judaico cujos efeitos talvez se prolonguem a dias em que nem o senhor nem eu estaremos mais aqui" (Lissovsky, 2000, p. 55).*

De acordo com o filósofo israelense Yehezkel Kaufmann (1989), Abraão é o fundador da religião monoteísta num elo direto com Adão. *A religião de Israel: do início ao exílio babilônico* é uma obra que aponta um povo escolhido por Deus para combater a idolatria e instituir os caminhos espirituais da humanidade. Para articular nossa hipótese, a tese de Kaufmann pode ser resumida como: o monoteísmo de Israel é inédito. Neste percurso de Abraão até Moisés, passando pelos patriarcas Isaac e Jacó, fica estabelecido como projeto *geopolítico* da Torá "a ocupação da Terra prometida por Deus, onde o povo de Israel poderá se dedicar a seu culto" (Sorj, 2014, p. 59). A partir das considerações de Kaufmann e Sorj, os descendentes do povo de Abraão têm um direito estabelecido por uma aliança espiritual com Deus, nós estamos diante da ideia de que Israel deve ser "uma luz entre". Vale repetir a nossa aposta, trata-se de um aspecto étnico-cultural que não pode ser desprezado na fundamentação do necropoder. A afirmação mbembeana de que a ocupação da Palestina como modelo-padrão de funcionamento da tecnologia necropolítica só faz sentido se atentarmos para essa perspectiva de que existe um povo eleito para aproximar o mundo de Deus. O necropoder tem base religiosa que dá os contornos basilares de seu caráter político. Não se trata de analisarmos o mundo judaico, as breves considerações servem para sustentar que a disputa de ocupação geopolítica e a tecnologia de morte têm um princípio etnocêntrico. Daí, por conta de um desígnio divino, isto é, um *a priori* – aqui entendido como um axioma ontológico-político, alguns têm direito de reivindicar a posse da terra. Ora, esse princípio foi apropriado pelo colonialismo: toda terra estrangeira poderia ser ocupada em função de que o povo que invade estaria fazendo a vontade divina.

Barão Hirsch discordava de Herzl, o judeu austro-húngaro fundador do sionismo. "O que é, em essência, o sionismo? Responde Ben-Gurion: Sionismo significa o retorno a Sião" (Sorj, 2014, p.18). A localização de "Sião", a terra prometida, foi alvo de debate, passando por conjecturas que pensavam em regiões da Europa, África e Ásia para estabelecer Israel, mas a preferência foi para o território onde ficava o Império Otomano. Após a 2ª Guerra Mundial, o Reino Unido tornou-se mandatário da região e em 1948 articulou a criação do Estado de Israel, o que está na base dos conflitos mencionados por Mbembe em *Necropolítica*.

Pois bem, considerando a afirmação que desencadeia nossa reflexão, podemos dizer hipoteticamente que só existe necropoder, porque temos um povo judeu que durante um processo histórico e político (re)estabeleceu a sua terra prometida, fundando o Estado de Israel. É preciso problematizar a expressão de "povo judeu", para isso vale destacar o trabalho do historiador israelense, Shlomo Sand intitulado *A invenção da terra de Israel: da terra santa à terra prometida* (2014). De acordo com Sand, povo judeu faz tanto sentido, quanto afirmar a existência de um povo budista. Em outras palavras, não existe uma origem comum que possa remeter à "nação" ou um projeto fundamental para toda a humanidade. Deste modo, o que temos é uma inevitável concepção racista construída em cima da percepção mítica dos judeus. Ora, se o racismo está em cena, encontramos um elemento decisivo para compreensão da Palestina como exemplo do exercício necropolítico. A narrativa de um povo que tinha um reino, tornou-se errante e depois voltou ao seu lugar de "direito" só pode ser construída numa ideologia essencialista que qualifica um *povo* a tomar algo que naturalmente é seu, o que pode ser feito em última instância por todos os meios.

O terror colonial

Sem dúvida, Mbembe é leitor de Hannah Arendt e Michel Foucault e dialoga com essa dupla filosófica para confeccionar sua *Necropolítica*. Porém, interessa-nos aqui mais ainda sua conversa com Frantz Fanon, porque a formulação necropolítica de Mbembe está muito mais próxima das reflexões fanonianas sobre a violência colonial do que da biopolítica foucaultiana. O que, longe de negar a proximidade e influência entre os pensamentos de Foucault e Mbembe, significa que devemos sublinhar uma peculiaridade incontornável. O risco de morte é permanente na colônia, o que contribui para explicar bem a gênese das práticas necropolíticas no contexto do neoliberalismo. O que difere da análise foucaultiana. Por isso, as interpretações de que a necropolítica seria uma reedição da biopolítica de Foucault são equívocas. Essa impressão ocorre justamente porque algumas leituras de Foucault e de Mbembe, mesmo que bem-feitas, para compreender o fenômeno do necropoder carecem de um mergulho nos escritos de Fanon. Foucault trata do Estado nazista alemão. Vale a pena dizer que foi estabelecido um tribunal para julgar os crimes de guerra contra a humanidade, de novembro de 1945 a outubro de 1946, por 315 dias no Palácio de Nuremberg na Alemanha (1949).

Mas, o que dizer de escravagistas eurodescendentes na América? O que dizer das companhias de navios negreiros que faziam tráfico internacional de pessoas? Sem dúvida, é uma resposta intelectualmente plausível, supor esse julgamento retroativo seria um anacronismo histórico. Do ponto de vista formal, o Estado nazista foi combatido por outras nações. Porém, o colonialismo era um consenso do mundo ocidental moderno e uma das ferramentas-chave era a violência.

Em *Escritos políticos*, encontramos a estrutura da lógica colonial está expressa na violência como linguagem. "'Eles nos montam como autômatos e nos soltam em cima de populações que nos fizeram', dizia Vitorio Fantini. E acrescentava que essa técnica de embrutecimento era amplamente facilitada pelo próprio ambiente em que seus colegas e ele viviam" (Fanon, 2021). Fantini é um boxeador italiano que foi preso na cidade de Metz em fevereiro de 1957, o motivo: irregularidades referentes a seu passaporte. Então, ele teve duas opções, seguir em cárcere ou prestar cinco anos de serviços defendendo a bandeira da França. A Legião Estrangeira reúne desde sua fundação, em 1831, soldados de diferentes nacionalidades para lutar em prol da sua agenda colonial. Em *Escritos políticos*, Fanon se refere ao processo de doutrinação que legionários franceses contrarrevolucionários recebiam do Estado francês para reprimir a resistência argelina na década de 1950. Tal como diz Fantini, se trata de um processo de "sensibilização negativa", transformando o soldado insensível para a humanidade das pessoas colonizadas. Diante desse processo sistemático de insensibilização dos sujeitos da metrópole para que a morte dos "selvagens" seja algo fácil de realizar, convidamos para a leitura de dois trechos de *Necropolítica* para argumentar que o terror na Colônia não tinha precedentes na Metrópole.

> *Na realidade, as ligações entre a modernidade e o terror provêm de várias fontes. Algumas são identificáveis nas práticas políticas do Antigo Regime. A partir dessa perspectiva, a tensão entre a paixão do público por sangue e as noções de justiça e vingança são críticas. Foucault demonstra em Vigiar e punir como a execução do quase regicida Damiens durou horas, muito para a satisfação do público (Mbembe, 2015, p. 129).*

O outro trecho na mesma página diz:

> *Não obstante, em nenhum momento se manifestou tão claramente a fusão da razão com o terror como durante a Revolução Francesa. Nesse período, o terror é interpretado como uma parte quase necessária da política (Mbembe, 2015, p. 129).*

Pois bem, Damiens era regicida, cometeu um crime e, como Foucault argumentou: a punição tinha que ser exemplar e se transformou, ao mesmo tempo, num espetáculo. No contexto do colonialismo, Fanon tem algo a dizer que pode ser bastante aproveitado: a violência na colônia é desmedida e não se faz contra criminosos, mas todos são, de antemão,*condenados da terra* (Fanon, 2015). Um tipo de crime ontológico que é não ser nativo da metrópole europeia, povos originários da América e africanos estavam sob o terror somente por não serem gente branca.Do mesmo modo, não podemos deixar de registrar que o holocausto,que matou um povo em massa, foi aplicado na África, atingiu os povos Herero e Namaqua. Se o filósofo Theodor Adorno pergunta: "Como é possível educar após Auschiwtz?", nós não podemos deixar de dizer: "Como é possível a educação após Swakopmund?". A Alemanha de 1904 a 1907 impetrou um genocídio que só foi reconhecido em 1921 (Zanini, 2021, p. A19). O terror colonial era uma prática numa terra previamente condenada, não se tratava de assassinar criminosos e dissidentes do regime como nas metrópoles europeias. A historiografia é rica em como desde as primeiras invasões europeias na África, na América e na Ásia, os assassinatos não passam por um julgamento. Os relatos de Foucault comentados por Mbembe tratam do poder soberano de júris, que aplicavam as leis aos infratores. No contexto colonial, todo colonizado era um infrator.

Nos primórdios do capitalismo, a colonização operava uma espécie de transferência das tensões irreconciliáveis do sistema liberal para um terreno no qual estavam instalados um tipo de "vale-tudo". Se um branco europeu assassinasse uma pessoa africana ou indígena do continente americano, não havia nenhuma punição. Isso não encontrava equivalência na metrópole. Os escravagistas brancos podiam dispor de uma pessoa escravizada como se fosse uma ferramenta de trabalho, a substituindo sempre que fosse necessário por outra "peça". A condição de mercadoria já ensejava as bases para instalação do necropoder.

O conceito de necropoder ganha mais força se estiver associado às reflexões de Fanon, o que não torna Foucault menos importante. No entanto, o filósofo francês está tratando do contexto europeu, porque uma perspectiva mais cuidadosa da tecnologia necropolítica não pode ficar restrita às metrópoles. O projeto de acumulação do capital para fortalecimento das nações escravagistas europeias modernas precisava estabelecer, de alguma forma, o direito de matar sem prejuízo para exploração das atividades econômicas. No mesmo período em que a revolução francesa era palco de violência brutal, o que estava acontecendo na América, na Ásia, África e na Oceania? Quanto tempo durou o terror dessa revolução? Por volta de uma década. Quanto tempo duraram invasões, ataques, escravização e exploração de europeus nos demais continentes? Daí, parafraseando Mbembe, "em nenhum momento se manifestou tão claramente a fusão da razão com o terror como durante os massacres aos povos originários da América e a escravização negra, em que a tortura e o assassinato eram regras institucionalizadas".

O neoliberalismo e a tribo eleita

O processo de violência colonial não cessou, foi adaptado e o esquema necropolítico foi se consolidando rapidamente em diversas sociedades multirraciais. Durante a forja da etapa neoliberal do capitalismo, a necropolítica passou a se tornar um tipo de tecnologia indispensável para manutenção da gestão domesticada das tensões raciais, de gênero e lutas de classe.

No contexto do neoliberalismo, a ideologia da tribo eleita é adaptada para ampliar os mecanismos de opressão e exploração ao máximo. Primeiro, brevemente por ideologia da tribo eleita devemos entender uma fixação etnocêntrica de que existe um *povo* designado a "cuidar" do mundo, ainda que isso signifique escravizar e explorar. Em segundo lugar, o neoliberalismo enquanto uma dimensão político-econômica e, ao mesmo tempo, filosófica e metapsicológica. Em seu primeiro aspecto, o neoliberalismo é um movimento político que faz parte do sistema capitalista instituído nos anos 1980 pelo

Consenso Washington[1] para responder desafios do esforço avaliado como malsucedido por uma condução da economia de mercado de modo heterodoxo realizada parcialmente ou totalmente por governos conservadores ou social-democratas, respectivamente (Notermans, 2000; Rodrik, 2006). Por outro lado, neoloberalismo tem sentidos ontológico e psicológico que recobrem o sujeito como coisa, isto é, uma ferramenta de trabalho do capital motivada pelo autoengano de ser pessoa empreendedora de si mesma, e aprisionada aos seus próprios desejos. Daí, toda satisfação, alegria e felicidade ficam restritas à "capacidade de reconstruir publicamente sua vida íntima e de oferecê-la no mercado como uma mercadoria passível de troca" (Mbembe, 2018, p. 16). A condição humana precisa ser instrumentalizável para que faça sentido. A partir das conjecturas de Sand de que o sionismo está enredado de racismo. E, por outro lado, a geração de inúmeros conflitos que se desenrolaram desde que o Estado de Israel foi estabelecido em 1948, transformando árabes, muçulmanos e outros grupos não-judeus em adversários políticos e inimigos internos. Neste contexto, matar o inimigo do Estado é indispensável. De algum modo, quem não produz é inimigo, a mesma noção de "vagabundo", um personagem rival das "pessoas de bem" que trabalham. Classificando, desta forma,os povos indígenas, quilombolas e tradicionais, que se relacionam com o trabalho de uma maneira não-capitalística, ou seja, vagabundo é aquele que executa um trabalho que não é explorado e não é produzido para acumulação, mas uma atividade para manutenção da vida.

---

1 "Realizado em 1989, na capital estadunidense, o encontro de instituições como Fundo Monetário Mundial, Banco Mundial e o Departamento de Tesouro dos Estados Unidos ficou popularmente conhecido como o Consenso de Washington. Por meio da sugestão de várias medidas econômicas, todas voltadas para uma globalização dos mercados, o Consenso de Washington serviu, durante muito tempo, como a base de orientação do funcionamento de várias economias ao redor do mundo." Obs.: Grifos da matéria. Fonte: https://www.suno.com.br/artigos/consenso-de-washington/

Na conjuntura capitalística neoliberal, o discurso é de que precisamos nos capacitar bastante para ter um lugar no mundo do trabalho, inclusive, nos esforçando por fazer parte do trabalho explorado e mal remunerado. A capacidade de suportar toda sorte de enxovalho e esculachos é sinal de força e vigor para "vencer na vida". A fantasia da autoexploração faz parte de um esforço por se adequar ao que o sistema pede. Não existe nenhuma garantia de que ser trabalhador impeça que uma população não seja alvo da necropolítica. A fantasia de ser uma "pessoa de bem" – leia-se branca, cisheteronormativa, classe média e sem deficiências é uma aposta de estar salva do espectro neoliberal do necropoder. Partindo das reflexões de Mbembe, interpretamos que o universo neoliberal promove um deslocamento topológico das disputas e todos os processos de competição capitalista, radicalizando a busca por uma conversão. Os "nascidos escolhidos" apenas mantém a sua posição, enquanto os que não têm o "direito natural" à salvação, lutam desesperadamente para fazer parte dessa tribo seleta. A medida é o trabalho bem-sucedido, isto é, sucesso. Nessa disputa, considerando as observações marxianas, alguns poucos são donos dos meios de produção, a maioria integra a classe trabalhadora e alguns fazem um tipo de aventura pequeno burguesa acreditando que podem chegar à terra prometida da burguesia. Mas, como no Titanic[2], não existem botes e nem coletes salva-vidas para todo mundo. A maioria não poderá fazer parte da tribo eleita e viverá como um ser humano morto-vivo em busca de uma fantasia

2 Titanic – Foi um transatlântico de luxo que bateu contra um iceberg em pleno alto-mar sem que houvesse botes salva-vidas para todas as pessoas. Dessa forma, a maioria morreu congelada. A história tem muitos registros e foi contada em um longa-metragem que rendeu altas bilheterias. No filme, há cenas intrigantes, como a da orquestra que continua tocando alheia ao naufrágio. Fonte: https://www.bbc.com/portuguese/geral-54653975#:~:text=Na%20noite%20de%2014%20de,de%20toneladas%20de%20%C3%A1gua%20congelante.&text=%22N%C3%B3s%20batemos%20em%20um%20iceberg,ao%20Frankfurt%2C%20um%20navio%20alem%C3%A3o.

irrealizável. Sem fantasia o necropoder não seria viável, enquanto o barco Titanic afundava, os músicos continuaram tocando.

Escravagismo, fantasmagoria branca e os "mortos-vivos"

Dentre os fatores que compõe o necropoder, a fantasia é uma delas. Se tomarmos esse conceito em termos psicanalíticos, "toda fantasia é a realização de um desejo, uma correção da realidade insatisfatória" (Freud, 1996, p.137). Daí, a fantasia – aqui entendida como um mecanismo para facilitar o nosso acesso ao prazer diante de obstáculos, uma maneira de enfrentar a realidade. O projeto de colonização funciona dentro de uma fantasia de que ser gente com direito à *humanidade* significa ser uma pessoa branca. Daí, a tese fanoniana de *Pele negra, máscaras brancas*. Mas, vale dizer, as pessoas brancas também usam "máscaras brancas" que apagam suas humanidades. As fantasias constituintes do racismo que estabelecem ser branco como "uma fantasia da imaginação europeia que o Ocidente se esforçou por naturalizar e universalizar" (Mbembe, 2018, p. 88). Esta fantasia branca rapidamente colheu inspiração no mito da tribo eleita, num mundo racializado, o "homem branco" se autodesignou como feito à imagem e semelhança de Deus. Na esteira de dispositivos culturais, teológicos, institucionais e econômicos (Mbembe, 2018, p. 90), a fantasia do branco funciona como uma "constelação de objetos de desejo e marcadores públicos de privilégio" (Mbembe, 2018, p. 90). A marca ocidental de estar no mundo é a branquitude – aqui entendida, simplesmente, como privilégio branco. O que pode ser traduzido como uma "figuração da brutalidade e da crueldade, de uma forma singular de predação e de uma capacidade inigualada de sujeição e exploração de povos estrangeiros" (Mbembe, 2018, p.91). Nesta fusão entre o discurso mítico de um povo eleito advinda do sionismo com o privilégio branco num esquema colonial, capitalista e patriarcal instalamos um solo mais do que fértil para que os dispositivos do necropoder sejam sólidos.

"Não existe missão negra, não existe fardo branco" (Fanon, 2020, p. 232). O risco de sobrecarregar as pessoas negras coma tarefa de tentar "salvar" o mundo do racismo é perigoso demais. O enorme terror da violência sistemática das sociedades imersas na necropolítica decorre de uma base psicológica, as pessoas brancas não assumem seus privilégios e como têm usado essa fantasmagoria ocidental para desumanizar a si e todos os outros grupos humanos. A manutenção domesticada da luta de classes, a crença de que todos podem conquistar o "sucesso" está intimamente ligada à produção de imaginários vinculados à raça e ideologia de que alguns pertencem a um "povo eleito". Esse sucesso que garante a vida é "branco" e completamente estruturado no terreno do capitalismo. Fora do mercado não há espaço para sucesso. A vida passa a valer à medida que podemos trocá-la por produtos e mercadorias. É preciso provar que se pode entrar nos mundos das compras para evitar os mundos de morte.

> *[...] "mundos de morte", formas novas e únicas da existência social, nas quais vastas populações são submetidas a condições de vida que lhes conferem o status de "mortos-vivos". O ensaio também esboçou algumas das topografias reprimidas de crueldade (fazenda e colônia, em particular) e sugeriu que, sobo necropoder, as fronteiras entre resistência e suicídio, sacrifício e redenção, martírio e liberdade desaparecem (Mbembe, 2015. p. 146).*

A metáfora dos "mortos-vivos" é muito relevante. Vale a pena trazer à cena uma sequência de aventuras em História em Quadrinhos criada, em 2003, pelo trio estadunidense Robert Kirkman, Tony Moore (autores) e Charlie Adlard (desenhista/ilustrador) intitulada*The Walking Dead*, que em 2010 se transformou num seriado de TV desenvolvido por Frank Darabont e sua equipe. Os mortos-vivos podem ser efetivamente assassinados pelas pessoas que estão vivas, numa luta brutal para escapar do contágio de um vírus. Pois bem, essa ficção é uma boa ilustração dos mundos de morte. Qual é a nossa interpretação para essa expressão conceitual é apresentada ligeiramente no ensaio? Eis nossa hipótese: trata-se de um fenômeno que recobre mundos fora do mercado neoliberal branco autorizado. Todas, pessoas que estão fora do mercado, habitando determinados territórios que são inspirados nas paisagens coloniais, gente com determinadas características fenotípicas fora daquelas do povo eleito – raça branca, excluídas do mundo produtivo e congêneres transformam-se em mortas-vivas disponíveis como alvo dos vivos. Talvez, seja por isso que algumas pessoas em ascensão social cometam extravagâncias, usando joias em excesso e fazendo questão de mostrar que podem "pagar o preço", isto é, estão vivas. Nos anos 1990, não eram raros videoclipes de artistas pops posando com carrões, relógios caros, cordões de diamantes e esbanjando garrafas de champanhe bebidas que valiam seu peso triplicado em ouro. Para as populações condenadas previamente à pena de morte, a inserção na lógica do consumo tornou-se o modo de dizer: "Nós estamos vivos!", o que não evita que a necropolítica as atinja.

Como se estabelece essa relação entre mundos de morte e o mercado capitalista? A lógica do mercado se trata de comprar, descartar e comprar novamente. Isso quando falamos de produtos, mas e no caso de pessoas? Um ser humano não é uma peça ou um objeto. No entanto, foi assim que pessoas negras foram tratadas no período escravagista, como coisas que podiam ser repostas. Daí, existe um percurso histórico, desde a produção fabril liberal até o processo neoliberal, que incorpora elementos do escravagismo e organiza um sistema em que ao invés de rejeitar somente objetos, as pessoas também passam a ser descartáveis.

> *Sem dúvida a fábrica já conhecia o sistema de prêmios, mas a empresa se esforça mais profundamente em impor*

> *uma modulação para cada salário, num estado de perpétua metaestabilidade, que passa por desafios, concursos e colóquios extremamente cômicos. Se os jogos de televisão mais idiotas têm tanto sucesso é porque exprimem adequadamente a situação de empresa (Deleuze,1996).*

À medida que se declara a possibilidade de descartabilidade das pessoas, o ser humano é incluído num mundo de morte. O que não é necessariamente uma novidade, o processo colonial cometeu genocídios e produziu zonas de longo alcance de trabalhos forçados. A tese mbembeana está justamente no caráter inédito do alargamento dessas zonas de morticínio. No contexto necropolítico, os mundos de morte têm jogos que colocam a vida em risco para muitos contingentes o tempo todo. A tribo eleita protegida desses mundos diminui sempre. O colóquio agora tem uma regra: "prove que você merece permanecer vivo". Existe uma lógica de compensação. Por exemplo, se você era um palestino morando na Faixa de Gaza durante os conflitos entre o Estado de Israel e o Grupo Hamas – considerando o exemplo mbembeano – seria preciso provar mil vezes que você merecia viver. Uma pessoa negra abordada pela Polícia, num estabelecimento comercial ou mesmo nas ruas, seja adulta ou criança no Brasil ou Estados Unidos pode ter o mesmo destino de Amarildo,[3] Cláudia

3 Amarildo de Souza desapareceu em 2013, na Rocinha. A Justiça concluiu que Amarildo foi torturado até a morte. O corpo dele não foi encontrado até hoje. Em 2016, 13 policiais militares foram condenados por tortura seguida de morte, ocultação de cadáver e fraude processual. Fonte:https://g1.globo.com/rj/rio-de-janeiro/noticia/2021/02/02/major-condenado-por-tortura-e-morte-do-pedreiro-amarildo-e-reintegrado-a-policia-militar.ghtml

Silva,[4] João Pedro,[5] George Floyd,[6] as primas Emily Victoria e Rebeca Beatriz,[7] os meninos de Belford Roxo[8] entre inúmeros casos. O que essas pessoas precisariam fazer para provar o direito à vida? Talvez, tendo fama e/ou dinheiro, como Derek Chauvin, um rapper famoso que foi liberado ao ser reconhecido por um policial numa abordagem de rotina. Os mundos de morte são móveis, não são somente territórios conflagrados em que as forças policiais entravam atirando nos anos 2000 no Estado do Rio de Janeiro.

No final da segunda década do século XXI, com a emergência de uma pandemia mundial, todas as pessoas passaram a ter o "direito de matar", os mundos de morte se ampliaram largamente. Em 17 de abril de 2020, Achille Mbembe publicou o artigo *Direito universal*

---

4 Cláudia Silva Ferreira, que teve o corpo arrastado por 350 metros em Madureira (RJ) por um carro da Polícia Militar e foi morta por um dos disparos pelos quais foi atingida. Fonte:http://g1.globo.com/rio-d-janeiro/noticia/2014/03/arrastada-por-carro-da-pm-do-rio-foi-morta-por-tiro-diz-atestado.html

5 João foi morto durante uma operação das polícias Civil e Federal. Ele foi atingido na barriga e levado para um helicóptero, tendo ficado 17 horas desaparecido até ser declarado morto. Fonte:https://www.cnnbrasil.com.br/nacional/2020/10/22/caso-joao-pedro-morto-em-acao-policial-no-rj-tem-reconstituicao-marcada

6 George Floyd, 43 anos morreu em 2020 após ter o pescoço pressionado pelo joelho do policial Derek Chauvin, em Mineápolis, por 9 minutos e 29 segundos. Fonte:https://g1.globo.com/mundo/noticia/2021/05/25/homenagens-marcam-1-ano-da-morte-de-george-floyd-nos-eua.ghtml

7 Emily Victória Silva dos Santos, de 4 anos, e Rebeca Beatriz Rodrigues dos Santos, de 7 anosmorreram baleadas após um tiroteio em Duque de Caxias, no Rio de janeiro. Apesar de uma moradora dizer que os projéteis partiram de policiais, a PM (Polícia Militar) do Estado afirma que não disparou nenhum tiro na operação. Fonte: https://noticias.r7.com/rio-de-janeiro/emily-de-4-anos-e-rebeca-de-7-sao-mortas-em-tiroteio-no-rio-05122020.

8 Lucas Mateus, Alexandre e Fernando HenriqueMeninos sumiram no dia 27 de dezembro de 2020 em Belford Roxo, Baixada Fluminense. Até o momento, suas famílias estão sem resposta sobre os três meninos desaparecidos de Belford Roxo. Fonte: https://brasil.elpais.com/brasil/2021-04-12/90-dias-sem-resposta-sobre-os-tres-meninos-desaparecidos-de-belford-roxo.html. Obs.: Todas as pessoas destas notas são negras.

à respiração. Mbembe aponta que agora todos podem matar, todo mundo poderia ser uma máquina de produção de morte desde que contraísse e transmitisse o vírus. O monopólio de matar não é uma regra neoliberal. Se a Palestina é o exemplo do necropoder, o raciocínio lógico informa que o Estado de Israel é uma máquina muito elaborada de produzir mundos de morte. Mas, além de Estados atuando em Israel, EUA e no Brasil através das forças oficiais de segurança pública, nós encontramos milícias armadas no Brasil que colocam "ordem" em territórios da classe popular, homens com crise de masculinidade patriarcal (tóxica) fazendo ataques em massa nos Estados Unidos da América, dentre outras máquinas de morte. O tratamento dado pelo atual governo brasileiro à pandemia da Covid-19 a fim de popularizar o vírus, numa ineficaz "imunização de rebanho"[9] tornou possível que uma pessoa assintomática pudesse transmitir e matar, promovendo nada mais que uma expressão do necropoder.

---

9 "Também conhecida como imunidade coletiva, ela se vale de um cálculo utilizado por epidemiologistas e infectologistas para determinar a porcentagem de uma população que precisa receber as doses de uma de uma vacina para que todos os indivíduos fiquem protegidos de um vírus ou bactéria — mesmo aqueles que não foram imunizados por algum motivo. Esse número varia bastante de acordo com as bastante de acordo com as características da doença.[...] Ao falarmos do atual coronavírus, a situação fica um pouco mais complicada. Isso porque não temos nenhuma vacina ou remédio disponível. Portanto, para alcançar uma eventual imunidade de rebanho nesse cenário, seria preciso pedir às pessoas que saiam de casa e se exponham ao vírus no dia a dia. [...] Existem projeções dizendo que 43% da população teria que se infectar com o vírus para atingir a imunidade de rebanho — tem estudo falando em 20%, outros em 80%. [...] Numa conta de padaria, 86 milhões de brasileiros teriam a Covid-19. Quais as consequências? De acordo com as evidências mais recentes, algo em torno de 17 milhões de internações em hospitais e 860 mil mortes". Fonte: https://saude.abril.com.br/especiais/o-que-significa-a-tal-da-imunidade-de-rebanho/

Considerações parciais: como resistir ao necropoder?

A pergunta é: diante de mundos de morte por todos os lados, como resistir ao necropoder?Em certa media, Mbembe nos provoca de modo agudo diante de uma crise crônica. O que o filósofo propõe é uma inflexão radical sobre um fenômeno que parece ganhar cada vez mais força em franca expansão: o necropoder pode ser contido? Existiram possibilidades de resistir a ele? Enfrentá-lo? Algumas pistas estão *No sair da grande noite* e num pequeno ensaio intitulado *Afropolitanismo*.

O necropoder precisa de fronteiras, sejam elas geográficas, raciais, de gênero, de classe ou de qualquer ordem. Porque sem estabelecer pontos fixos e uma terra prometida, as tecnologias necropolíticas não são possíveis. A circulação livre sem fronteiras, o movimento contínuo de dispersão e imersão, o viver nômade é estranho à ideia de uma terra prometida e, portanto, de uma tribo eleita com direito a fixar-se.

> *Visto a partir da África, o fenômeno da circulação dos mundos possui ao menos duas faces: aquela da dispersão, que acabo de evocar, e aquela da imersão. Historicamente, a dispersão das populações e das culturas não foi somente o fenômeno de vinda de estrangeiros para se instalar em nossa casa. Na verdade, a história pré-colonial das sociedades africanas foi, de ponta a ponta, uma história de povos, incessantemente, em movimento através do conjunto do continente. Trata-se de uma história de culturas em colisão, tomadas pelo turbilhão das guerras, das invasões, das migrações, dos casamentos mistos, de religiões diversas que são apropriadas, de técnicas que são trocadas e de mercadorias que são vendidas. A história cultural do continente praticamente não pode ser compreendida fora do paradigma da itinerância, da mobilidade e do deslocamento.*

Aliás, é essa cultura da mobilidade que a colonização procura, em sua época, fixar através da instituição moderna da fronteira. Rememorar essa história da itinerância e das mobilidades é a mesma coisa que falar das misturas, dos amálgamas, das superposições. Contra os fundamentalistas do "costume" e da "autoctonia" (Mbembe, 2015, p. 69).

Pois bem, a itinerância e o fim das fronteiras, uma celebração constante de um mundo sem estrangeiridade é uma alternativa de enfrentamento ao necropoder. É preciso que as fronteiras e muralhas deixem de existir. A Palestina e o Estado de Israel precisam deixar de constituir territórios em disputa. Uma favela carioca da zona sul da cidade do Rio de Janeiro precisa deixar de ser uma intervenção estética da pobreza na paisagem de um bairro de classe média alta. O modo de resistir ao necropoder está na lição histórica afropolitana que faz de todos humanos eternos itinerantes. É a itinerância, o caráter nômade da vida que pode acabar com os mundos de morte, sobre os seus dispositivos, os seus usos e formas de expressão trataremos com mais vagar em outra oportunidade. Cabe dizer, contra o necropoder só cabe a itinerância cosmofílica que não busca uma terra prometida, mas encontros que gerem novos mundos, interações inesperadas e conflitos que se resolvem com mais acolhimento e mais intimidade. A hipótese de enfrentamento ao necropoder pode ser dita como: à medida que a etapa neoliberal do capitalismo segue radicalizando os conflitos de classe, ampliando o fetiche da mercadoria para todas as instâncias da vida. Um novo Éden é criado praticamente inacessível, ao seu redor uma muralha, uma porta estreita pela qual somente gente escolhida pode entrar. O necropoder se instala com um alcance fulminante para toda gente que está fora da Terra prometida. Daí, combatê-lo se dá por uma ruptura com a lógica de mercado, com uma recusa radical do capitalismo em suas formas mais sofisticadas de transformar gente em mercadoria. A itinerância que aumenta as oportunidades de intimidade e acolhimento é antinecropolítica à medida que ela não precifica o mundo da vida. Ora, se a precificação do mundo da vida é justamente a produção de mundos de morte. A nossa alternativa está em desprecificar a vida. O que só é viável, enfrentando o capitalismo, abrindo as cancelas do mercado, reestabelecendo a circulação das coisas como um fluxo vital de sangue que oxigena um corpo.

Referências

BBC. (2020). Naufrágio do Titanic: busca por telégrafo abre batalha judicial sobre descanso dos mortos. *BBC.* Disponível em: https://www.bbc.com/portuguese/geral-54653975#:~:text=Na%20noite%20de%2014%20de,de%20toneladas%20de%20%C3%A1gua%20congelante.&text=%22N%C3%B3s%20batemos%20em%20um%20iceberg,ao%20Frankfurt%2C%20um%20navio%20alem%C3%A3o.

Betim, Felipe. (2021). Mais de 100 dias sem resposta sobre os três meninos desaparecidos de Belford Roxo. *El País.* Disponível em: https://brasil.elpais.com/brasil/2021-04-12/90-dias-sem-resposta-sobre-os-tres-meninos-desaparecidos-de-belford-roxo.html.

Boernth, André. (2020). O que significa a tal da imunidade de rebanho?. *Veja Saúde*. Medicina Ago./ 2020. Disponível em: https://saude.abril.com.br/especiais/o-que-significa-a-tal-da-imunidade-de-rebanho/.

Deleuze, Gilles. (1996). Post-scriptum sobre as sociedades de controle. In *Conversações, Conversações, 1972 -1990*. Editora 34.

International Military Tribunal at Nuremberg. (1949). Nuremberg Code. In *Trials of War Criminals before the Nuremberg Military Tribunals under Control Council Law* No. 10, Vol. 2 (pp. 181–182). US Government Printing Office.

Fanon, Frantz. (2005). *Os condenados da terra*. Editora UFJF.

Freud, Sigmund. (1996). A psicopatologia da vida cotidiana. In *Obras psicológicas completas de Sigmund Freud*. Imago.

G1. (2014). Arrastada por carro da PM do Rio foi morta por tiro, diz atestado de óbito. *G1*. Disponível em: http://g1.globo.com/rio-de-janeiro/noticia/2014/03/arrastada-por-carro-da-pm-do-rio-foi-morta-por-tiro-diz-atestado.html.

G1. (2021). Homenagens marcam 1 ano da morte de George Floyd nos EUA. *G1*. Disponível em: https://g1.globo.com/mundo/noticia/2021/05/25/homenagens-marcam-1-ano-da-morte-de-george-floyd-nos-eua.ghtml.

Kaufmann, Yehezkel. (1989). *A religião de Israel:do início ao exílio babilônico*. Perspectiva.

Lissovsky, Alexandre. (2009). *2000 anos depois: o renascimento de Israel. Herzl e o sionismo político*. Centro Edelstein de Pesquisas Sociais. pp. 49-94. Disponível em: http://books.scielo.org/id/tfhj9/pdf/lissovsky-9788579820038-04.pdfAcesso: 13/05/2021.

Mbembe, Achille. (2015). Afropolitanismo. *Áskesis*, v. 4, n.º 2, jul./dez., pp. 68 -71.

Mbembe, Achille. (2018). *Crítica da razão negra*. N.º 1 edições, .

Mbembe, Achille. (2020). *Direito universal à respiração*. Instituto Humanas Unisinos. Disponível em: http://www.ihu.unisinos.br/78-noticias/598111-o-direito-universal-a-respiracao-artigo-de-achille-mbembe. Acesso: 13/05/2021.

Mbembe, Achille. (2015) Necropolítica. *Arte & Ensaios* (Revista). n.º 32. UFRJ, dez..

Notermans, Ton. (2000). *Money, markets, and the State: social democratic economic policies since 1918*. Cambridge University.

Oliveira, Augusto Neftali Corte de. (2020). Neoliberalismo durável: o Consenso de Washington na Onda Rosa Latino-Americana. *Opinião Pública*, vol. 26, nº 1, jan.-abr., pp. 158-192.

Record TV Rio. (2020). Emily, de 4 anos, e Rebeca, de 7, são mortas em tiroteio no Rio. Disponível em: https://noticias.r7.com/rio-de-janeiro/emily-de-4-anos-e-rebeca-de-7-sao-mortas-em-tiroteio-no-rio-05122020.

Reis, Tiago. (2019). Consenso de Washington: entenda o que foi esse conjunto de medidas liberais. *Suno Artigos. Economia*. Disponível em: https://www.suno.com.br/artigos/consenso-de-washington/.

Resende, Leandro. (2020). Caso João Pedro, morto em ação policial no RJ, tem reconstituição marcada. *CNN*. Disponível em: https://www.cnnbrasil.com.br/nacional/2020/10/22/caso-joao-pedro-morto-em-acao-policial-no-rj-tem-reconstituicao-marcada.

Rodrik, Dani. (2006). Goodbye Washington Consensus, Hello Washington Confusion? *Journal of Economic Literature*, vol. 44, n.º 4, pp. 973-987.

Sand, Shlomo. (2014). *A invenção da terra de Israel: da terra santa à terra prometida*. Benvirá.

Schmidt, Larissa & Gimenez, Elza. (2021). Major condenado por tortura e morte do pedreiro Amarildo é reintegrado à Polícia Militar. *G1*. Disponível em: https://g1.globo.com/rj/rio-de-janeiro/noticia/2021/02/02/major-condenado-por-tortura-e-morte-do-pedreiro-amarildo-e-reintegrado-a-policia-militar.ghtml.

Sorj, Bernardo. (2014). Geopolítica e cultura: a trajetória de Israel. *História* (São Paulo). v. 33, n. 2, pp. 57-71, jul./dez.

Zanini, Fábio. (2021). Alemanha admitirá o genocídio africano anterior ao fascismo. F*olha de São Paulo*, Maio.

5. Saúde mental, desejo e subjetividade

Kwame Yonatan Poli dos Santos

O que é saúde mental?

A proposta do presente texto é discutir as contribuições do conceito de desejo elaborado pela psicanálise, sobretudo de Freud a Lacan, ao campo da saúde mental.

A Organização Mundial de Saúde (OMS) define saúde como um "estado de completo bem-estar físico, mental e social, e não apenas como a ausência de doença ou enfermidade". Segundo essa definição, poucas pessoas privilegiadas no mundo gozariam de ter saúde.

A Dra. Andreia Beatriz, do movimento pan-africanista "Reaja ou Será Morta, Reaja ou Será Morto", possui uma definição de saúde que nos ajuda: segundo ela, saúde seria o acesso à vida – nesse sentido, haveria elementos externos e/ou internos que determinariam a exclusão ao campo vital, que relegariam o sujeito a sobreviver.

Sobreviver é distinto de viver. O que diferenciaria um estado do outro seriam graus de existência. Existência é essa travessia marcada por encontros com o mundo; nesses encontros, afetamos outros e somos afetados (afetos são interpretações dos efeitos desses encontros) (Spinoza, 2019). Bons encontros são interpretados pelo afeto da alegria, que aumentam a nossa potência de existir; por outro lado, maus encontros são sentidos como afetos tristes, que diminuem a nossa capacidade de existir (Spinoza, 2019).

Portanto, a existência é uma tarefa coletiva que se dá a partir dos encontros com mundo, ou seja, só existimos em relação; e, também, existir é uma gradação, uma variação que se dá a partir dos afetos desse elã, uma malha de sentir que vai da sobrevivência ao bem-viver.

Diante do que foi exposto, convém refletir que sobreviver é diferente de bem-viver, pois a sobrevivência se refere à vida reduzida às funções orgânicas (Pelbart, 2013), o que ainda hoje é muito comum na vivência da maior parte da população negra, em consequência da experiência do racismo, por exemplo.

A distinção entre o sobreviver e o bem-viver está em graus de existência e nas condições concretas para a liberdade de criação da existência.

Bem-viver é um conceito empregado pelas feministas negras e indígenas:

> *Portanto o Bem-Viver nomeia "um modo de estar no mundo" (Krenak, 2020, p. 6), uma filosofia em construção (Huanacuni, 2010), baseada na consciência de que a humanidade é dependente da natureza e parte integrante da biodiversidade (Chuji, 2014; Muraca, 2022, p. 35).*

A ideia do bem-viver é sobretudo uma ferramenta de luta político-ética, uma luta por uma vida, no singular, em que se visa ao cultivo do plano vital para todxs xs viventes humanos e não-humanos. Dito isso, existem fatores concretos e simbólicos que afetam a nossa forma de estar no mundo, como a saúde mental.

A saúde mental é um conceito ligado à qualidade de vida e não à quantidade, isto é, é algo qualitativo, dependente de adjetivação, não se restringe ao âmbito individual. Ter saúde mental, ou melhor, a produção de saúde mental (Costa-Rosa, 2013) relaciona-se a processo de subjetivação de aumento de grau de existência, uma vez que o sofrimento psíquico reduz o viver ao sobreviver, promovendo um encolhimento da existência.

Se retornarmos ao conceito da OMS de saúde, ele nos fala do completo bem-estar social, assim, por exemplo, estar desempregado ou em situação de miséria produziria sofrimento psíquico; isso quer dizer que existem fatores externos, determinantes sociais para a produção de saúde mental, que vão além de elementos biológicos ou de uma fisiologia interna.

Logo, é preciso compreender a saúde mental como relacional, também ligada à realidade material externa concreta, e isso é fundamental para entendermos a construção histórica do campo da saúde mental no Brasil.

Vamos abordar o "História da Psiquiatria no Brasil: um corte ideológico" (2007) do psiquiatra Jurandir Freire Costa.

> *O sistema psiquiátrico nada mais era que um arranjo artificial de elementos que se fazia entrar à força na causalidade biológica (...). Esse biologismo só conseguiu implantar no pensamento psiquiátrico da Liga Brasileira de Higiene Mental (LBHM) porque conformou-se aos preconceitos da época. Evidentemente, trata-se aqui, do biologismo eugênico (Costa, 2007, p. 27).*

Como conta o autor, o campo da saúde mental no Brasil foi forjado por psiquiatras que compreendiam a origem das ditas doenças mentais a partir do ideário eugênico, ou seja, racista.

A LBHM foi fundada em 1933, no Rio de Janeiro (capital do Brasil na época), era a elite da psiquiatria brasileira e baseava suas práticas na eugenia: "A eugenia foi o artefato conceitual que permitiu aos psiquiatras dilatarem as fronteiras da psiquiatria e abranger desta maneira o terreno social" (Costa, 2007, p. 3).

A LBHM simplesmente reescreveu, à sua maneira, a discussão do tema corrente dos meios intelectuais da época: os conflitos raciais pós-abolição. O grupo de psiquiatras da LBHM justificava os efeitos da escravidão na população negra recém-liberta por meio de argumentos médico-psiquiátricos e, assim, dava continuidade à dominação racial.

Durante o período pós-abolicionista:

> *houve uma reformulação dos mitos raciais reflexos do escravismo, no contexto da sociedade de capitalismo dependente que a sucedeu, reformulação que alimentou as classes dominantes do combustível ideológico capaz de justificar o peneiramento econômico-social, racial e cultural (Moura, 1988, p. 17).*

Nesse sentido,

> *para estes intelectuais, uma das principais razões da crise atravessada pelo regime republicano encontravam-se nas condições naturais constitutivas do Estado Brasileiro. O Brasil estava sacudido por revoltas sociais e crises econômicas não por causa da imaturidade histórica e política das elites dirigentes, mas – segundo eles por causa do clima tropical e a constituição étnica do povo (Costa, 2007, p. 36).*

Por essa e outras razões, a Dra. Rachel Gouveia Passos escreve um importante artigo, "Holocausto ou Navio Negreiro?" (Passos, 2018), em que questiona o enorme contingente de pessoas negras nos manicômios.

Dra. Rachel Gouveia Passos (2018) aponta para o racismo estrutural presente na constituição do campo da saúde mental no Brasil e também no movimento da luta antimanicomial, luta que se instalou numa perspectiva crítica à institucionalização da loucura, ao enclausuramento da chamada loucura.

O movimento antimanicomial vem até hoje buscando a desinstitucionalização da loucura, e difere de uma perspectiva de desospitalização, pois a primeira envolve uma mudança cultural na forma como a loucura é tratada na sociedade, estando atenta ao fim da lógica manicomial que inclui a patologização, a medicalização e as comunidades terapêuticas, em suma, trata-se de outra ética (Costa-Rosa, 2013).

> *O que queremos destacar é que essas instituições de violência são funcionais para a reprodução das desigualdades e opressões, além de realizarem o controle dos corpos, comportamentos e subjetividades. A naturalização da violência institucional sobre os corpos negros compõe o modelo manicomial.*
>
> *O manicômio estrutura-se para além de uma edificação, pois mesmo com o fim do hospital psiquiátrico ainda experimentamos inúmeros formatos e formas de apartheid social, expressas pela via da medicalização e patologização da vida, pela internação compulsória, pela esterilização coercitiva, pela higienização urbana e demais fenômenos, ou seja, o manicômio é social, uma vez que ele está introjetado e reproduzido nas relações sociais. (...)*
>
> *Tal relação nos faz problematizar o quanto o manicômio e a prisão servem para conter de muitas maneiras as vidas negras e pobres (Passos, 2018, p. 13).*

É importante destacar o quanto a lógica manicomial ainda é predominante no campo da saúde mental e, por sua vez, a ética tutelar que rege o manicômio se entrelaça com elementos da nossa cultura racista, classista e machista.

> *Na esperança de seguirmos problematizando a função social do hospício no capitalismo acreditamos ser fundamental (re)construirmos nossas análises e percursos antimanicomiais, reconhecendo as particularidades da formação social brasileira. Se for para nos inspirarmos, que possamos ampliar a nossa lente e identificarmos que os hospitais psiquiátricos no Brasil são um grande reflexo dos navios negreiros, lugar esse que muitos morreram no anonimato, sem dignidade e impedidos de manifestarem sua existência. Lembremos que os manicômios ultrapassam os muros e se atualizam a todo instante (Passos, 2018, p. 19).*

Por fim, salientar a importância da dimensão do desejo visa a corroborar com a construção de uma ética outra, uma ética da Atenção Psicossocial atenta ao sujeito do sofrimento psíquico na sua dimensão histórica, racial, de gênero, política.

Atualmente, os movimentos sociais do campo da Saúde Mental, como o Kilombrasa (Lanari & Santos, 2020), têm defendido uma luta *antimanicolonial*, ou seja, a construção de uma ética da Atenção Psicossocial que inclua estratégias antirracistas, antipatriarcais, anticapitalistas etc.

Desejo na psicanálise

A ética e clínica da Atenção Psicossocial

O professor Abílio Costa-Rosa (2011) defendia uma ética e uma clínica para Atenção Psicossocial radicalmente diferente das éticas disciplinares que visam à tutela, à exclusão da subjetividade, as quais, ao mesmo tempo, excluem os indivíduos da produção de subjetividade incluindo-os no consumo de psicofármacos.

No modo asilar, o sujeito é destituído da possibilidade de atuar como protagonista no tratamento do seu impasse psíquico e, por meio da tutela, procura-se gerir seus processos subjetivos e individualizar as angústias coletivas (Costa-Rosa, 2011).

Por outra via, orientamo-nos pela bússola ética, próxima ao Paradigma Psicossocial (PPS) e à ética da Clínica na Atenção Psicossocial (Costa-Rosa, 2011), na qual a subjetividade é entendida como estando "entre sentidos" e o cuidado privilegia a construção do protagonismo do sujeito na produção de sentido sobre o seu sofrimento. Os dispositivos de cuidados atentarão às relações de poder, aos embates de força, às hierarquias estabelecidas e aos modos de cuidar.

Segundo Dunker (2015, p. 219), "o sofrimento se transforma na função direta da gramática que o reconhece", isso é, o impasse psíquico se modifica de acordo com a forma como o olhamos e o narramos. Consequentemente, isso afeta a forma como o tratamos.

Se, no Campo da Atenção Psicossocial, reconhecermos o sofrimento psíquico unicamente pela lente oferecida pelo Manual Diagnóstico e Estatístico de Transtornos Mentais (DSM) – em inglês, *Diagnostic and Statistical Manual of Mental Disorders* –, serão produzidas diferentes formas de tratamento e diferentes processos de subjetivação. Nosso olhar pode estar subordinado às relações de poder/

saber da psiquiatria-DSM (Costa-Rosa, 2013) e, para alterar o olhar, é preciso uma reavaliação a partir do campo pulsional (Santos, 2022).

A ética da clínica na Atenção Psicossocial se diferencia também de uma ética do cuidado fundada na empatia e compaixão, ignorando o lugar do sujeito do sofrimento como sujeito e colocando-o como objeto (Costa-Rosa, 2011).

Mais adiante, consideraremos como o trabalho clínico em que os sujeitos ocupam o lugar de construção de saberes sensíveis alia-se à costura de rede de composição.

A ética da clínica no Campo da Atenção Psicossocial se funda na concepção do sujeito e seu sofrimento no "entre sentidos" e visa à construção do protagonismo dos sujeitos do sofrimento na produção de sentidos necessários à superação do sofrimento e demais impasses que motivaram a procura de ajuda:

> *isso possibilitaria o seu reposicionamento no 'entre social' e no 'entre sentidos' componentes da saúde em sua sintonia com a subjetividade singularizada referenciada nos ideais socioculturais e no devir desejante (Costa-Rosa, 2011, p. 743).*

O campo desejante na psicanálise

Para compreender melhor o que está sendo dito é preciso retornar na psicanálise a ideia de sintoma na psiquiatria e na psicanálise. De acordo com determinadas correntes da psiquiatria-DSM (Costa-Rosa, 2013), o sintoma é uma erva-daninha a ser extirpada, silenciado no tratamento; na psicanálise o sintoma é positivado, pois ele seria metafórico, uma pulsação político-desejante com capacidade subversiva dos processos de colonização da subjetividade.

Desse modo, a escuta clínica da pulsação presente no sintoma possibilitaria acesso ao desejo recalcado inconsciente.

A psicanalista Maria Rita Kehl (1990) afirma que a natureza última do desejo é da categoria do impossível, do absoluto; porém, não é assim que o desejo acontece na nossa experiência cotidiana como sujeitos desejantes.

Segundo ela, todo sujeito é sujeito porque é desejante. Para compreendermos isso, é preciso diferenciar desejo e prazer, que para a psicanálise não são as mesmas coisas. O desejo se manifesta exatamente na suspensão do Princípio do Prazer (Kehl, 1990).

Ao mesmo tempo, a ausência ou a escassa possibilidade de prazer real favorece o desinvestimento do pensamento em favor do retorno à atividade alucinatória. Nesse sentido, a extrema miséria pode ser motivo de enlouquecimento (Kehl, 1990).

Lacan, por sua vez, diz que o movimento desejante de tornar-se, expresso como produção de sentido, tanto a partir dos significantes-mestres que compõem o recalcado da história de cada um quanto como efeito da produção de novos significantes que cifram, *significantizam* o gozo angustioso que até então só encontrava o caminho do "mais-gozar", correlato da mais-valia, e o mais-gozar, tal como a mais-valia, fica perdido na dissipação (Costa-Rosa, 2013).

O desejo, para Lacan (1979), é o desejo do outro, isto é, o desejo se forja a partir da relação no laço social:

> *O desejo que nos é revelado por Freud se reveste de uma dupla característica: em primeiro lugar, sua distorção necessária; e, em segundo lugar, seu distanciamento com respeito à satisfação ... É o descentramento em relação à satisfação que vai permitir a Lacan na errância do desejo e a utilizar para o seu esclarecimento o conceito linguístico de metonímia (Garcia-Roza, 1985, p. 146-7).*

Dizer da errância do desejo é falar como ele é multívago, nômade, sem objeto fixo, e essa plasticidade possibilita, ao mesmo tempo, que o pensemos como vagante, sem destino certo; porém, por ser forjado na cultura, pode ser capturado, colonizado por movimentos dela.

Um exemplo de como o exercício do desejo pode ser capturado está em um possível desdobramento da discussão do mal-estar na civilização. Ensina-nos a teoria freudiana (1997) que o mal-estar advém do laço social, do resto do recalque de desejos inconscientes destrutivos e sexuais, porém Fanon (1979, p. 76-7) faz uma ressalva:

> *Essa opulência europeia é literalmente escandalosa porque foi edificada sobre o dorso de escravos, nutriu-se do sangue de escravos, procede em linha reta do solo e do subsolo deste mundo subdesenvolvido bem-estar e o progresso da Europa foram construídos com o suor e o cadáver dos negros, árabes, índios e amarelos. Convém que não nos esqueçamos disto.*

O que Fanon (1979) está apontando é o mal-estar colonial (Santos, 2022), resto da construção das metrópoles europeias. Aqueles impulsos destrutivos e sexuais recalcados para construir a civilização foram empregados como linguagem de pura violência na colônia (Fanon, 1979).

Portanto, a implicação desejante como "movimento absoluto do tornar-se" não acontece descolada da cultura, pelo contrário:

> *É nessa conjuntura que aparece a expressão "empreendedor de si mesmo". O sujeito é levado a crer que se antes existiam amarras, coerção por parte de diferentes dispositivos e instituições, agora ele é livre para desejar... O que não se percebe, muitas vezes, é que o controle dos corpos continua a existir sob a forma de um autocontrole*

> *exacerbado, sendo a responsabilização uma estratégia utilizada para esse fim (Kushnir, 2023, p. 99).*

Trazemos à cena a noção ética de responsabilidade sob o desejo. O conceito de desejo permite pôr em destaque a definição de subjetividade como inserção necessária do sujeito no campo do sentido: devir-sentido (Costa-Rosa, 2013).

> *É apenas quando o sujeito pensa e reflete sobre seus desejos, preferências e opções que ele é capaz de decidir. A psicanálise pode, assim, dando maior complexidade ao lugar da responsabilidade, oferecer-se como uma forma de tratamento mais adequada não só ao diagnóstico individual mas também social e político. Não há forma de combater certa moralidade que coloniza nosso campo, articulada a um discurso neoliberal, se desconsideramos o campo da moral, apartando a psicanálise das normas sociais, como se ela, como instituição, não devesse dar razões sobre sua prática e transmissão. A responsabilidade, dessa forma, como Lacan já apontava, depende também de que os psicanalistas entendam o modo pelo qual estão inseridos na sociedade em que trabalham, na cultura pela qual se orientam e no país em que vivem, a fim de que possam responder com propriedade sobre o seu fazer (Kushinir, 2023, p. 102).*

Essa inserção na sociedade é consequência da circunstância de que o sujeito precisa construir ativamente sua entrada no campo humano, o que só pode ser feito através da mediação da linguagem compreendida como campo simbólico e no convívio com seus semelhantes.

Em outros termos, colocar sob essa perspectiva a produção de significação implica uma definição do desejo inconsciente como dispositivo de produção de sentido, e não apenas como "outra cena", recalcada da história individual.

Lacan eleva o desejo a uma ética, pois as pulsações inconscientes se autorizam por si mesmas; o sonho e o ato falho, por exemplo, não pedem autorização. Nessa perspectiva, o desejo é avaliado como uma ética; de maneira geral, a vida é um processo de avaliação, é a essência da realidade. A realidade só será inteligível do ponto de vista do desejo, ela só é tratável do ponto de vista do desejo (Garcia-Roza, 1985).

A reavaliação do desejo psicanalítico realizado pela filosofia da diferença

A partir do que já foi exposto, entramos na reavaliação do desejo psicanalítico, proposto pela filosofia da diferença, retomando a ideia de sintoma:

> *Sintomas são como pássaros que batem com o bico na janela. Não se trata de decifrar seu significado oculto, mas de situar sua trajetória para ver se eles têm condições de servir de indicadores de novos universos de referência, os quais podem adquirir uma consistência suficiente para provocar uma virada na situação (Guattari & Rolnik, 2005, p. 222-223).*

Neste sentido, o inconsciente é uma fábrica a ser (re)ocupada, não um teatro; o sintoma deve ser usado para experimentar cartografias de um porvir possível. Nesse sentido, ele é produzido em uma encruzilhada e para escutá-lo é preciso se posicionar nos seus tensionamentos.

Portanto, propõe-se uma mudança ético-estético-política do inconsciente:

> *Há tão somente o desejo e o social, e nada mais. Mesmo as mais repressivas e mortíferas formas da reprodução social são produzidas pelo desejo, na organização que dele deriva sob tal ou qual condição que deveremos analisar. Eis porque o problema fundamental da filosofia política é ainda aquele que Espinosa soube levantar (e que Reich redescobriu): 'Por que os homens combatem por sua servidão como se se tratasse da sua salvação?'. Como é possível que se chegue a gritar: mais impostos! Menos pão! Como diz Reich, o que surpreende não é que uns roubem e outros façam greve, mas que os famintos não roubem sempre e que os explorados não façam greve sempre: por que os homens suportam a exploração há séculos, a humilhação, a escravidão, chegando ao ponto de 'querer' isso não só para os outros, mas para si próprios? Nunca Reich mostra-se maior pensador do que quando recusa invocar o desconhecimento ou a ilusão das massas para explicar o fascismo, e exige uma explicação pelo desejo, em termos de desejo: não, as massas não foram enganadas, elas desejaram o fascismo num certo momento, em determinadas circunstâncias, e é isso que é necessário explicar, essa perversão do desejo gregário (Deleuze & Guattari, 2010, p. 46-47).*

As massas desejaram fascismo e, antes ainda, o colonialismo e a escravidão. Contudo por quais processos de violência colonial (Fanon, 1979) chegamos a desejar a servidão?

A sustentação da colonialidade passa pela instrumentalização do desejo em sua face reativa, que reivindica mais servidão. Portanto, uma análise dos processos de subjetivação é essencial para distinguirmos, na clínica, o desejo na voz ativa da colonialidade que nos atravessa e o que o leva a emitir uma voz reativa.A análise deve reocupar a fábrica do inconsciente colonial-capitalista, estando atenta à bússola ética do desejo (Rolnik, 2018):

> *O desejo é o sistema dos signos a-significantes com os quais se produz fluxos de inconsciente em um campo social. Não há eclosão alguma de desejo, em qualquer lugar que seja, pequena família ou escola de bairro, que não questione as estruturas estabelecidas. O desejo é revolucionário porque quer sempre mais conexões e agenciamentos. Mas a psicanálise corta e achata todas as conexões, todos os agenciamentos, ela odeia o desejo, odeia a política (Deleuze & Parnet, 1998, p. 94-95).*

O desejo na voz ativa (Santos, 2022) é revolucionário porque quer sempre mais conexões e agenciamentos. O desejo não é, portanto, interior a um sujeito, tampouco tende para um objeto: é estritamente imanente a um plano ao qual ele não preexiste. O desejo só pode ser atingido no ponto onde alguém é privado de poder dizer eu. Algo deseja em mim, só há desejo agenciado ou maquinado.

Logo, como já foi dito, o exercício do desejo pode ser capturado, ele pode ser colonizado, como diz Fanon (2008):

> *Há uma zona de não-ser, uma região extraordinariamente estéril e árida, uma rampa essencialmente despojada, onde um autêntico ressurgimento pode acontecer. A maioria dos negros não desfruta do benefício de realizar esta descida aos verdadeiros Infernos (Fanon, 2008, p. 25).*

Um dos efeitos da colonialidade nos movimentos desejantes é o de impedir os processos na condição de viventes (Rolnik, 2018).

O que, nos termos de Fanon (2008), é possível compreender como a chamada zona do não-ser.

Colonialismo para Fanon (2008) é uma forma de exploração objetiva, mas tal materialidade concreta não seria possível sem a atuação no processo de subjetivação. Ocorre pela interdição do acesso à zona do não-ser, uma zona do conflito e da indefinição.

O racismo (ferramenta colonial) representa a impossibilidade de adentrar a zona do não-ser, pois cria uma interdição da humanidade (Faustino, 2022a) que impede as pessoas negras de viverem suas contradições por conta do processo de desumanização.

O negro não é humano (Fanon, 2008), é um ser específico[1], uma invenção colonial. Nessa perspectiva, a descolonização se torna um processo no qual se atua na encruzilhada de desalienação da dimensão subjetiva, de existência na zona do não-ser e da necessária superação da desigualdade material. Assim,

> *a clínica, para Fanon, é apenas um dos momentos da práxis desalienadora. Ele aposta em uma desalienação, mas ela não se esgota na clínica. A clínica é fundamental, mas ela é só um momento (Faustino, 2022b).*

A zona do não-ser é onde está a força vital (Lopes & Simas, 2020). É o lugar de produção de sentido, em que a produção da diferença pode ter passagem. Em suma, é o local de encruzilhada e de enfrentamento das contradições que nos compõem (Faustino, 2018).

A maioria dos negros e indígenas não desfrutam dessa descida aos infernos, visto que há uma interdição do reconhecimento da sua humanidade (Faustino, 2021).

---

1 Trecho baseado na palestra do Deivison Faustino (Nkosi): https://www.youtube.com/watch?v=ceN8OmAjS14&t=4647s. Acesso em maio de 2022.

Sendo a colonialidade uma expressão material da exploração dos corpos e de expropriação vital, possui a faceta concreta de exploração material, porém só é possível sustentá-la pela expropriação vital, ou seja, a colonização sensível, subjetiva do movimento desejante. Em nossa sociedade neoliberal, o racismo, principal ferramenta colonial de dominação, só existe porque dá lucro.

Não por acaso, na base da pirâmide econômica-social que é composta por mulheres negras existe um modo de produção econômico e de subjetividades que se complementam.

Eu atendi dezenas de mulheres negras no consultório particular cuja queixa inicial era exaustão, ou que já chegavam nomeando-se como depressivas; ao mesmo tempo, temos uma cultura racista que reforça ideologicamente que mulheres negras são mais fortes, fortalezas que aguentam mais a dor.

Dito isso, trago dados do IBGE (2022) que apontam que grande parte das casas no Brasil são sustentados por mulheres negras e, como já foi dito, são as que ganham menos. Como essa conta fecha senão por meio de uma superexploração e o fomento de uma cultura de racismo genderizado?

Considerações finais

A gramática que empregamos sobre determinado sofrimento psíquico definirá a forma como trataremos tal impasse. Nos últimos 50 anos, repousa no centro gravitacional do campo da saúde mental o fenômeno da medicalização, a expansão da medicina para campos que não eram da sua alçada.

Na contemporaneidade, no campo da saúde mental existe uma predominância das metáforas farmacoquímicas (Coser, 2010) para narrar o sofrimento psíquico e, consequentemente, os diagnósticos psiquiátricos, o que produz efeitos ético-políticos, pois como pano de fundo da discussão repousa a noção de subjetividade.

A proposta central é podermos ampliar a discussão da saúde mental por meio do resgate de uma das contribuições centrais da psicanálise, o conceito de desejo: "Afirmar que no centro da teoria e da prática psicanalíticas está situado o desejo não constitui, hoje em dia, uma afirmação original. J. Lacan vem dizendo isso há longo tempo" (Garcia-Roza, 1985, p. 139) e, talvez, como diz o poeta seja preciso "repetir, repetir até ficar diferente/ repetir é um dom de estilo" (Barros, 2013, p. 63).

Portanto, a diferença a que visamos dar passagem por meio desse texto é do reconhecimento do desejo na sua face disruptiva, na sua dimensão singularizante – é o que orienta nossa bússola ética no Campo da Atenção Psicossocial (Costa-Rosa, 2013).

Mais radical será isso na análise que na produção de saúde psíquica, ou seja: na produção de sentido para as injunções e impasses da vida cotidiana e da subjetividade, só os sujeitos do sofrimento podem ser os principais produtores:

> *Onde há protagonismo pode abrir-se a possibilidade de escolha; escolhas dos sentidos para a subjetivação. Pode abrir-se a dimensão desejante. Aí está colocada a dimensão ética da análise (Costa-Rosa, 2013, p. 234).*

Por fim, nosso desejo é que o campo da saúde mental se oriente segundo a Ética da Atenção Psicossocial de modo a se aliar na construção de uma sociedade sem os muros coloniais do manicômio, o que passa necessariamente por um resgate do desejo na sua voz ativa, onde as diferenças possam ser mais que toleradas, que elas possam ter passagem, ser desejadas.

Referências

Barros, Manoel de. (2013). *Poesia completa.* 2ª ed. Leya Brasil.

Chuji, M. (2014). Sumak Kawsay versus desarrollo. In: Hidalgo Capitán, A. L.; Gullén García, A.; Déleg Guazha, N. R. (orgs). *Sumak Kawsay Yuyay. Antologia del Pensamiento Indigenista Ecuatoriano sobre Sumak Kawsay.* CIM e FYDLOS, .

Coser, O. (2010). *As metáforas farmacoquímicas com que vivemos*: ensaios de metapsicofarmacologia. Garamond.

Costa, J. F. (2007). *História da Psiquiatria no Brasil*: um corte ideológico. Garamond.

Costa-Rosa, A. (2013). *Atenção Psicossocial além da Reforma Psiquiátrica*: contribuições a uma Clínica Crítica dos processos de subjetivação na Saúde Coletiva. Editora Unesp.

Costa-Rosa, A. (2011). Ética e clínica na Atenção Psicossocial: contribuições de Freud e Lacan. *Revista Saúde Soc.* v. 20, n. 3, p. 743-75.

Deleuze, G. & Guattari, F. (2010). *O anti-édipo:* capitalismo e esquizofrenia. Ed. 34.

Fanon, F. (1979). *Os condenados da terra.* Civilização Brasileira.

Fanon, F. (2008). *Pele negra, máscaras brancas.* EDUFBA.

Faustino, D. (2021). A "interdição do reconhecimento" em Frantz Fanon: a negação colonial, a dialética hegeliana e a apropriação calibanizada dos cânones ocidentais. *Revista de Filosofia Aurora*, v. 33, n. 59, p. 455-481. Disponível em: <https://periodicos.pucpr.br/index.php/aurora/article/view/28065/25101>.

Faustino, D. (2018). Frantz Fanon: capitalismo, racismo e a sociogênese do colonialismo. *SER Social*, v. 20, n. 42, p. 148-163. Disponível em: <https://periodicos.unb.br/index.php/SER_Social/article/download/14288/12963/25186>.

Faustino, D. (2022a). *Frantz Fanon e as encruzilhadas*: teoria, política e subjetividade. Ubu Editora.

Faustino, D. (2022b). Frantz Fanon e o mal-estar colonial: algumas reflexões sobre a clínica da encruzilhada. *Revista n-1*. Disponível em: <https://www.n-1edicoes.org/frantz-fenon-e-o-mal-estar-colonial-algumas-reflexoes-sobre-uma-clinica-da-encruzilhada>.

Freud, S. (1997). *O mal-estar na civilização.* Imago Editora.

Garcia-Roza, L. (1985). A. *Freud e o inconsciente.* Zahar.

Guattari, F. & Rolnik, S. (2005). *Micropolítica:* cartografias do desejo. Vozes.

Huanacuni Mamani, F. (2010). *Buen Vivir/Vivir Bien*: Filosofía, políticas, estrategias y experiencias regionales andinas. Coordinadora Andina de Organizaciones Indígenas.

Kehl, M. R. (1990). O desejo de realidade. In Novaes, A. *O desejo.* Companhia das Letras.

Krenak, A. & Maia, B. (2020). *Caminhos para a cultura do Bem Viver.* Ailton Krenak.

Kushnir, C. Q. (2023). Considerações sobre o problema da responsabilidade em psicanálise. In: Nunes, L. N. & Silva, S. M. *Desambiguar Lacan de Freud.* Artes & Ecos.

Lacan, J. (1979). *Seminário, Livro 1.* Zahar.

Lanari, L. & Santos, K. Y. P. (org.). (2020). *Saúde mental, relações raciais e Covid-19.* SBMFC.

Lopes, N. & Simas, L. A. (2020). *Filosofias africanas:* uma introdução. Civilização Brasileira.

Moura, C. (1988). *A sociologia do negro brasileiro.* Editora Átila.

Muraca, M. (2022). O bem viver sob a perspectiva feminista: convergências, problematizações e desafios. *Revista Humanitas*, v. 2, n. 1/2.

Passos, R. G. (2018). "Holocausto ou Navio Negreiro?": inquietações para a Reforma Psiquiátrica brasileira / Holocaust or "The Ship Negreiro?": concerns for the Brazilian Psychiatric Reform. *Argumentum*, 10(3), 10–23.

Pelbart, P. (2018). Negros, judeus, palestinos: do monopólio do sofrimento. *Revista Percurso*, n. 60. Disponível em: <http://revistapercurso.uol.com.br/index.php?apg=artigo_view&ida=1292&ori=edicao&id_edicao=60>.

Santos, K. Y. P. (2022). *Por um fio:* uma escuta das diásporas pulsionais. Data de depósito. N. de folhas? Tese [Doutorado em Psicologia (Psicologia Clínica)]. Faculdade de Psicologia da Pontifícia Universidade Católica de São Paulo.

Rolnik, S. (2018). *Esferas da insurreição:* notas para uma vida não cafetinada. N-1 edições.

Spinoza, B. (2019). *Ética*. Autêntica Editora.

6. Experiências de cor: branquitude e apagamento

Andréa Máris Campos Guerra

"Nem tudo o que se enfrenta pode ser mudado.
Mas nada pode ser mudado até que seja enfrentado".
James Baldwin, 2016

Introdução

> *O que os brancos têm que fazer é tentar descobrir em seus corações por que foi necessário ter um "preto", em primeiro lugar. Porque eu não sou um "preto", eu sou um homem. Mas se vocês acham que eu sou um "preto", significa que vocês precisam dele. [...] Eu não sou um "preto" aqui e vocês o inventaram. Vocês, os brancos, o inventam. Então vocês têm que descobrir o porquê (Baldwin, 2016).*

Assim James Baldwin interroga, no documentário *I'm not your negro* (Peck, 2016), a branquitude norte americana, na obra baseada em seu livro inacabado *Remember this house.* Neste texto, pretendo desenvolver com a psicanálise a hipótese de que a branquitude é imposta como posição universal e hegemônica, idealizada e sustentada pela hierarquia racial assentada sobre um regime de poder interseccionalizado. O que isso quer dizer psicanaliticamente?

Perguntas como essa ressoam desde longe e há muito. A história nos ensina a olhar de novo sobre o passado para ressignificar o presente e poder planejar o futuro. O adinkra[1] Sankofa é o símbolo deste ato que recolhe da tradição do povo *Ashanti* o saber disperso diasporicamente e acumulado como sabedoria ancestral que pode guiar e inspirar um novo movimento por vir.

Neste texto, buscarei, avançar psicanaliticamente na questão de Baldwin, tomando como eixo analítico a noção de branquitude. Mesmo a compreendendo como uma das avenidas interseccionais e estruturais que se cruzam, olho para baixo, para cima, para o lado e para dentro. O plano é complexo. Porém, terei um guia: a recuperação da invenção colonial da raça e da hierarquização dos corpos e dos seres desde a Modernidade. A psicanálise permite ler seu avesso encoberto.

Nascida na filosofia clássica com Aristóteles, a ideia de *scala naturae*, uma escala hierárquica da natureza, ganhou força com a Escolástica e se firmou na Modernidade sobre dois pressupostos: o dualismo corpo-mente e a ideia de que os seres são unidades classificáveis, portanto, redutíveis a um sistema de equivalências (Wynter, 2001). A classificação dos seres e a racialização dos corpos

---

1 Os Adinkras são um conjunto de símbolos pertencente ao povo Ashanti, atualmente localizados principalmente nos países Gana, Burkina Faso e Togo, na África Ocidental, mas também estão presentes em outros lugares do globo, principalmente em consequência dos processos das diásporas africanas. Os Adinkras são, também, um conhecimento e uma tecnologia ancestral africana, que trabalha no campo da linguagem. Nesse sentido, são ideogramas que expressam valores tradicionais, ideias filosóficas, códigos de conduta e normas sociais. O ideograma Sankofa é representado por um pássaro com a cabeça voltada para trás. Sua etimologia tem origem no ganês e se vale de três termos: san (voltar, retornar), ko (ir) e fa (olhar, buscar e pegar).

engendraram efeitos discursivos e subjetivos ainda hoje incidentes, com maior ou menor violência, nas respostas inconscientes.

Ela se institucionalizou na distribuição de poder, capital, proteção, acesso, benefícios, cargos e salários, tendo o homem branco se estabelecido e sido mantido em seu topo (Schucman, 2012). Além disso, essa classificação encoberta do que é humano retroalimenta o pacto narcísico que sustenta seu circuito de privilégios, auto-justificando seu funcionamento excludente pela retórica da meritocracia ou da responsabilidade individual face a processos estruturais, assim descontextualizados (Bento, 2022).

Neste caso, olhar para trás inclui a América Latina na Modernidade Ocidental como fruto do primeiro ciclo expansionista europeu. Somos países pós-coloniais que atravessaram, de distintos modos, a depredação colonial (Ballestrin, 2013). E o que nos interessa aqui é compreender a continuidade das formas coloniais de dominação, a partir da perspectiva inconsciente, mesmo após os processos políticos emancipatórios.

A construção da riqueza dos países *desenvolvidos* deve-se em grande parte à exploração da mão-de-obra escrava (Moore, 2010), da invasão, colonização e extração das riquezas naturais das *terras nullius* (Dussel, 1993) e do não reconhecimento do trabalho reprodutivo, feminino e doméstico (Carneiro, 2011; Federici, 2017). Há uma relação de *dependência* na economia mundial, originária da virada burguesa e acirrada pelo neoliberalismo. Precisamos de países que se mantenham produzindo matéria-prima para outros produzirem industrialmente seu enriquecimento com elas. Como assentimos com a manutenção dessa desigualdade, mesmo a conhecendo conscientemente?

Somos docilizados por processos discursivos e subjetivos. Podemos lê-los seja como ideologia eurocêntrica (Amin, 2021), seja como modo colonial de poder (Quijano, 2000), seja como discurso do mestre moderno (Lacan, 1992). Fato é que se erigiu um sistema de valores ocidentais que funcionam como espelho na composição da subjetividade ocidental. Inclusive, ao dizer ocidental, sem especificar a qual aldeia, qual povo, qual raça ou a qual país nos referimos, reproduzimos exatamente essa estrutura discursiva de poder que se deseja universal. Esclareçamos o ponto de enunciação aqui em jogo.

Desde a Modernidade Ocidental, linhas abissais, invisíveis (Santos, 2017), escreveram a divisão global em uma dicotomia regulação-emancipação aplicada à lógica da metrópole e outra, apropriação-violência, vigente nos territórios pós-coloniais. Uma herança simbólica com efeitos inconscientes.

Neste artigo, pretendo me deter em uma de suas bases e heranças, a branquitude. Ela implica no ato de transformar a brancura da pele alva em um valor social hierarquizado e compartilhado, que sustenta uma rede de distribuição e manutenção interna de privilégios materiais e simbólicos. A branquitude, assim, não se confunde com a branquidade ou brancura da pele. Não se refere a pessoas brancas simplesmente, mas a um sistema de poder, que reproduz uma hierarquia racial e atribui privilégios ou desvantagens a depender da cor da pele (Ibirapitanga e Schucman, 2023).

Quem cria a hierarquia racial e classifica os corpos e os seres não entra no sistema de classificação (Vergès, 2020; Mignolo, 2007). Tomado pela arrogância do ponto zero (Castro-Gómez, 2007), como se o saber se fundasse apenas quando pronunciado, a ilusão de universalidade, constituída pela mesma ilusão de ato de criação *ex nihilo*, apaga seu ponto de enunciação.

O domínio colonial se fundou (e se renovou) na crença de que, mesmo ao produzir suposições que só se aplicam a um *ethos* particular, elas podem ser tomadas como se possuíssem alcance mundial, desde que enunciadas desde um suposto centro (Bottici,

2024). Porém, quando adotamos o globo como métrica, não existe o centro. Além disso, o mesmo ato que funda a razão em um continente é o que avança pela barbárie em outro.

Como, então, compreender a construção simbólica da branquitude como padrão normativo generalizado no Ocidente e recolher seus efeitos subjetivos e inconscientes? Como mirar o global através de suas desigualdades estruturais, com intersecções específicas de formas de segregação, ao invés de universalizar abstratamente os modos de sofrimento daí advindos? Como romper as barreiras do esquema racial e da herança colonial, se até o ato de teorizar é influenciado inconscientemente pela ignorância sistemática desses padrões raciais inconscientes que moldam a própria subjetividade, como se fosse inevitável reproduzi-los? Como entender que o *neossujeito* empresa de si mesmo, nascido como razão neoliberal, se negro, pobre ou mulher, mesmo empreendendo, sempre estará num degrau inferior da *scala naturae* contemporânea? Como clinicar orientado pela psicanálise sem reproduzir essa escala?

Para tratar dessas questões, farei dois caminhos, orientada pela teoria psicanalítica. De um lado, discutirei como a angústia mobiliza pulsionalmente processos defensivos inconscientes, atravessados pela dimensão interseccional da raça. E, num segundo momento, mostrarei como a branquitude, ao lado de outros valores como o androcentrismo, o eurocentrismo e o classismo, se tornou a base constitutiva de um espelho ocidental no nível dos ideais, moldando inconscientemente a constituição do *Eu* e exigindo superegoicamente uma performance alienada. Para isso, parto de uma apresentação do campo de estudos da branquitude.

Branquitude como campo de investigação

Sabemos que os estudos sobre branquitude tiveram, de modo precursor, W. E. B. du Bois nos EUA, Frantz Fanon na Argélia e Steve

Biko na África do Sul como seus expoentes (Cardoso, 2010). O intelectual norte-americano Du Bois é conhecido por sua tese da dupla consciência do negro norte-americano, dedicando-se, posteriormente, a investigar a identidade racial branca, em *Black Reconstruction in the United States* (Du Bois, 1999/1935). Nesta pesquisa, mostra como o trabalhador branco, mesmo quando recebia um salário baixo era compensado por uma espécie de salário público e psicológico que resultava em ganhos reais, simbólicos e materiais.

Frantz Fanon, por seu turno, funda o campo dos estudos decoloniais e desenvolve sua tese sociogênica do duplo narcisismo em *Pele Negra, Máscaras Brancas* (2008/1952). Mostrando a construção do sistema racial como obstáculo ao exercício da liberdade, buscava livrar o branco de sua brancura e o negro de sua negrura, entendendo a raça como esquema epidérmico-racial, disposta sob o esquema corporal. Enquanto o ativista Steven Biko, assassinado de modo trágico e emblemático (Hook, 2022), discutia, por seu turno, no contexto do apartheid sul-africano dos anos 1960 e 1970, sobre o sistema classificatório da cor e sua incidência política.

O campo propriamente de estudos sobre a branquitude, assim como a adoção do termo com o sentido de acúmulos de privilégios, a partir de uma perspectiva universalizante que a pessoa branca adota, como se não fosse racializada, inaugura-se com a pesquisa da socióloga inglesa Ruth Frankenberg. Seu premiado livro *White Women, Race Matters: The Social Construction of Whiteness* (1993) trabalhou com a história de vida de 30 mulheres brancas, mostrando o modo como a raça, tanto quanto o gênero e a sexualidade, moldou suas vidas. Sem ser monolítica, desenvolve a maneira como a branquitude, como experiência diária multifacetada de estruturação racial, ao contrário de outras práticas culturais, opera de modo invisibilizado, não marcado nem nomeado. Ela define a branquitude como um lugar estrutural de onde o sujeito branco vê os outros e a si mesmo, uma posição de poder, um lugar confortável do qual se pode atribuir ao outro aquilo que não se atribui a si mesmo.

Os estudos sobre a branquitude estão inseridos no campo da Teoria Crítica da Raça. Eles foram admitidos e logo discutidos pelas feministas negras norte-americanas, primeiras a reconhecer a branquitude como condição social a ser investigada, ao lado das discussões sobre racismo e sexismo (Combahee River, 1977), ampliando a interseccionalidade do tema.

No Brasil, os estudos precursores sobre a identidade branca têm origem com Alberto Guerreiro Ramos, em 1955, com a obra seminal *A patologia social do "branco" brasileiro*. Embora o uso do termo brancura seja atribuído a Gilberto Freyre (Cardoso, 2010), foi Ramos quem se dedicou a analisar o modo como o ser branco se torna padrão normativo, produzindo excessos narcísicos. A pessoa branca, concebida como padrão universal sinônimo do ser humano ideal, é uma das características marcantes da branquitude, ao lado do exercício invisibilizado de poder e acúmulo de vantagens que a cor branca de pele reproduz.

Também no Brasil, ao chamarem a atenção para o modo como o racismo determina as experiências do sexismo, as feministas negras identificaram a branquitude como condição social não transparente e não neutra. Elas se tornaram, assim, precursoras do campo de estudos da branquitude no Brasil, invertendo a linha histórica do movimento norte-americano (Gonzalez, 2020; Ribeiro, 1995). Porém, a apresentação do termo como conceito no Brasil deve-se à tese doutoral de Maria Aparecida Bento (2002) intitulada *Pactos narcísicos no racismo: Branquitude e Poder nas organizações empresariais e no poder público*, publicada depois como livro, *O pacto narcísico da branquitude*. E Edith Piza (2002), com a obra *Porta de vidro: entrada para branquitude e outros artigos*, foi também uma *avant garde* no campo nacional. Atualmente o tema ganhou projeção e relevância principalmente, mas não exclusivamente, com Lia Schucman (2012) e Lourenço Cardoso (2010).

Entrando no campo especificamente *psicanalítico* dos estudos da branquitude, três intelectuais brasileiras antecederam sua fundação. Além da própria Lélia Gonzalez, acima reunida entre as feministas, também foram fundantes a dissertação de Neusa Santos Souza, defendida em 1983 e transformada no livro *Tornar-se negro* (2021), e a tese de doutorado de Isildinha Baptista Nogueira, também transformada em livro, *A cor do inconsciente*. Neusa Souza trabalha com dez pessoas negras em ascensão social concluindo que o ideal de eu branco se torna regente inconsciente de suas configurações narcísicas, enquanto Isildinha Nogueira denuncia (2017, p. 122-123) que "ser branco constitui o elemento não marcado, o neutro da humanidade". Ao discutir casos de pessoas negras e brancas em sua prática clínica, elaborou uma teoria psicanalítica do racismo. O grupo do Sedes Sapientae em São Paulo, enfrentando o tema também produziu, a partir de um seminário, a coletânea *O negro no Brasil* (Kon et al, 2017), que traz inúmeras reflexões sobre racismo, tocando a temática da branquitude.

Podemos dizer, quanto à psicanálise, que o campo de estudos nomeadamente dedicado à branquitude somente desperta a partir dos anos 2000 com a obra inaugural de Seshadri-Crooks. Cunhada como *Desiring Whiteness* (2000), a autora de origem indiana, propõe a branquitude como S1 no discurso do mestre moderno, produzindo efeitos de corpo, gozo e sentido. No Brasil, o Núcleo Psilacs de Minas Gerais tem buscado compor hipóteses a partir das psicanalistas negras brasileiras e das autoras decoloniais globais para explicar psicanaliticamente o tema (Guerra, 2021).

Abaixo trazemos duas reflexões que fazem avançar a discussão. No primeiro ponto, tomaremos a angústia decorrente da constituição originária do eu, como deixando um resto autoerótico – *Unheimilich* –, que retorna como gozo sobre os corpos, acionando diferentes estratégias defensivas que fortalecem o ideal e o pacto da branquitude. Aqui desdobramos as teses de Neusa Souza e de Isildinha Nogueira.

E, no segundo aspecto, na linha de Seshadri-Crooks, propomos que o assentamento do S1 da branquitude se alia a outros padrões hegemônicos, normativos e discursivos, fixando o campo do Outro como espelho plano ocidental. Assim universalizado, incide de modo singular sobre cada sujeito, mas ressoa como discurso, estruturando, sem palavras, meios de gozo. Ao final, destacaremos princípios clínicos dada a racialização como estrutura que afeta o inconsciente.

Angústia: o íntimo familiar

No texto *Inibições, Sintomas e Angústia*, Freud (1926/1976) parte da proposição da angústia como sinal face a um perigo. Sua categoria móbil é o medo sem objeto. Se o medo emerge como perigo diante de um fato real, a fuga é sempre uma possibilidade. Porém, se se trata de um perigo suspeito sem um objeto específico, um perigo psíquico, o sujeito se (re)vê diante de uma situação de desamparo, face a qual avalia se consegue se defender.

Inicialmente, Freud supunha que a angustia era decorrente do recalque, conformando o retorno do recalcado. A teoria da angústia, como afeto originário, acontece num segundo tempo da obra freudiana.

> *Como é possível, do ponto de vista econômico, que um simples processo de retirada e descarga como a retração do investimento pré-consciente do Eu produza desprazer ou angústia, que por nossas premissas podem apenas resultar de um investimento intensificado? Respondo que essa sequência causal não deve ser explicada economicamente,*

> *a angústia não é gerada novamente no recalque, e sim* reproduzida como um estado afetivo, segundo uma imagem mnêmica já existente *(Freud, 1926/1976, p. 17, grifo nosso).*

Há uma experiência primeira de angústia, vivida como desamparo originário, *Hilflosigkeit* (Freud, 1950 [1895]/1976), nomeada por Freud como *complexo do próximo*, em alemão *Nebenmensch*. Face à necessidade de sobrevivência, o bebê carece de uma ação específica do adulto – estranho – que, ao libidinizar e cuidar da criança, oferece-lhe traços que serão posteriormente incorporados por ela. O desamparo (*Hilflosigkeit*) constitutivo da situação primordial é fonte originária (*Urquelle*) *de todos os motivos morais* (Freud, 1950[1895]/1976). Ele será ultrapassado através de uma "ajuda *estranha*" (*fremde Hilfe*), na qual a atenção de um indivíduo mais experiente se volta para a condição infantil, atribuindo sentido às alterações internas de suas vias de descarga.

A situação psíquica do medo reenvia, então, a esta situação de desamparo original. O perigo é tomado como aumento de excitação corporal ou psíquica, impossível de dominar, de regular, um perigo subjetivo. E a angústia emerge como efeito do afeto do encontro com esse perigo.

A angústia, assim, se refere ao "fator ou momento" traumático (Freud, 1926/1976; Soler, 2021), que implica a relação com o objeto perdido. Ela se torna o motor para a busca de defesa face a esse aumento de excitação que deixa o sujeito novamente desamparado. Com o aparecimento da angústia, o sujeito avalia suas forças face ao desamparo revivido. Por isso mesmo, a exigência pulsional é algo real, que se impõe como movimento necessário de defesa.

O perigo pode ser rememorado como ameaça de um perigo possível. Freud o nomeia de *angústia* sinal. É uma angústia que tem a função de preparar o sujeito para enfrentar o perigo. Ela prepara o perigo, antecipa a surpresa. Segundo Soler (2021), a *angústia sinal* é o remédio para a surpresa que inclui o trauma. Porém, numa outra via, pode haver uma vivência inédita que rompe a capacidade de defesa. Nela, o perigo real é atual, desencadeado por uma vivência contemporânea. Freud nomeia a angústia que daí advém como *angústia real* (*Real Angst*).

Como a angústia se articula às questões da racialização e da branquitude?

No processo de constituição do eu, segundo Lacan (1998), como lembram tanto Neuza Souza quanto Isildinha Nogueira, o corpo erógeno será revestido por uma imagem unificante, prefigurando o Eu, que ganha posteriormente uma armadura significante. Neste processo, o outro intervém sobre o *infans* que, ao incorporar traços do Outro, torna-se uma unidade, um objeto passível de ser nomeado e investido libidinalmente. Por isso, o *Eu* é sempre um Outro, estrangeiro. Há sempre um elemento alienante no nível do Eu.

Do autoerotismo vivido nas zonas erógenas, advém o narcisismo primário, no qual o Eu se configura como primeiro objeto de investimento libidinal. E poderá, num novo movimento, inserir-se nas relações objetais. No narcisismo secundário, a condição da troca entre objetos, então, se estabelece. A construção do Eu se faz a partir de um duplo movimento inconsciente quanto aos ideais:

> *No estágio do narcisismo infantil, o sujeito é o seu próprio ideal. Este estágio é caracterizado pela auto-suficiência; é um período de intensa satisfação autoerótica, pois o sujeito basta a si mesmo. Essa situação é deslocada para o eu-ideal, que se torna o depositário das idealizações deste estado. Em contrapartida, algo exterior ao eu do indivíduo vem se impor, superestimando as qualidades do objeto amado, produzido pela idealização, onde o objeto é tratado como o próprio eu, ou seja, uma quantidade considerável de libido*

> *transborda para o objeto que é assim colocado no lugar do ideal de eu (Reis Filho, 2000, p. 64).*

Enquanto o eu ideal pode ser pensado como resgate imaginário do narcisismo perdido dos pais. O impossível de realizá-lo – complexo de castração – implica numa torção que recai sobre o Eu como imposição. Passa-se do que se *gostaria* de ser para o que se *tem que* ser. Nessa relação, uma extensão do eu passa a regulá-lo a partir do Ideal do Eu, tornando-se uma fonte interna de exigências pulsionais. Emerge como a figura tirânica do supereu que passa a medir o Eu pelo Ideal de Eu. Contra ela, não há proteção, como para as imposições advindas do mundo externo. O prazer se transforma em coerção.

> *O impulso pulsional, apesar do recalque, encontrou um substituto, mas um bastante atrofiado, deslocado, inibido, e que já não é reconhecível como uma satisfação. Quando [esse impulso substituto] é concretizado não há sensação de prazer; em vez disso, tal concretização assume o caráter de coerção (Freud, 1926/1976).*

Aqui convergem, sobre a pessoa de pele de cor negra, as hipóteses de Neusa: "o negro de quem estamos falando é aquele cujo ideal do ego é branco" (Souza, 2021, p. 65) e de Isildinha: "A experiência da criança negra comporta uma singularidade, já que ela se confronta, desde os primórdios, com o ideal da brancura presente em seus próprios pais" (Nogueira, 2021, p. 139). Há uma configuração discursiva no mundo ocidental agenciada pela branquitude como um significante-mestre decisivo. Como lembra Baldwin (2016), "branco é uma metáfora do poder". Pois bem, já quando as exigências do supereu se impõem, as múltiplas opressões sociais, de classe, raça e gênero, se materializam inconscientemente em traços que estão na base dos modos constitutivos de defesa.

É importante essa imersão na teoria da angústia para compreendermos que, nesse momento mais íntimo de configuração do Eu e seus ideais, a questão da cor incide de modo estruturante. Neusa Souza irá trabalhar diretamente essa hipótese em sua dissertação de mestrado. "O negro que ora tematizamos é aquele que nasce e sobrevive imerso numa ideologia que lhe é imposta pelo branco como ideal a ser atingido" (Souza, 2021, p. 65).

Essa tese ecoa na proposição de Isildinha Nogueira. Ao explicar como se constitui o "mito da brancura" (leia-se, hoje, da branquitude), Nogueira mostra a construção inconsciente das fantasias infantis articuladas aos significados atribuídos à cor da pele numa escala social de valores hierarquizados e construídos a partir da escravização produzindo uma falta real no não-branco. "'Ser branco', tanto quanto 'ser negro', para além da tonalidade que reveste o corpo dos seres humanos, representam 'valores'. [...] Se a brancura é um objeto simbólico, sua falta é real" (Nogueira, 2021, p. 149).

Cada sujeito viverá de maneira única sua relação inconsciente com os significantes que regem o discurso do mestre. Porém, dada a condição hierarquizada da cor da pele, a criança negra viverá uma dupla frustração que a leva à fantasia recorrente de ter sido adotada: seus pais não a amam como deveriam e, por isso, dão seu amor a outros *e* impõem a ela "uma condição insuportável: ser negro" (Nogueira, 2021, p. 141).

O que significa exatamente esse "duplo narcisismo"? Frantz Fanon (2008) propõe a tese de um epidermização da inferioridade (p. 28) interpondo um esquema epidérmico-racial sob o esquema corporal como sistema simbólico de dupla referência no nível do corpo, do Eu e do meio de se obter satisfação (p. 104-105). Dada a condição histórica colonial, um esquema histórico-racial se impôs, simultaneamente por meio de violência e docilização, como referência universalizada para classificação hierárquica das cores de pele para fins hegemônicos de manutenção econômica do poder.

Inventaram a raça que substituiu o sangue, a cor da pele que sucedeu a linhagem, e a mercantilização do humano como escravizado que avassalou o processo civilizatório.

Como a branquitude se configurou nesse processo? E quais os seus efeitos sobre a pessoa de pele de cor branca?

O modo colonial do poder e a raça

A branquitude, agenciada por um significante mestre todo-presente, impõe como portadora de uma falta real toda raça que não se equivalha a ela. Justamente porque a raça, matriciada pela branquitude, não suporta o paradigma da falta, que o fenótipo cria a ilusão da superioridade racial e perpetua o desejo de brancura. Pois bem, como essa composição discursiva chegou a esse termo?

A invenção de um centro (Maldonado-Torres, 2007), universal (Wynter, 2001; Castro-Gomez, 2007), falocêntrico (Irigaray, 2017 e Lugones, 2020) e hegemônico (Amin, 2021; Moore, 2010), assenta-se numa transposição lógica inaugurada com a Modernidade, inaugurada iluminista, racional e emancipatória. O assentamento de um modo colonial de poder se institui como outro da modernidade, alastrando-se também no campo do saber, do ser e do gênero. Enquanto visitávamos seus pressupostos civilizatórios, aprendendo a ser modernos, invasão, tortura e estupro, violências de todas as ordens aconteciam sob o mesmo jugo ilustrado. Entretanto, a barbárie estava sempre deslocada do centro, habitando as periferias de um sistema global.

A Europa Cristã encontrava-se, em final do século XV, acuada pelo avanço muçulmano quando enveredou pelo além-mar, constituindo nova cartografia, cultura e economia mundiais, concernida ao centro europeu no mapa geográfico e simbólico do poder. De uma posição lateral e ameaçada, a Europa tornou-se centralizada como fonte de referência, razão e desenvolvimento, a partir do acúmulo construído através das ocupações coloniais de novas terras e riquezas. Imperialismos firmaram-se como modelo de mundo. E, mesmo depois de findados, perpetuaram-se em modos neocoloniais de ocupação. A branquitude é uma de uma de suas heranças.

A primeira onda colonial, no continente americano, teve sua sequência, no século XVIII, no continente africano. Em ambas as situações, um sistema-mundo (Wallerstein, 2004) se consolidou e se perpetuou sustentado por uma linha invisível que apagava a situação do Sul Global, encobrindo a lógica da apropriação/violência vigente nos trópicos e verificada, ainda hoje, nos altos índices de mortalidade juvenil negra, fome e miséria, violência de estado, feminicídios e desigualdades de toda ordem.

Até meados dos anos 1980, entretanto, a América Latina estava apagada, subtraída deste debate. Conhecido como grupo da colonialidade/modernidade emergiu uma leitura, não mundial, mas distintivamente sul-global acerca do mal-estar colonial de nossa geopolítica (Ballestrin, 2013). Seu conceito central, a *colonialidade do poder*, entendida como perpetuação da condição colonial, mesmo após os processos políticos emancipatórios de libertação, expandiu-se para se pensar a colonialidade *do saber, do ser e do gênero* – denunciado pelas feministas contra-coloniais como ausente do repertório epistêmico original do modo colonial do poder (Lugones, 2020). Dominação, exploração e conflito se tornaram, então, evidentes como estratégia face aos processos de racialização do mundo ocidental, sendo a imposição, dita científica, da raça como critério de classificação, constitutiva das bases para seu enraizamento (Quijano, 2000).

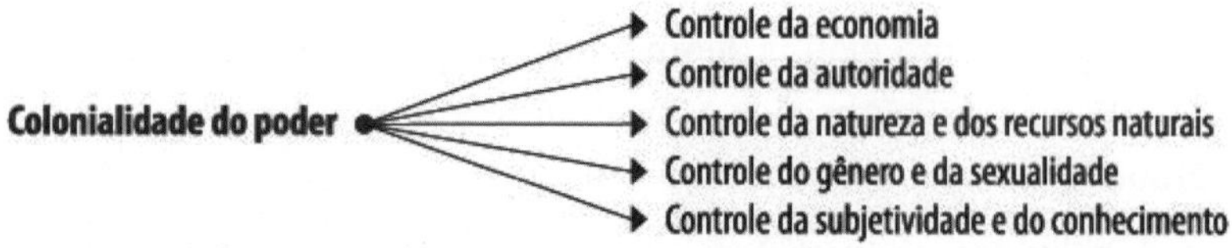

Figura 6.1 O giro decolonial (Mignolo *apud* Ballestrin, 2013, p. 100).

A colonialidade é o lado obscuro e necessário da modernidade; é a sua parte indissociavelmente constitutiva (Dussel, 1993; Quijano, 2000, p. 343; Mignolo, 2007, p. 30). Não existiria nossa economia-mundo neoliberal sem a exploração escravagista e a colonialidade nas Américas (Quijano, 2000, p. 343). A modernidade está intrinsecamente associada à experiência colonial (Maldonado-Torres, 2007). Raça, gênero e trabalho compuseram uma nova ordem mundial, assentada sobre a dizimação de línguas originárias, povos ancestrais, diáspora africana, coisificação-mercadoria do humano, negação dos saberes plurais e generalização da diferença em escalas de inferiorização. Nunca mais fomos os mesmos.

O terno e a gravata se tornaram um índice do novo modo de poder ocidental (Flügel, 1930), no movimento que ficou conhecido como a grande renúnica masculina a adereços e frivolidades, na encarnação do novo modelo de poder patriarcal-ocidental. A naturalização do trabalho produtivo como sendo masculino e do trabalho reprodutivo, doméstico e não assalariado, como sendo atinente às mulheres, molda binariamente corpos, desejos e imagens. "Embora essa divisão do trabalho tenha estado no centro da teorização feminista ocidental por muito tempo, os teóricos muitas vezes ignoraram como a produção do claro do sistema de gênero colonial/moderno anda de mãos dadas com seu lado obscuro" (Bottici, 2024). Assim, mesmo tendo acabado o patriarcado, a androcracia insiste brutalmente em se impor.

Porém, foi o acúmulo de capital pela escravização que produziu o maior montante da história de enriquecimento ocidental. No continente africano, governos locais foram erigidos sobre o acúmulo de búzios, moeda local, sem nenhum valor comercial internacional, sendo estraçalhados pelo poderio europeu, primariamente pelo sistema escravagista, invisibilizado na razão moderna ocidental como geração primária de renda gratuitamente explorada. Na leitura econômica clássica, o universal acumulado fica dissociado de sua violência colonial escravagista (Moore, 2010).

Houve, assim, um apagamento necessário da expropriação da humanidade das pessoas escravizadas que formaram, quando sobreviveram, o verdadeiro exército de mão-de-obra de base gratuita no acúmulo primitivo de capital. As teorias da época "serviram não apenas para decifrar os enigmas que desafiavam a história, mas também para legitimar de um modo cientifico, a hegemonia do ocidente e a supremacia dos brancos" (Moore, 2010, p. 63). O silêncio dos teóricos dialéticos sobre a Revolução do Haiti é, nesse sentido, para dizer o mínimo, sintomático.

Além do modo colonial de poder, acima apresentado, o eurocentrismo é outra fonte de alienação colonialista, seu outro lado. Ele precede a cristalização das outras dimensões que definem o capitalismo (Amin, 2021, p. 83). Opera ideologicamente por três vias. Primeiro, obscurecendo a natureza essencial do modo de produção capitalista pelo discurso de uma racionalidade instrumental trans-histórica. Em segundo lugar, deformando a visão da gênese do capitalismo, priorizando a especificidade da história europeia. Finalmente, recusando a reprodução deste sistema com o processo de sua reprodução mundializada, negando-se a tomar o mundo como análise das desigualdades globais, não reduzidas a problemas nacionais (Amin, 2021, p. 84-85).

"Pode uma ideologia, que incorpora sutis princípios filosóficos de natureza racista, servir como uma ferramenta ou arma contra o racismo?" (Moore, 2010, p. 109) – questão que ressoa atual. A manutenção da escravatura foi, assim, um fator essencial e indispensável para o fortalecimento do capitalismo ocidental, ao formar uma classe assalariada branca, que implantaria a ditadura do proletariado, e outra classe branca, proprietária dos meios de produção. O trabalhador negro, primeiramente escravizado e posteriormente excluído do mercado formal de trabalho ou uberizado no contexto neo-colonial, não entrava na consideração marxista ou capitalista como classe trabalhadora. Essa discussão sobre raça, classe e gênero até hoje se encontra em disputa. E aqui nos interessa destacar o procedimento de apagamento que a precedeu sob o regime da branquitude, como fonte inconsciente de processos identificatórios na formação do eu.

Essa lógica prospera graças também a uma operação de colonialidade do saber, fundada nos ideais cartesianos, hoje desmontados, mas potentes ao longo dos últimos séculos. Santiago Castro-Goméz (2007) extraiu sua logica a partir da proposição da *hybris del punto cero*. A arrogância do ponto zero significa a fundação de um saber, a partir do próprio ato de sua produção. Como se, ao se fundar uma interpretação, uma visão, ela se tornasse por si mesma universal num ato auto-legitimador. O "ponto zero" é um ponto de partida de observação, supostamente neutro e absoluto, no qual a linguagem científica desde o Iluminismo assume-se como a mais perfeita de todas as linguagens humanas e que reflete a mais pura estrutura universal da razão (Castro-Gómez, 2007). A lógica do "ponto zero" é eurocentrada e "presume a totalização da gnose ocidental, fundada no grego, no latim e nas seis línguas modernas imperiais europeias" (Mignolo, 2007, p. 29). Ela funda e sustenta a razão imperial (teo-ego-politicamente):

> *Trata-se, então, de uma filosofia na qual o sujeito epistêmico não tem sexualidade, gênero, etnia, raça, classe,*

> *espiritualidade, língua, nem localização epistêmica em nenhuma relação de poder, e produz a verdade desde um monólogo interior consigo mesmo, sem relação com ninguém fora de si. Isto é, trata-se de uma filosofia surda, sem rosto e sem força de gravidade. O sujeito sem rosto flutua pelos céus sem ser determinado por nada nem por ninguém [...]. Será assumida pelas ciências humanas a partir do século XIX como a epistemologia da neutralidade axiológica e da objetividade empírica do sujeito que produz conhecimento científico (Grosfoguel, 2007, p. 64-65).*

Ela só prospera porque assentada nesta racionalidade eurocêntrica: "mundialmente imposta e admitida nos séculos seguintes, como a única racionalidade legítima. Em todo caso, como a racionalidade hegemônica, o modo dominante de produção de conhecimento" (Quijano, 2002, p. 06). Ela se articula por:

1. Estabelecer o dualismo entre "razão" e "corpo" e entre "sujeito" e "objeto" na produção do conhecimento.
2. Associar uma propensão reducionista e homogeneizante a seu modo de reflexão, tomando-o como universal axiomático.
3. Absolutizar a verdade pelos cânones que constrói, reproduz e exporta, centrados em cinco países (Inglaterra, Alemanha, França, Itália e EUA) (Grosfoguel, 2016).
4. Constituir a apercepção da experiência social, numa versão a-histórica de mundo, legitimada pela universalização da experiência racional cartesiana ou egologia divina (Dussel, 1993).
5. Operacionalizar a *hybris del punto cero* (Castro-Goméz, 2007) – ou arrogância do ponto zero –, a partir do qual nenhum outro saber-poder é legitimado.

6. Desqualificar qualquer saber que se distinga desses centralizados, pela atribuição de predicações tais que: parcialidade, localidade, atraso, primitivismo, selvageria, misticismo, irracionalidade.
7. Associar o gênero ao dispositivo biológico do corpo, naturalizando relações sexistas de dominação (Lugones, 2020).

Finalmente, quanto ao gênero, Lugones (2020) lembra que a naturalização da hierarquização dos seres implica a diferença sexual em sua constituição. A redução do sexo ao dimorfismo biológico cega a pluralidade de modos de composição da diferença sexual na geopolítica global, como propõem Oyěwùmí (2021) para culturas iorubas pré-coloniais, Cheng (2000) para mulheres orientalizadas, bem como Allen (1983) para as mulheres da aldeia Cherokee nos EUA ou ainda Núnez (2023) ao retomar modos guarani não monogâmicos de amar. A denúncia da imposição do modelo ocidental cis, hetero, patriarcal, monogâmico e binário junto aos processos de colonização é ponto comum entre as teóricas. Assim, são reduzidas a um mesmo padrão binário de dominação experiências múltiplas de sexualidade e de gênero, face à imposição de um único modelo ocidental burguês. A raça, na base desse sistema classificatório, o complexifica ainda mais.

O modo colonial do ser e a branquitude

A colonialidade do ser, quarto elemento da colonialidade, diz respeito ao modo como se dá o domínio da linguagem utilizada para articular o ser. Se o inconsciente é estruturado como uma linguagem, mesmo que o gozo a ultrapasse, aqui há uma fértil ferramenta para a psicanálise pensar a branquitude. Sylvia Wynter (2006) propõe analisar a sobrerrepresentação do humano, que implica na "codificação da nossa afirmação descritiva do presente hegemônico ocidental-burguês biocêntrico do humano" (p. 119). Ela localiza no anteparo linguageiro estratégias de composição do valor do humano que, para ela, sobrepõem e definem a economia – não contrário.

A colonialidade, com a conquista de um lado, e o darwinismo, com o evolucionismo de outro, são exemplos da construção dessa sobrerrepresentação do que deve ser humano. Para ela, um novo sistema-mundo acontece no século XX quando o capitalismo produz uma mudança cultural e discursiva, e não somente econômica. Desse modo, há uma regulação, normalização e legitimação de uma escala de valores dos corpos, que coloniza o próprio ser (Wynter, 2000, p. 159-160). O capitalismo produziu um modo subjetivo de ser que substituiu a antiga definição teológica de humano. Para ela, o aparelho econômico é função dessa identidade, e não o contrário como propõem Dardot e Laval (2016).

Seria simples reduzir o mundo a binarismos: Norte e Sul global; Europa-América; Ocidente-Oriente; Razão-Desrazão; Natureza--Cultura. Porém o que testemunhamos é o imbricamento complexo em múltiplas dimensões dos modos de incidência na composição do mal-estar. Pensar o inconsciente e suas defesas neste contexto implica em reconhecer um mundo articulado em lógicas cosmológicas distintas que convivem com semblantes não coincidentes e regulações não pactuadas no uso ordinário. Em síntese, um mundo descrente de uma possível condição universal. A universidade se mostrou um exercício tirânico de imposição hegemônica. A invenção de um centro, uma verdade e uma universalidade "para todos" não enganam mais ninguém.

E o que, enfim, nos interessa decantar desse sistema-mundo é a branquitude na base da domesticação das ideias, da performance dos corpos de gozo e da configuração de modos defensivos inconscientes de presentificação da linguagem. Podemos, assim, resumir a colonialidade do poder, do saber, do ser e do gênero, o eurocentrismo e o capitalismo tardio em sua forma neoliberal, como articuladores de uma nova composição discursiva que funcionou como espelho plano ocidental nos últimos séculos. Sua pedra angular foi a imposição de uma classificação racial e étnica da população como lado sombrio da Modernidade. Hoje esse padrão conservador é questionado em muitas frentes e nos implica como psicanalistas. Como, então, com a psicanálise, podemos verificar como a branquitude participa dessa emaranhada trama?

"O significante inaugural de raça, cujo termo é branquitude, implica-nos todos igualmente em uma lógica da diferença" (Seshadri-Crooks, 2000, p. 3). E não se trata de evocar propriedades físicas ou biológicas, origem ou fenótipo.

> *Por branquitude, eu refiro ao significante mestre, que estabelece uma estrutura de relações, um significado corrente que através de um processo de inclusão e exclusão constitui padrões de organização humana da diferença (Seshadri-Crooks, 2000, p. 3).*

O discurso, como uma estrutura sem palavras, sustenta sujeitos em certas posições simbólicas, como "negro", "branco", "asiático", "oriental", 'indígena". O que demarca a condição simbólica refere-se ao modo como, no discurso, o significante-mestre se posiciona e como o Outro se relaciona com ele na produção de uma verdade (Siqueira, 2024). No discurso do mestre, o agente é o S1, significante inicial da cadeia de significantes, que se dirige ao Outro do saber (S2), produzindo angústia na forma lógica do objeto perdido (objeto *a*). Assim revela a verdade do mestre: o sujeito castrado.

Em outras palavras, a castração do sujeito na sustentação do mestre, como verdade do discurso moderno, é ocultada pelos significantes que agenciam o modo como o gozo irá se distribuir para manter essa ordem em funcionamento. De acordo com Seshadri-Crooks (2000), é assim que o S1 da ordem da diferença racial promete a totalidade absoluta do sujeito, sustentada pela branquitude. Esta incorpora a mestria completa, a autossuficiência e o gozo do Um. Proponho o desenvolvimento dessa composição, a partir da proposição do esquema óptico por Lacan (1998).

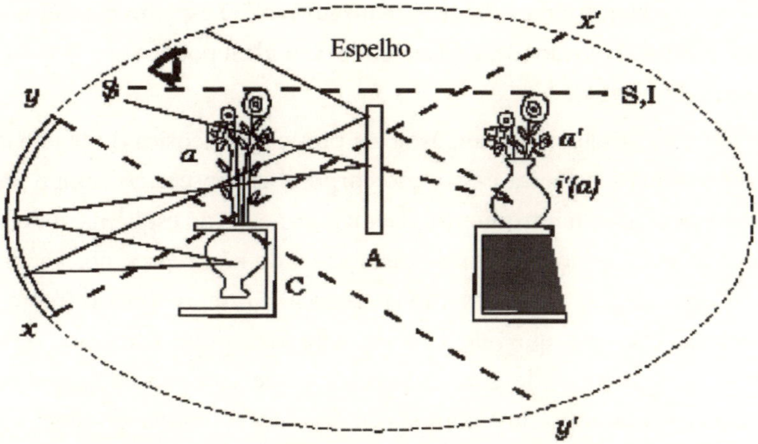

Figura 6.2 Esquema óptico (Lacan, 1998, p. 681).

Pena et al (2019) decantam duas chaves de leitura lacanianas que nos auxiliarão a localizar a branquitude e sua relação na base constitutiva da miragem egóica em relação ao engodo no nível dos ideais. Na primeira leitura, o corpo como organismo (vaso virado à esquerda), ao qual o sujeito não tem acesso, se encontra disperso nas zonas erógenas e encontra prazer em objetos diversos (flores à esquerda). O corpo irá antecipar uma unidade de si, um narcisismo que se relaciona à imagem corporal. Refere-se à fonte imaginária do simbólico que se liga ao sentimento (*Selbstgefühl*) que se tem do próprio corpo. Imagem real, que se encontra do lado esquerdo do esquema.

Ela cria a condição de apreensão do eu ideal, projeção narcísica e imaginária. E, quando projetado no espelho plano disposto ao centro do esquema, retorna conformado simbolicamente como Ideal de Eu. Temos, então, a configuração do narcisismo secundário e as relações objetais ao nível da imagem real, "na medida em que ela permite organizar o conjunto da realidade num certo número de quadros pré-formados" (Lacan, [1953-1954] 1986, p. 148). O eu ideal, portanto, se forma no interior do espelho plano, que é simbólico, ordenado pelo modo como a distribuição do gozo se ordena discursivamente a partir dos significantes mestres civilizatórios. "O espelho plano funciona como a tela do ideal do eu, onde o eu ideal pode ser projetado" (Pena et al, 2019).

Com a discussão da angústia e a proposição teórica do objeto *a* como dimensão lógica e extração corporal extrínseca ao campo da linguagem, Lacan introduz dois elementos novos no esquema óptico. Eles se referem aos pontos de opacidade, de não representação, de não equivalência entre o vivido (pulsional) e o representado (representação). São eles que veiculam a dimensão da pulsão de morte sem ligação, bem como do gozo auto-erótico que será pensado na obra lacaniana nos anos 1970 como gozo do corpo. Trata-se do objeto *a* e do menos *phi* (-φ). Ambos elementos heteróclitos ao significante.

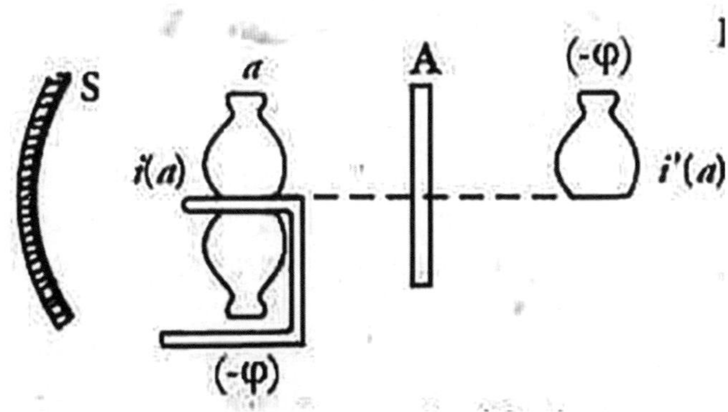

Figura 6.3 Esquema óptico simplificado (Lacan, 1962-1963/2005, p. 105).

Justamente no seminário da angústia, Lacan formula o objeto *a* como elemento lógico, efeito da impossibilidade de tudo significar do vivido. Como resto e ao mesmo tempo causa do deslize significante, o objeto *a* indica a falta. Ele é corolário do -φ como experiência de ausência de significação, furo no tecido da linguagem. Vejamos como as coisas se passam no esquema óptico após a proposição do objeto *a*.

No i'(a), lado direito do esquema acima, perfila-se apenas a imagem refletida de nós mesmos no campo do Outro. "Ela é autenticada pelo Outro, porém já é problemática, ou até falaciosa" (Lacan, 1962-63/2005, p. 55). Estamos aqui no campo normativo dos significantes que regulam como semblantes o campo do gozo no discurso do mestre moderno. Equivaler ao normatizado, criar campo identificatório com esses significantes, apazigua. Assim, quanto mais próximo do ápice da escala hierárquica de valores do humano, mais o sujeito se encontra alienado e identificado ao campo do Outro.

Essa imagem, entretanto, caracteriza-se por uma falta, isto é, "pelo fato de que o que é convocado aí não pode aparecer" (Lacan, 1962-63/2005, p. 55). Trata-se da ausência encarnada pelo objeto causa de desejo, objeto perdido desde quando o *infans* passa a falar e advém como sujeito. Por estrutura, ele nunca alcança pela linguagem o vivido. E por isso segue no viver desejante.

As relações do sujeito falante, assim dividido, com este objeto, objeto *a*, mobiliza a fantasia que enquadra a realidade. Só acessamos a realidade a partir da fantasia inconsciente que, por sua vez, trata a ausência plena do campo da representação. Essa ausência ganha na perda de significação sua marca negativa, uma *a menos* de gozo na linguagem. Resta condensada como gozo no corpo, irredutível à imagem especular. É justamente nesse ponto que a angústia emerge, quando falta a falta, quando algo vem obstacularizar a relação com o desejo, impedir seu deslizamento metonímico, suturar essa ausência.

A perda de gozo no nível da imagem (-φ) aparece do lado esquerdo do esquema, como resto não figurado e enigmático – *Unheimlich*. Implica a

> *reserva imaginariamente imperceptível, embora esteja ligada a um órgão que, graças a Deus, ainda é perfeitamente apreensível – esse instrumento que [...] de vez em quando deverá entrar em ação para satisfazer o desejo: o falo (Lacan, [1962-1963] 2005, p. 49).*

O objeto *a*, na borda erógena do corpo (vaso do lado esquerdo do esquema), assinala sua impossível sutura estrutural pela linguagem. Ele só é notado quando envelopado pela imagem – i'*a* (no lado direito) – por seu brilho enganoso. Quanto mais próximo da imagem, mais o sujeito se encontra distante do desejo.

> *Do lado direito do esquema aparece novamente (-φ), e desse lugar refere-se a uma função estruturante de um vazio no imaginário. A falta que aí se instala diz respeito a um resto que sobra do reconhecimento da imagem do próprio corpo, ou seja, a reserva libidinal que se encontra à esquerda e não tem imagem, que, sendo assim, não pode ser refletida. Essa porção é a que permanece investida no corpo e não passa para o nível especular. Como resultado, no imaginário permanece uma falta necessária que estrutura o campo do desejo, a relação do sujeito com o objeto a na fantasia (Pena et al, 2019).*

Trata-se da reserva libidinal auto-erótica, estranho gozo que se vive e não se consegue traduzir. Aí a função do Outro, espelho plano vertical, se distinguir em uma tripla operação: reconhecimento no plano imaginário, condição de possibilidade de nomeação no campo simbólico e ponto de advento da angústia no real. Quando nada deveria aparecer e na imagem algo se faz presente, um objeto lógico, a angústia emerge. Por isso, Lacan diz que a angústia não é sem objeto – ainda que este não encontre homonímia na realidade factual entre os objetos empíricos do mundo.

> *Eis-nos agora em condições de responder a uma pergunta: quando surge a angústia? A angústia surge quando um mecanismo faz aparecer alguma coisa no lugar que chamarei, para me fazer entender, de natural, ou seja, o lugar (-φ), que corresponde, do lado direito, ao lugar ocupado, do lado esquerdo, pelo a do objeto do desejo. Eu disse* alguma coisa – *entendam* uma coisa qualquer *(Lacan, [1962-1963] 2005, p. 51).*

Nossa hipótese, enfim, pode ser formulada. Na configuração do espelho ocidental contemporâneo, no ponto mesmo em que a causa obscura do desejo (objeto *a*) é recoberta pelos significantes-mestres civilizatórios, um regime normativo de gozo, alocado como Ideal de Eu – I(A) – estrutura a branquitude como referente universal. Como Outro, no espelho plano matricial da constituição hegemônica de qualquer imagem de Eu, universaliza-se como Humano um padrão ideal e normativo no Ocidente.

Ele passa a ter valor mandatário quando, inconscientemente, é incorporado simbolicamente pelo Ideal de Eu, sobre o qual o supereu passa a exercer sua função de autocontrole, vigilância e exigência moral. Toda vez que o sujeito é deslocado, em seu campo identificatório, dessa referência simbólica, a angústia emerge. Há, portanto, um movimento alienante de sujeitos de corpos de pele branca a este ideal.

Quanto mais identificado à brancura de sua pele e a suas ressonâncias narcísicas, mais alienada se apresenta a pessoa de pele de cor branca. E justamente quando se descola da imagem assim constituída (i'*a*)) em referência a este ideal simbolicamente introjetado na constituição do eu (I(A)) que a angústia emerge com seu objeto (*a*). Como defesa contra a angústia, na experiência de branquitude, emergem modos singulares de resposta.

Branquitude e defesa inconsciente

Elencamos, a partir de Frantz Fanon (2008), sem desenvolver neste artigo, desdobramentos singulares e inconscientes das modalizações de resposta articuladas pela branquitude, bem como suas reverberações discursivas em termos de laço social. No que toca à posição singular de cada sujeito, vislumbramos movimentos entre algumas das posições abaixo, obviamente não exaustivas. Quanto ao *campo singular*, então, podemos de um extremo ao outro, vislumbrar posições distintas quanto à estrutura da branquitude como normativa do laço social:

1. O que encontramos, de modo mais recorrente na clínica, é o identitarismo branco. Sujeitos de pele de cor branca identificados aos privilégios narcísicos da branquitude. Fazem da brancura um exercício de branquitude num pacto narcísico (Bento, 2022) e perverso. Tomam-se como universais, ao não se verem como racializados e partícipes de uma hierarquia forjada colonialmente e renovada neocolonialmente. "O branco está fechado na sua brancura. O negro na sua negrura" (p. 27).
2. Também testemunhamos a projeção defensiva, condensada na angústia, sobre os sujeitos supostos como inimigo, dentro do enquadre simbólico e geopolítico de seu pertencimento no laço social. "O negro é o símbolo do Mal e do Feio" (Fanon, 2008, p. 154). O Outro encoberto em sua humanidade, pode ser o negro, o latino, o estrangeiro, o palestino. Nesta defesa, inconsciente, o sujeito projeta seu próprio estranhamento no próximo. "O próximo é a iminência intolerável do gozo. O Outro é apenas sua terraplanagem higienizada" (Lacan, 1968-69/2008, p. 219)
3. Outra composição nasce da agressividade branca voltada de modo sádico ao outro não branco. Tanto ela pode derivar do

desejo sexual, quanto da rivalidade que lhe é correlata. "Há, inicialmente, agressividade sádica em relação ao negro. Em seguida, complexo de culpa devido à sanção que a cultura democrática do país considerado faz cair sobre tal comportamento. Essa agressividade é então recuperada pelo negro, donde o masoquismo" (Fanon, 2008, p. 152). Não se trata do esquema freudiano clássico, mas aquele que explica o comportamento masoquista do branco vivido de modo sádico culpabilizando, de modo invertido, o negro ou o outro, como violento e, por isso, merecedor do castigo.

4. O campo simbólico, derivado da incidência do Outro e seu além impossível de apreender pela linguagem, configuram o que podemos chamar de uma perspectiva de mundo. Por mais que ela seja singularmente apropriada de modo único por cada sujeito, no laço social, elementos de linguagem são dispostos de modo compartilhado. Quando eliminamos do campo da representação determinados elementos, eles passam a compor uma espécie de topologia das sombras, habitando um campo de invisibilidade. Nessas fronteiras abissais, um lado só subsiste porque o outro é apagado. Assim a pessoa de pele branca torna-se o referente privilegiado da existência ideal em detrimento da pessoa de pele preta.
5. Obviamente que o descolamento da brancura ou branquidade em relação à estrutura forjada discursivamente pela branquitude engaja o sujeito num trabalho de separação em relação aos significantes mestres contemporâneos. Dessa maneira, pode se posicionar em relação aos mesmos de modo a, mesmo participando de sua estrutura – da qual ninguém foge – pode se movimentar nela sem se identificar à branquitude, negando, combatendo ou denunciando seu circuito de gozo no laco social.

Na lógica da branquitude, em suma, o Eu se identificaria, no nível do -i(a) com uma imagem real, raça, articulada simbolicamente pelo Ideal de Eu como campo do Outro constitutivo (Ⱥ), restando sempre não especularizável o objeto subtraído da linguagem (- φ), ponto de ancoragem do gozo, matricial nos fenômenos segregatórios. O resultado é a imagem virtual, que comporta a imagem real – i'(*a*) -, refletida no espelho plano, como estratégia para compor uma imagem sobre o fundo vazio de representação, aplacando a angústia.

Já na perspectiva do discurso, teremos outros desdobramentos. A segregação, que é fato de estrutura da linguagem, toma a forma de racismo, no ponto em que a causa obscura, perdida, é encoberta pela branquitude como referente universal. Enquanto S1, o racismo coloca em marcha os discursos em ação, a partir da ilusão violentamente imposta de que o branco não é uma raça, mas a própria humanidade.

SEGREGAÇÃO
Diferença inequacionável na estrutura
≠
RACISMO
Ódio que visa eliminar o gozo vivido extimamente
como Outro a ser destruído no próximo

Nessa perspectiva discursiva colonial, propus em outra ocasião que o mestre moderno é corrompido pelo capital e retorna como mestre colonial pelo avesso do discurso capitalista, como regressão do discurso do mestre moderno (Guerra, 2022). Assim, agenciado pelo saber-fazer do colonizado, dirigido ao significante mestre colonial (aqui a branquitude), o sujeito em suas relações fantasmáticas com o objeto, é fixado, de uma ponta a outra do espectro, como equivalente à branquitude, numa ponta, ou deficiente dela na outra ponta, fixado a uma posição defeituosa de inferioridade.

> *O sujeito não encontra seu lugar, desfocado, dado que ele próprio é forçado à posição de objeto de uma satisfação roubada, [...] subtraído de sua humanidade a serviço do gozo imperialista, predatório e acumulativo [...] é tomado como objeto na fantasia imperial de dominação (Guerra, 2022, p. 166).*

O racismo, como discurso em ação, oriundo do real do próprio gozo, esse íntimo estranho familiar, toma a forma do ódio dirigido – o que o difere da segregação estrutural.

> *A raiz do racismo é o ódio de meu próprio gozo. Não há outra raiz a não ser essa. Se o Outro está no interior de mim mesmo em posição de extimidade, trata-se igualmente de meu próprio ódio (Miller, 1986).*

Por isso, o letramento racial não pode passar apenas por uma tomada de consciência, ele precisa engajar o coração do ser do sujeito, o assentimento inconsciente do mesmo à diferença racial.

> *Não basta questionar o ódio do Outro, pois isso colocaria justamente a questão de saber por que esse Outro é Outro. No ódio do Outro há, certamente, algo mais do que a agressividade. Há uma constante dessa agressividade, que merece o nome de ódio, e que visa o real no Outro. O que faz com que esse Outro seja Outro para que se possa odiá-lo, para que se possa odiá-lo em seu ser? Pois bem, é o ódio do gozo do Outro. É exatamente essa a forma mais geral que se pode dar a esse racismo moderno tal como o verificamos. É o ódio da maneira particular segundo a qual o Outro goza (Miller, 1986).*

Como sabemos, o racismo moderno é oriundo de uma estrutura distinta. No tempo do Império, saber e poder se correspondiam no sentido de que quem sabia era quem contava e quem distribuía. Por isso, o império era sempre justo. Com os imperialismos, houve uma disjunção entre saber e poder, denunciando a falácia da justiça.

> *Algo que surge da destruição de uma antiga ordem social que eu simbolizaria pelo império, tal como uma sombra perfilou-se por muito tempo numa grande civilização para ser substituída por algo bem diverso e que de modo algum tem o mesmo sentido – os imperialismos (Lacan, 1967/2003, p. 360).*

A distribuição desigual do saber e do poder produziu, simbólica e socialmente, uma fenda, uma fresta através da qual o gozo do senhor se tornou obscenamente conhecido e absurdamente inaceitável de ser sustentado e compartilhado numa perspectiva ética.

O significante mestre da branquitude, assim, enquanto S1 – o branco equivalido ao humano –, coloca em marcha os discursos em ação no espelho plano. Segundo Seshadri-Crooks (2000), forjamos uma especularidade pretensamente universal de Ideal de Eu na composição do agrupamento humano ocidental, a partir da ilusão de que o Branco não é uma cor, uma raça, mas o universal da humanidade. A manutenção de seu sistema de privilégios implica em modalidades lógicas discursivas neocoloniais estruturantes do modo de distribuição do gozo. Estas modalidades lógicas discursivas podem ser, finalmente, reunidas em articulações que apoiam as soluções singulares. Já explicadas acima, elas são igualmente não exaustivas, e condensam pontos de fixação e regressão orientadores de modos sintomáticos, a saber:

1. Supremacia branca ou crença absolutizada na branquitude;
2. Relação de suspeita e desconfiança no laço ou sujeito suposto suspeito;

3. Meritocracia ou sustentação do discurso da ilusão narcísica da superioridade;
4. Identitarismo ou negação da própria raça;
5. Culpabilização qu pode tomar forma entre a agressividade, a indiferença radical e a caridade;
6. Vitimização ou inversão do vetor da responsabilidade;
7. Assunção da diferença e respeito à diversidade.

Saídas

Não poderíamos concluir essa reflexão sem pensar em saídas clínico-políticas. "O estado de traumatizado não se cura, a não ser construindo as possibilidades do esquecimento, e a possibilidade do esquecimento é a constituição de uma memória" (Soler, 2021, p. 50). Operar com a palavra e com a ampliação do campo do simbólico parece-nos convocar hoje uma operação que modifique o próprio ponto desde onde a perspectiva é construída.

Tomar o analista como objeto causa do desejo na operação clínica não o imuniza de ocupar um lugar na estrutura social, étnico-racial, de gênero, de classe. Como, então, incluir seu corpo na estrutura, sem se tornar uma pessoa identificada a um lugar discursivamente estabelecido? Como operar como objeto causa do desejo, sem encarnar os S1 de seu tempo? Deixo abaixo um quadro com princípios que considero inelimináveis hoje da prática de uma psicanalista:

DA UNIVERSALIZAÇÃO NO LUGAR DA ESTRUTURA → MOSTRAR O PLURAL	DAS NARRATIVAS E DISCURSOS → REESCREVER A HISTÓRIA DOS POVOS	DA LINGUAGEM E SEUS DESLIZES E SUBSTITUIÇÕES → MOSTRAR AS FALÁCIAS	DA MEMÓRIA E SEUS REARRANJOS → TESTEMUNHO E REESCRITA
DO SENTIDO E DA INSÍGNIA → DAR LUGAR À PALAVRA QUE AO SE PRONUNCIAR DESCOMPLETA	DAS DEFESAS INCONSCIENTES → TRATAR O MEDO E A ANGÚSTIA	DO REAO DO GOZO ENCRIPTADO → CIRCULAR E MOBILIZAR OS AFETOS	DE LALÍNGUA → INVERNTAR NOVOS NOMES

Parece-nos que o desafio desse século implica em desvelar o cruzamento das múltiplas determinações e sobredeterminações na construção do sintoma como resposta inconsciente situada. Letramento racial ao lado de uma clínica que considera a raça, a classe e o gênero, restitui, à condição desejante, elementos imobilizados secularmente no discurso transgeracional.

Assim, pensar a estrutura do inconsciente em sua relação com o Outro e com o corpo, com a linguagem e com o inconsciente, não pode mais eximir o analista de retificar-se de sua posição de neutralidade, nem de deixar de ler o sintoma a partir da incidência da normatização discursiva do gozo sobre o corpo. Estar alinhado ao sistema ou ler sua estrutura desde dentro sem interrogá-la pode significar a vitória. E, neste caso, a repetição da pureza que, também no campo psicanalítico, pode conduzir a uma solução final reproduzida de modo violento e cego, porque abissal e invisibilizada, na teoria e na clínica.

Eu não luto para vencer,

eu sei que vou perder.

Eu luto para ser fiel até o fim.

A minha perspectiva é o fracasso.

Porque nesse sistema,

seu eu não fracassar,

é porque eu aderi a ele.

(Padre Lancelloti, 2024).

Referências

Allen, Paula Gun. (1983). *Studies in American Indian Literature: Critical Essays and Course Designs*. Modern Language Association of America.

Amin, Samir. (2021). *O eurocentrismo: crhitica de uma ideologia*. LavraPalavra.

Baldwin, James. (2016). Remember this house. In Peck, Raoul. *I'm not your negro*. Velvet e Artemis. (Documentário)

Ballestrin, Luciana. (2013). América Latina e o giro colonial. *Revista Brasileira de Ciência Política*. No. 11, pp. 89-117. https://doi.org/10.1590/S0103-33522013000200004.

Bhabha, Homi K. (2013). *O local da cultura*. UFMG.

Bento, Maria Aparecida. (2022). *O pacto da branquitude*. Cia das Letras.

Bottici, Chiara. (prelo). *Anarcafeminismo*. Criação Humana.

Carneiro, Sueli. (2011). *Racismo, sexismo e desigualdade no Brasil*. Selo Negro.

Cardoso, Lourenço. (2010). Branquitude acrítica e crítica: a supremacia racial e o branco anti-racista. *Revista Latinoamericana de Ciencias Sociales, Niñez y Juventud*, vol. 8, núm. 1, pp. 607-630.

Castro-Gómez, Santiago. (2007). Decolonizar la universidad. La hybris del punto cero y el diálogo de saberes. In Castro-Gómez, Santiago & Grosfoguel, Ramón. *El giro decolonial: reflexiones para una diversidad epistémica más allá del capitalismo global Bogotá*: Siglo del Hombre Editores; Universidad Central, Instituto de Estudios Sociales Contemporáneos y Pontificia Universidad Javeriana, Instituto Pensar, pp. 79-93.

Cheng, Anne Amin. (2000). *The melancholy of race: psychoanalysis, assimilation and hidden Grifen*. Oxford University Press.

Combahee River. (1977). *The Combahee River Collective Statement*. S.n.t. Em http://circuitous.org/scraps/combahee.html.

Dardot, Pierre & Laval, Christian. (2016). *A nova razão do mundo: ensaio sobre a sociedade neoliberal*. Boitempo.

Du Bois, W. E. B. (1999). *Black Reconstruction in the United States: 1860-1880* (1935). Free Press.

Dussel, Enrique. (1993). *1492: o encobrimento do Outro: a origem do mito da Modernidade*. Vozes.

Fanon, Frantz. (2008). *Pele negra, máscaras brancas (1952)*. EdUFBa.

Federici, Silvia. (2017). *Calibã e a bruxa: mulheres, corpo e acumulação primitiva*. Elefante.

Frankenberg, Ruth. (1993). *The social construction of Whiteness: White women, race matters*. University of Minnesota Press.

Freud, Sigmund. (1976). Projeto para uma Psicologia Científica (1895). In *Obras psicológicas completas de Sigmund Freud*. v. I, pp. 387-547. Imago,

Freud, Sigmund. (1976). O Estranho (1919). In *Obras psicológicas completas de Sigmund Freud*. v. XVII, pp. 275-313. Imago.

Freud, Sigmund. (1976). Inibição, sintoma e angústia (1926). In *Obras psicológicas completas de Sigmund Freud*. v. XX, pp. 107-210. Imago.

Gonzalez, Lélia. (2020). *Por um feminismo afro latino americano*. Orgs. Flávia Rios e Márcia Lima. Zahar.

Grosfoguel, Ramón. (2016). A estrutura do conhecimento nas universidades ocidentali- zadas: racismo/sexismo epistêmico e os quatro genocídios/epistemicídios do longo século XVI. *Sociedade e Estado*, *31*(1), 25-49. https://doi.org/10.1590/S0102-69922016000100003.

Guerra, Andréa Máris Campos. (2021). Branquitude e Psicanálise. *Revista Espaço Acadêmico*, 21(230), 55-67. Disponível em:

https://periodicos.uem.br/ojs/index.php/EspacoAcademico/article/view/60052.

Guerra, Andréa Máris Campos. (2022). *Sujeito Suposto Suspeito: a transferência no Sul Global.* N-1 Edições.

Guerreiro Ramos, Alberto. (1955). A patologia social do "branco" brasileiro. *Jornal do Commercio.*

Hook, Derek. (2022). Recuperando Biko: uma crítica da consciência negra à branquitude. In Guerra, Andréa Máris Campos (org.). *O mundo e o resto do mundo: antíteses psicanlíticas.* N-1.

Ibirapitanga e Schucman, Lia Vanier. (2023). *Diálogos sobre racismo e antirracismo.* Fósforo.

Irigaray, Luce. (2017). *Este sexo que não é só um sexo: sexualidade e status social da mulher.* Senac.

Kon, Noemi M.; Abud, Cristiane C. & Silva, Maria L. da (org.). (2017). *O racismo e o negro no* Brasil: *questões para a psicanálise.* Perspectiva.

Lacan, Jacques. (1998). O estádio do espelho como formador da função do eu (1949). In *Escritos.* Zahar. pp. 96-103. (Campo Freudiano no Brasil).

Lacan, Jacques. (2003). Observação sobre o relatório de Daniel Lagache: "Psicanálise e estrutura da personalidade". In *Escritos.* Zahar. pp. 248-164.

Lacan, Jacques. (1986). *O seminário, livro 1: os escritos técnicos de Freud* (1953-1954). 3. ed. Zahar. (Campo Freudiano no Brasil).

Lacan, Jacques *O seminário, livro 10: a angústia* (1962-1963). Rio de Janeiro: Zahar, 2005. (Campo Freudiano no Brasil).

Lacan, Jacques. (2008). *O seminário, livro 16: de um Outro ao outro.* Zahar. (Seminário proferido em 1968-1969).

Lacan, Jacques. (1992). *O seminário, livro 17: o avesso da psicanálise.* Zahar. (Seminário proferido em 1969-1970).

Lacan, Jacques. (1998). Proposição de 09 de Outubro de 1967 do psicanalista na escola. In *Outros escritos*. Zahar. pp. 653-691.

Lugones, Maria. (2020). Colonialidade e gênero. In Holanda, Heloisa Buarque. *Pensamento feminista hoje: perspectivas decoloniais.* Bazar do Tempo. pp. 52-82.

Maldonado-Torres, Nelson. (2007). Sobre la colonialidad del ser: contribuciones al desarrollo de un concepto. In: Castro-Gómez, Santiago & Grosfoguel, Ramon (coords.) *El giro decolonial: reflexiones para una diversidad epistémica más allá del capitalismo global.* Siglo del Hombre Editores; Universidad Central, Instituto de Estudios Sociales Contemporáneos, Pontificia Universidad Javeriana, Instituto Pensar. pp. 127-167.

Mignolo, Walter. (2007). El pensamiento decolonial: desprendimiento y apertura. Un manifiesto. In Castro-Gómez, Santiago & Grosfoguel, Ramon (coords.). *El giro decolonial: reflexiones para una diversidad epistémica más allá del capitalismo global.* Siglo del Hombre Editores, Universidad Central, Instituto de Estudios Sociales Contemporáneos, Pontificia Universidad Javeriana, Instituto Pensar. p. 25-45.

Miller, Jacques-Alain. (2001). Racismo e extimidade (1986). *Derivas Analíticas, 16.* https://pt.scribd.com/document/374145383/Racismo-e-Extimidade

Moore, Carlos. (2010). *O marxismo e a relação racial: Karl Marx e Friedrich Engels frete ao racismo e à escravidão*. Nandyala; Cenafro.

Nogueira, Isildinha Baptista. (2021). *A cor do inconsciente: significações do corpo negro*. Perspectiva.

Núñez, Geni. (2023). *Descolonizando afetos: experimentações sobre outras formas de amar.* Paidós.

Oyěwùmí, Oyèrónké. (2021). *A invenção das mulheres: construindo um sentido africano para os discursos ocidentais de gênero.* Bazar do Tempo.

Quijano, Aníbal. (2000). Colonialidad del Poder, Eurocentrismo y América Latina. In Eduardo Lander (org.), *Colonialidad del Saber, Eurocentrismo y Ciencias* Sociales. Consejo Latinoamericano de Ciencias Sociales (CLACSO). pp.107-130.

Pena, Breno Ferreira et al. (2019). Das flores à angústia: o esquema óptico de Bouasse, por Lacan. *Estudos Psicanalíticos.* Belo Horizonte, n. 51, pp. 149-155. Disponível em <http://pepsic.bvsalud.org/scielo.php?script=sci_arttext&pid=S0100-34372019000100014&lng=pt&nrm=iso>.

Reis Filho, José Thiago. (2005). *Negritude e sofrimento psíquico*. São Paulo: Doutorado. (Pontificia Universidade Católica, Tese). https://tede2.pucsp.br/handle/handle/15816.

Ribeiro, Cristiane. (2022). *Tornar-se negro, devir sujeito*. Agência de Iniciativas Cidadãs.

Said, Edward W. (2011). *Cultura e Imperialismo*. Companhia das Letras.

Schucman, Lia Vanier. (2012). *Entre o "encardido", o "branco" e o "branquíssimo": raça, hierarquia e poder na construção da branquitude paulistana*. Tese. Universidade de São Paulo.

Seshadri-Crooks, Kalpana. (2000). *Desiring Whiteness: a Lacanian analysis of race*. British Library.

Soler, Colete. (2021). *De um trauma ao outro.* Blucher.

Santos, Boaventura de Sousa. (2007). Para além do pensamento abissal: das linhas globais a uma ecologia de saberes. *Novos Estudos*, (79), pp. 71-94. https://doi.org/10.1590/S0101-33002007000300004.

Siqueira, Fídias Gomes. (2021). *O genocídio da juventude negra e as trilhas do gozo racista*. Tese. Universidade Federal de Minas Gerais.

Souza, Neusa Santos. (2021). *Tornar-se negro ou as vicissitudes da identidade do negro brasileiro em ascensão social*. Zahar.

Vergès, Françoise. (2020). *Um feminismo decolonial*. Ubu.

Wallerstein, Immanuel (2004). *World-System Analysis*. Duke University Press.

Wynter, Sylvia. (2001). Towards the Sociogenic Principle: Fanon, Identity, the Puzzle of Conscious Experience, and What It Is Like to Be 'Black'. In Duran-Cogan, Mercedes; Gomez-Moriana, Antonio (eds.). *National Identities and Sociopolitical Changes in Latin America*. Routledge.

7. O Falo branco ou a inscrição da supremacia branca e o racismo na prática psicanalítica

Marco Posadas

"Me diziam: "Não tenho preconceitos contra a cor da sua pele, eu tinha uma babá que me amamentou com seu leite materno. Minha mãe não tinha leite, e a babá gorda e gentil, tinha e me amamentou com seu leite." Veja, isso não é prova de que você não tenha preconceitos."

Ruth de Souza no documentário "Conversaciones con Ruth de Souza", Netflix, 2022.

Primeiramente, gostaria de agradecer a Paola Amendoeira, presidente do comitê da ONU dentro da API, com quem trabalhei no inter-comitê da API para pesquisar os preconceitos e o racismo na psicanálise como corpo teórico e na psicanálise institucionalizada. À Wania Cidade, presidente da Fepal, que se interessou pelo meu trabalho sobre preconceitos como a homotransfobia e o racismo na clínica psicanalítica e nas instituições psicanalíticas. As Drª S. Cidade e Amendoeira viram como uma possibilidade a criação de espaços psicanalíticos onde se possa discutir o impacto histórico e atual do racismo anti-negro, do racismo anti-indígena e da supremacia branca na psicanálise. A intenção de nosso trabalho na API é discutir os racismos e os preconceitos dentro da psicanálise de maneira respeitosa, calorosa, amável, científica e rigorosa.

Conceitualizar o racismo anti-negro, o racismo anti-indígena e a supremacia branca dentro da clínica nos dão as ferramentas necessárias para sustentar a escuta psicanalítica com pacientes racializados dentro de sistemas identificados como brancos. Como psicanalistas, independentemente de nossa posição social (identificados como brancos ou como o grupo homogêneo chamado de pessoas de cor), o trabalho clínico com esses e outros tipos de preconceitos socialmente construídos nos confronta com os embates de violência característico destes tipos de momentos na clínica psicanalítica contemporânea (Davids, 2003 e 2011). Aqui, denominaremos o processo de racialização como um processo que faz parte dos sistemas de crenças socialmente construídos que valorizam ou desvalorizam, economicamente, ou seja, atribuem capital econômico aos corpos humanos. As pessoas, tanto as racializadas quanto as que racializam, são desumanizadas ao se tornarem objetos simbólicos com valor agregado (+ ou -).

Historicamente, a racialização são processos de simbolização que fizeram parte da colonização e aquisição ou eliminação de corpos indígenas e negros e de territórios qualificados como estrangeiros, selvagens ou, como escutamos na atualidade, terroristas. A crença errônea de que esses tipos de preconceitos se baseiam apenas em características físicas, visíveis do corpo da pessoa, como pigmentação, tamanho e capacidades físicas e intelectuais do corpo etc., nos abre caminho como psicanalistas para pensar os efeitos que estes preconceitos tem na psicanálise em geral e em específico em três áreas: 1. A clínica psicanalítica (enquadramento, situação analítica, relação terapêutica, a pessoa do analista, diagnósticos e formulações que informam o julgamento clínico e as intervenções do psicanalista), 2. A construção de teorias, 3. A vida institucional por meio de políticas e dos estatutos que consolidam sistemas que abrem ou fecham o acesso aos espaços onde as decisões são tomadas.

Neste artigo, desenvolverei o conceito do falo branco e como ele opera em processos psíquicos de racialização ou *racecrafting* (Fields e Fields, 2012) e os projetos de supremacia branca dentro da clínica psicanalítica. Também darei algumas recomendações teóricas e clínicas que podem ajudar a pensar sobre esses e outros tipos preconceitos socialmente construídos (preconceito de gênero, como a homotransfobia e o cisgenerismo), seu papel na contratransferência e na participação consciente ou inconsciente do analista em *enactments* iatrogénicos/ enactments racistas y/o enactments de género. Na América Latina, o conceito norte-americano de "enactment" (Chused, 1991; Jacobs, 1986) é conhecido como repetições traumáticas iniciadas pelo analista que prejudicam o paciente e podem gerar rupturas na aliança terapêutica e à interrupção unilateral do tratamento.

Preconceito

Elisabeth Young-Bruehl (1996) propõe pensar sobre o preconceito de forma plural (Young-Bruehl, 1996), e isso é de extrema importância para o trabalho clínico psicanalítico. Pensar sobre os preconceitos no plural sustenta o poder conceitualizar relações de poder complexas dentro dos preconceitos; podemos citar como exemplos a islamofobia, o sentimento antiárabe, o antissemitismo e a misoginia, entre outros. Acho mais útil a pluralidade dentro dos preconceitos contrastando com o termo psicologia evolutiva e psicologia social *"preconceitos cognitivos implícitos"* ou *implicit* biases em inglês (Kite & Whitley, 2016; Nelson, 2016). Uma vez que este último tende a ofuscar, de maneira importante, a relação significativa (e eu acrescentaria simbolizante) que o preconceito e a discriminação têm com o poder (Kahn, 2018). Sendo o uso e o abuso do poder (tanto econômico quanto de autoeficácia) e seus derivados inconscientes, eixos cardais de projetos de colonização branca que estarão presentes na clínica psicanalítica em díades racializadas.

São esses eixos cardeais de uso e abuso de poder, para a exploração de recursos naturais e de pessoas de cor em favor de projetos colonizadores brancos e eurocêntricos, o que darão vida ao que proponho como o Falo Branco.

Em *La anatomía de los prejuicios*, Young-Bruehl (1996) elabora uma espécie de cartografia para pensar sobre os preconceitos de forma psicanalítica. Este livro é a primeira tentativa de articular os preconceitos a partir de uma perspectiva psicanalítica desde Allport em 1954. Aqui, Young-Bruehl (1996) identifica duas raízes que marcam formalmente os estudos sobre os preconceitos: uma delas são os estudos sobre o Holocausto e a pesquisa sobre o antissemitismo, e a segunda é a diáspora africana e a pesquisa sobre o racismo anti-negro. Um ponto importante a ser observado é sua recomendação de estudar os preconceitos no plural, em contraste com clássicos como Allport (1954). Esta mudança de formulação, aparentemente sutil, nos permite conceituar o lugar da diferença dentro dos preconceitos. Além disso, ela nos dá as ferramentas para entender que nem todos os preconceitos têm o mesmo fim, resultado ou modo de expressão. É aí que surge o conceito de "infantilismo", um conceito no qual ele trabalhou por quase duas décadas, até antes de sua morte.

Em seu livro póstumo *Childism: Confronting precodices against children*, publicado em 2012, quatro meses após sua morte, a autora identifica o *infantilismo* como um preconceito que, semelhante ao antissemitismo, ao racismo anti-negro e ao racismo anti-indígena, transforma as crianças em objetos, despojando-as de sua humanidade (direitos humanos) em função de uma inocência que justifica a posse de um Mestre, nesse caso a unidade parental. As crianças não têm voz, não têm voto. É nessa objetificação, por meio da infantilização, de pessoas de cor onde podemos identificar os efeitos da "racialização" (Bonilla-Silva, 1997).

Do ponto de vista psicanalítico, o impacto racializante descrito por Bonilla-Silva (1997) e aprofundado 15 anos depois por Fields e Fields (2012) no conceito de "feitiço racial" (*racecraft*, em inglês) é um derivado inconsciente pulsional que encontra uma forma de expressão inconsciente através do falo branco. Fields e Fields discutem os pontos cegos em nossa compreensão das dinâmicas racistas como um efeito importante de centrar o discurso racial no sujeito branco como ponto de partida. De acordo com Fields e Fields, não podemos ver a raça, o que experimentamos é a contestação do projeto supremacista branco confrontado pela existência de pessoas de cor. Chamamos isso de racismo. Também vemos isso na existência, em público, de pessoas trans em geral e nas taxas desproporcionais de violência contra pessoas trans em geral (a expectativa de vida de pessoas trans nos EUA é de 35 anos) e contra mulheres trans de cor em particular (80% a 90% de todos os assassinatos de pessoas trans nos EUA são de mulheres trans de cor, e 95% dos autores desses trans feminicídios são homens brancos cisgêneros e heterossexuais). O que branqueia e racializa ao mesmo tempo, e acaba objetificando ambos os membros da díade analítica, é o falo branco.

Historicamente, preconceitos como o racismo anti-indígena e anti-negro e a supremacia branca têm sido ferramentas indispensáveis dos projetos de colonização europeus (religião, capitalismo e a rigidez do conceito de gênero, fixando-o aos órgãos reprodutivos e transformando-o em um binário). O conceito de raça e/ou racialização, bem como a supremacia branca, tem mais a ver com o poder econômico e a aquisição e exploração de recursos naturais e de pessoas de cor; e menos a ver concretamente com a pigmentação da pele e diferenças factuais entre categorias raciais. Ou seja, há mais diversidade genética entre membros de uma "raça" específica do que entre membros de "raças" diferentes.

Desde a morte de George Floyd nos Estados Unidos, tem havido muitas reações políticas e comunitárias, onde vemos na América do Norte, na Europa e na América Latina, protestos contra sistemas sociais opressivos que valorizam mais a vida de algumas pessoas do que de outras. Historicamente, na psicanálise, começamos a falar sobre justiça social, racismo e opressão, mas não conseguimos reconhecer o impacto desses conceitos na psicanálise institucionalizada. Parece que, na psicanálise institucional, preconceitos como racismo, transfobia e islamofobia só podem ser pensados de fora (da margem), não de dentro da instituição.

Muito se tem falado sobre a necessidade de uma *mestiçagem* na psicanálise, de incluir no olhar psicanalítico os avanços acadêmicos de outras torres de marfim. Minha experiência, nos últimos 25 anos de trabalho com essas questões, é que é precisamente por causa da dificuldade de falar sobre elas que elas são evitadas. É minha intenção (e espero poder compartilhá-la com você) poder criar um espaço onde se possa pensar em conjunto sem gerar angústia e violência emocional desnecessárias.

Sistemas racistas e o mito da neutralidade branca

Assim como o sujeito é habitado pelo inconsciente na forma de linguagem (frase clássica de Lacan (1987)), a situação analítica é habitada por preconceitos como o racismo e a supremacia branca internalizados na mente e corpo do psicanalista. A situação analítica e o método psicanalítico são projetados para criar um campo fértil para a irrupção do inconsciente, incluindo os preconceitos internalizados pelo psicanalista. O *holding environent* (ambiente de retenção) (Winnicott, 1986) produzido pela compreensão teórica e pela sofisticação clínica (técnica) do analista servirá como um palco para a expressão consciente ou inconsciente de preconceitos no psicanalista.

Um dos principais objetivos da prática psicanalítica anti-opressiva com pessoas racializadas e marginalizadas por causa de sua identidade/expressão de gênero é facilitar o processo associativo do paciente através da redução de intervenções do analista mobilizadas por seus preconceitos. Ou seja, evitar que o analista colapse o espaço analítico e interrompa o processo terapêutico ocasionando uma ruptura na aliança terapêutica. É difícil negar que tais movimentos na escuta analítica estão de acordo com uma das contribuições mais significativas de Winnicott para a psicanálise, "o reconhecimento do paciente como pessoa" (Greenberg & Mitchell, 1983, pp.191).

Darei três exemplos de como o racismo e a supremacia branca estão imbricados com teorias psicanalíticas são as ideias clássicas da neutralidade freudiana (ou neutralidade branca), a regra da abstinência e o falo freudiano (ou falo branco).

Neutralidade branca

A ideia de que o psicanalista deve operar como um "espelho opaco" (Freud, 1912, p. 118) e como uma tábula rasa/*blan(c)k slate* ajuda a ilustrar a maneira como se pensava a atitude analítica, onde a neutralidade do analista é sinônimo de não contaminar o espaço analítico com a humanidade do analista. A ideia de que o analista pode ser neutro pelo simples fato de ser analista, além de ser um erro, tem sido amplamente criticada por teóricos Inter subjetivistas e relacionais, entre outros. subordinar se à ideia de que o analista é inquestionavelmente neutro opera em nossa escuta branqueando-a. Ou seja, a promessa de neutralidade branca funciona como uma cunha que inclina nossa escuta para o branco como valor positivo e o escuro como negativo. Essa dinâmica tira o analista de seu lugar (do lado do inconsciente) para funcionar como um agente superegoico que dá veracidade e legitimidade ao tratamento, independentemente da eficácia da escuta do analista: "isso é psicanálise", "isso não é psicanálise", "por zoom não é análise", "você não parece Mexicano", "a única coisa que sabemos é que a mãe é uma mulher". O analista se torna o policial do Superego.

A clínica psicanalítica contemporânea exige uma neutralidade que não seja racista, ou seja, que não perpetue ideais eurocêntricos como a branquitude: um psicanalista que funcione como um espelho opaco ou "*blank slate*" que ofusca o analista por trás de uma capa de boas intenções. A neutralidade não racista permite que o psicanalista esteja à mesma distância do inconsciente para o analista, assim como do inconsciente do paciente. Independentemente da pigmentação de nossa pele, ou da classe social que ocupamos, o inconsciente se manifestará na díade analítica e criará tensões na dinâmica transferencial e contratransferencial. Contrastando com a neutralidade psicanalítica clássica ou, como eu a chamo, uma neutralidade branca em que se pensava que o psicanalista era uma tabula rasa que deveria servir de espelho do paciente. Sob esta crença, a contratransferência era negada como um problema a ser resolvido e não era usada como uma ferramenta de navegação clínica para o psicanalista. Acredito que a possibilidade de nomear o racismo juntamente com a neutralidade, pode nos lembrar do poder econômico (libidinal) que a ideia de neutralidade exerce. Sob um sistema econômico branqueado, a neutralidade psicanalítica se torna uma virtude que apenas poucos podem ter. Estou definindo a neutralidade psicanalítica como um exercício diário do trabalho psicanalítico.

A neutralidade anti-opressiva, ou o que agora quero propor como neutralidade psicanalítica, é o tipo de neutralidade flexível, em movimento e constante que opera como um limite simbolizante. Este limite simbolizante também pode ser identificado na regra de abstinência que contém e filtra as pressões culturais e, em resposta, equilibra as tensões criadas pelos participantes da díade analítica. É uma forma de evitar converter o paciente em um outro e posicionar o analista no lugar do superego que determina o que é certo/errado na análise. A neutralidade anti-opressiva nos ajuda a focar a escuta do analista na subjetividade do paciente racializado e a tolerar o ataque violento de sermos vistos como perpetradores de atos racistas, não apenas na transferência, mas no real.

O Falo branco

O falo branco é o veículo da ideologia da "supremacia branca" que impõe um fato questionável como uma verdade absoluta (a criação da categoria *caucasiano* como uma representação *do branco*). Outros exemplos de expressões de ideias fálicas brancas que operam em mal-entendidos de gênero são a ideia de que os homens não podem engravidar e gerar um filho, que um bebê vem necessariamente de uma mãe e que as crianças são propriedade dos adultos que cuidam delas, entre muitas outras. É o absoluto das ideias biológicas que expressa a rigidez do "falo branco" aos moldes da brutalidade policial. Outros exemplos concretos de expressões do Falo Branco são o privilégio masculino nas expressões de violência de gênero, a brutalidade policial, a supremacia branca e a infalibilidade do pai, entre outros.

Esses tipos de ideias internalizadas nos obrigam, como psicanalistas e profissionais de saúde mental interessados em psicanálise, a questionar e re-enunciar nossas formulações teóricas sobre o que entendemos como expressões de violência e danos a pacientes marginalizados por experiências de racialização, classe, e gêneros diversos e (identidades de gênero criativas). O trabalho psicanalítico não é a endocrinologia, o coaching, a jurisprudência ou atuação notarial. O trabalho psicanalítico é ouvir. E é somente a partir daí que podemos ver a psicanálise e a psicoterapia psicanalítica como propostas importantes para a criar espaços de atendimento a pessoas racializadas e de apoio a analistas em formação indígenas e pessoas negras e de cor.

A regra de abstinência

Laplanche e Pontalis (1973) documentam o momento em que Freud fala dessa regra como uma ferramenta para evitar os deslocamentos de necessidades do paciente, de sua vida cotidiana, para a análise. Em seus primórdios, essa regra estava associada à "frustração ideal" do paciente, que se acreditava favorecer a neurose transferencial. Agora sabemos que a regra de abstinência deve incluir os momentos em que a voz do psicanalista não é necessária, e o primordial é escutar. Isso é particularmente importante quando trabalhamos com populações marginalizadas por questões de classe, raça, gênero ou sexualidade. A regra da abstinência, principalmente quando a voz do analista não é necessária, é crucial para o trabalho analítico com crianças trans.

É importante ter espaços onde se possa pensar a clínica do racismo e da supremacia branca e suas implicações para pessoas das populações LGBTQI+ e pessoas de sexualidade diversa possam ser pensadas sem julgá-las a partir do patológico como uma resposta reflexo. É necessário pensar a patologia a partir da perspectiva do paciente e não apenas imposta pelo sistema médico e jurídico que determina as caixas nas quais um ser humano pode ser classificado para existir com dignidade. Quando começamos a trabalhar institucionalmente para abrir espaços de discussão sobre questões de preconceito, invariavelmente, nos deparamos com vários tipos de resistência a essas questões. Essas resistências informaram ao comitê em estudos sobre diversidade sexual e de gênero sobre como iríamos desenvolver um plano de trabalho que daria conta de falar, pensar e gerenciar toda a questão do preconceito e do racismo institucional dentro da IPA. Atualmente, estamos nesse ponto.

O racismo, a supremacia branca e a homotransfobia são organizações defensivas internas do paciente (Cassorla, 2005; Davids, 2011), do psicanalista e das instituições. Relembrando Bleger:

As instituições carregam em si a transferência psicótica das pessoas que nelas trabalham.

Falo branco e o trabalho institucional

Um exemplo de como a lei ofusca nossa realidade é o veredicto de Kyle Rittenhouse quando ele foi considerado "inocente" depois de matar três pessoas que estavam se manifestando contra a brutalidade policial após o assassinato de Jacob Blake em Kenosha, Wisconsin. Rittenhouse foi absolvido por um júri de 12 pessoas, 11 das quais eram brancas, em Kenosha, Wisconsin. O sistema judiciário americano foi construído sobre um alicerce de racismo e supremacia branca. O racismo sistêmico contra os negros e a supremacia branca (que sempre andam de mãos dadas) tornam-se o cimento e as barras de ferro com os quais as prisões são construídas, onde 70% dos detentos são pessoas de cor. De acordo com dados do PEW Research Center, a taxa de encarceramento de negros e afro-americanos diminuiu em quase um terço desde 2006. Ainda assim, as pessoas de cor (latinos, hispânicos e afro-americanos) representam 16% e 12%, respectivamente (Gramlich, 2020). Assim como o inconsciente nos habita na forma da linguagem, preconceitos como o racismo anti-negro/anti-indígena e a supremacia branca habitam o Direito na forma de políticas, normas e leis. Os preconceitos estão encarnados no Direito.

Rittenhouse, de 17 anos de idade, atravessou um estado, levado por sua mãe, para "defender seus direitos" e seu comportamento foi considerado como um ato de legítima defesa. Mas como isso pode nos ajudar para que se possa pensar o racismo e a supremacia branca internalizado no analista e seu impacto na clínica e nas instituições psicanalíticas?

Ao trabalhar com populações que foram afetadas por experiências de trauma complexo, estamos expostos a viver os efeitos dessas experiências nas dinâmicas transferenciais e contratransferenciais

(Pearlman & Saakvitne, 1995). Estes são processos que são transmitidos transversalmente, ou seja, uma estrutura ou uma pessoa que sobreviveu a um trauma desde a infância terá um tipo de organização psíquica que entrará no quadro psicanalítico. A experiência do paciente mais o ambiente psicanalítico, juntamente com a experiência do psicanalista, consolidam um espaço psíquico que promoverá a escuta e a irrupção do inconsciente. É dessa forma que se procura facilitar o processo de cura ou o processo analítico.

A escuta analítica é, em si, uma ferramenta anti-opressiva.

Falar de racismo e supremacia branca no analista nos permite criar mais espaços na mente do psicanalista para ouvir esse tipo de paciente sem feri-lo. Esse tipo de trabalho com pacientes racializados é transferível para outras populações, por exemplo, com pacientes LGBTQ+. A dinâmica do racismo na estrutura psicanalítica impacta o trabalho com pacientes de gênero criativo. Precisamos pensar em como as dinâmicas dos preconceitos, como o racismo, a transfobia e o heterossexismo, impactam nosso trabalho, infiltrando-se na criação de teorias psicanalíticas que acabam sendo racistas ou transfóbicas. Isto impactará nosso julgamento clínico e buscará expressão nas dinâmicas da transferência e contratransferência.

Referências

Abend, S. M. (1989). Countertransference and technique. *Psychoanalytic Quarterly*, *48*, 374-395.

American Psychoanalytical Association (2019). *Overdue Apology to LGBTQ Community*. Disponível em: https://apsa.org/content/news-apsaa-issues-overdue-apology- lgbtq-community

Ansara, Y. G. (2010). Beyond cisgenderism: Counselling people with non-assigned gender identities. In L. Moon (ed).

Counselling ideologies: Queer challenges to heteronormativity, (pp. 167–200). Ashgate.

Bicudo, V. L. (2019). Incidência da realidade social no trabalho analítico. *Jornal de psicanálise*, 52(97), 151-174. Retirado de: http://pepsic.bvsalud.org/pdf/jp/v52n97/v52n97a12.pdf

Bonilla-Silva, E. (1997). Rethinking racism: toward a structural interpretation. *American Sociological Review, 62*(3), 465–480.

Cassorla, R. M. (2005). From bastion to enactment. *Int. J. Psycho-Anal.*, 86(3):699-719.

Chodorow, N (1994). *Femininities, Masculinities, Sexualities. Freud and Beyond*. Free Association Books.

Chused, J. F. (1991). The Evocative Power of Enactments. *Journal of the American Psychoanalytical Association.*, 39:615-639

Davids, M. F. (2003). The internal racist. *Bulletin of the British Psychoanalytical Society, 39*(4), 1-15.

Davids, M. F. (2011). *Internal Racism: a psychoanalytic approach to race and difference*. Red Globe Press

Ferenczi, S. (1949). Confusion of the Tongues Between the Adults and the Child (The Language of Tenderness and of Passion). *International Journal of Psycho-Analysis*, 30:225-230.

Fields, K. E. & Fields, B. J. (2012). *Racecraft: The soul of inequality in American life.* Verso.

Freud, S. (1905). Three Essays on the Theory of Sexuality (1905). In *The Standard Edition of the Complete Psychological Works of Sigmund Freud*, Volume VII (1901-1905): A Case of Hysteria, Three Essays on Sexuality and Other Works, pp. 123-246.

Freud, S. (1910). The Future Prospects of Psycho-Analytic Therapy. In *The Standard Edition of the Complete Psychological Works of Sigmund Freud*, Volume XI (1910): Five Lectures on

Psycho-Analysis, Leonardo da Vinci and Other Works, pp. 139-152.

Freud, S. (1912). The Dynamics of Transference. *The Standard Edition of the Complete Psychological Works of Sigmund Freud, Volume XII (1911-1913): The Case of Schreber, Papers on Technique and Other Works*, pp. 97-108.

Freud, S. (1912) Recommendations to Physicians Practising Psycho-Analysis. In *The Standard Edition of the Complete Psychological Works of Sigmund Freud,* V. 12. pp. 109-120.

Freud, S. (1915). Observations on Transference-Love (Further Recommendations on the Technique of Psycho-Analysis III). *The Standard Edition of the Complete Psychological Works of Sigmund Freud, Volume XII (1911-1913): The Case of Schreber, Papers on Technique and Other Works*, pp. 157-171.

Gabbard, G.O. (1995). Countertransference: The Emerging Common Ground. *International Journal of Psycho-Analysis*, 76:475-485.

Gramlich, J. (2020). *Share of black white hispanic americans in prison 2018 vs 2006*. Disponível em: https://www.pewresearch.org/fact-tank/2020/05/06/share-of-black-white-hispanic-americans-in-prison-2018-vs-2006/

Hayes, J. A. (2004). The Inner World of the Psychotherapist: A Program of Research on Countertransference. *Psychotherapy Research*, *14*(1), 21–36.

Hayes, J. A., Gelso, C. J., & Hummel, A. M. (2011). Managing countertransference. *Psychotherapy, 48*(1), 88-97. https://doi.org/10.1037/a0022182

Jacobs, T. J. (1986). On Countertransference Enactments. *Journal of American Psychoanalytical Association.*, 34:289-307

Kahn, J. (2018). *Race on the Brain: What Implicit Bias Gets Wrong About the Struggle for Racial Justice*. Columbia University Press.

Kite, M. E. & Whitley, B. E. (2016). *Psychology of Prejudice and Discrimination, 3rd Edition*. Routledge.

Lacan, J. (1987). *El Seminario, Libro 11, Los cuatro conceptos fundamentales del psicoanálisis* (1964), Paidós.

Langer, S. J. (2019). *Theorizing Transgender Identity for Clinical Practice A New Model for Understanding Gender.* Jessica Kingsley Publisher.

Nelson, T.D. (2016). *Handbook of Prejudice, Stereotyping and Discrimination (*2nd ed). Psychology Press.

Norton, J. (1997). "Brain says you're a girl, but I think you're a sissy boy": Cultural origins of transphobia. *Journal of Gay, Lesbian, and Bisexual Identity*, 2, 139-164.

Pearlman & Saakvitne. (1995). *Trauma and the Therapist: Countertransference and Vicarious Traumatization in Psychotherapy with Incest Survivors.* Ch. 1. WW. Norton.

Saketopoulou, A. (2020). Thinking psychoanalytically, thinking better: Reflections on transgender. *International Journal of Psycho-Analysis*, 101(5):1019-1030.

Sharman, Z. (ed.). (2016). *The Remedy: Queer and Trans Voices on Health and Health Care*. Arsenal Pulp Press

Stefana, A. (2017). *History of Countertransference: From Freud to the British Object Relations School.* Routledge.

Stryker, S. (2008). *Transgender history*. Seal Press.

Stryker, S. & Aizura A. Z. (ed.). (2013). *The Transgender Studies Reader 2*. Routledge.

Tuck, E. & Wayne Yang, K. (2012). Decolonizing is not a metaphor. *Decolonization: Indigeneity, Education & Society.* Vol. 1, No. 1, 1–40.

Winnicott, D. W. (1945). Primitive emotional development. *International Journal Psycho-Analysis*, 26, 137-143.

Winnicott, D. W. (1949). Hate in the counter-transference. *International Journal of Psycho-Analysis*, 30:69-74.

Winnicott, D. W. (1953). Transitional objects and transitional phenomena—a study of the first not-me possession. *International Journal of Psycho-Analysis*, 34, 89-97.

Winnicott, D. W. (1969). The use of an object. *International Journal of Psycho-Analysis*, 50, 711-716.

Winnicott, D. W. (1986) Holding and Interpretation: Fragment of An Analysis. Holding and Interpretation: Fragment of An Analysis 115:1-194.

Young-Breuhl, E. (1996). *The Anatomy of Prejudices*. Harvard Press.

8. Viagem através do racismo e a busca por uma saída

Iván Gutierrez Cuadrado

... "*a expressão aberta da emoção e dos sentimentos ao invés do intelecto, uma ausência de 'refinamento civilizado' na vida sexual e social, uma dependência de rituais e costumes e a ausência de instituições cívicas desenvolvidas*" encontradas em grupos populacionais negros, mas não apenas de pele negra, são usadas como suporte para a teoria racial.

(Grossfoguel, 2009)

Nada do que vou dizer está isento de problemas, incômodos ou controvérsias. É problemático falar ou escrever sobre algo que não se quer ver, que se torna invisível ou que, consciente ou inconscientemente, tornamos invisível. Talvez eu esteja tomando muita liberdade, pois tentar delinear elementos pessoais, demográficos e históricos em nome de uma suposta genealogia pode não ser academicamente adequado.[1] Mas tento fazê-lo porque o assunto me diz respeito como pessoa, como psiquiatra e como psicanalista latino-americano.

1 Esta introdução e outras partes deste artigo foram extraídas da apresentação que fiz no webinar da Fepal "Una cuestión de color: Decolonialidad y psicoanálisis" (Uma questão de cor: decolonialidade e psicanálise) em 12 de agosto de 2023, de um artigo clínico e de outros escritos inéditos que aguardam leitura.

Um de meus interesses é mostrar que o racismo não é uma questão de minorias. Embora existam lugares comuns, e não por isso menos importantes, sobre o racismo que têm a ver com as condições de dignidade, econômicas e relacionais dos afrodescendentes na sociedade do século XXI. Há também outras que são menos visíveis, menos repetidas e, logicamente, menos evidentes, como: Por que um mestiço não quer se ver como mestiço, Como essa subjetividade foi construída? Por que eles querem ser brancos (Embranquecer)?

Mas, vou começar com o início da jornada. Essa jornada começa quando um analisando me racializa, me enquadra como "negro", coloca de volta em mim um carimbo (marca de escravo) que eu achava que não tinha. Daí nasceu um trabalho escrito intitulado *Racismo e Impasse*, apresentado como um trabalho clínico individual no 53º Congresso da IPA: *A mente na linha de fogo*, realizado na cidade onde nasci, Cartagena das Índias, Colômbia, em julho de 2023. A situação clínica e a experiência pessoal aconteceram em 2010 e, desde então, venho caminhando, lendo, discutindo, refletindo para entender por que o racismo continua vivo e, às vezes, com uma força avassaladora, considerando, com desgosto, que 14 anos depois, não é mais o racismo, mas os racismos.

Esse é o caso clínico a que me refiro como o início da viagem. Tentarei resumir na nota a seguir o que me levou a deixar meu posto de observador, cômodo e confortável atrás do divã e sair em busca de entendimentos sobre a minha e a nossa subjetividade e o impacto silencioso, inadvertido e negado do racismo sobre ela.

Nota 1

O analisando: profissional, mestiço, bem sucedido, em posição de destaque, tanto no trabalho quanto socialmente, não gosta de si mesmo, não gosta de seu corpo, tem a fantasia de ser fisionomicamente branco (caucasiano) e, após alguns anos de análise, resolve expressar sua dificuldade no processo: Não pode mais confiar em mim porque sou negro. Me diz que necessita me depreciar desta maneira e que por essa razão não pode confiar em mim. Mais tarde, no decorrer da sessão, percebemos que isso acontece com sua mãe e desde seu avô. Ele conclui: "Eu sou o produto do ódio e da discriminação". As interpretações não eram óbvias, pois eu, como analista, me vi evitando-as. Ou eram um possível problema meu, pensava eu, ou o assunto estava fora de lugar, não era psicanalítico, mas social e fora de época. E, no final, descobri que era um problema do par analítico imerso na cultura latino-americana não discutida como racista. Sua dificuldade de confiar e minha dificuldade de interpretar.

Procurando entender esse fenômeno é como chego à possibilidade de expressar meu lugar de fala, um lugar de privilégio desde onde me encontro: profissional afrodescendente de fisionomia mestiça, morando em uma capital, estudando e habitando um espaço entre pares. E, ao mesmo tempo, me racializo e me racializam. Faço parte das classificações de classe/raça da nação em que vivo e à qual pertenço legal e politicamente. Estou no século XXI e sou latino-americano, e o racismo, a meu ver, é estrutural. Este lugar de fala determina, por enquanto, que minha jornada se relaciona com o racismo sobre e entre os afrodescendentes, entre psicanalistas e seus analisandos e sobre e entre meus conterrâneos.

Tentando entender, acabo concluindo que isso fará parte de qualquer relação transferencial – psicanaliticamente falando – que está por vir, como verifiquei desde então. Metade das mães de meus analisandos não me procuraria porque são "preconceituosas, religiosas, conservadoras e não gostam de pessoas pardas, latinas ou negras". Adjetivação que os mesmos analisandos usam ao descrever seus familiares mais próximos.

Esse último estabelece um dos interesses deste documento. O racismo não é das minorias, é das maiorias. Os mestiços brancos exercem uma ação racista sobre si mesmos e sobre os outros ao seu redor de forma sutil, despercebida e, muitas vezes, com evidentes implicações inconscientes. E se, o pessoal é político e assim ainda são feitas políticas, perpetuando essas estratificações, hierarquias e vidas com um efeito transgeracional que pulsa no inconsciente da América Latina.

Para enfatizar o que foi dito acima, encontro este outro exemplo clínico em que as percepções do eu estão carregadas de elementos racistas que colorem o movimento intrapsíquico e preparam o cenário para o sofrimento.

Nota 2

Ela é uma mulher de uns 30 anos, profissional com um negócio bem-sucedido, com dificuldades para ter um parceiro estável. Uma dessas dificuldades é pelo fato de se sentir feia. Estudou em uma escola bilíngue em que uma porcentagem das colegas era de outro país, principalmente de origem europeia, com fisionomia ocidental: brancas, loiras, com olhos claros. Ela sempre dizia a si mesma que nunca seria bonita como elas. E isso a tornava feia. Seus pais eram como ela, nunca ouviu nenhum comentário racista em casa, mas era melhor não ser tão "morena". Para as brancas tudo é melhor.

O que faz de você quem você é não está determinado, unicamente, pelo seu relacionamento com objetos primários e pelo tipo de vínculo que você estabelece. Também é influenciado pelas representações sociais encontradas no ambiente, na família, na escola onde você passa tanto tempo com os amigos. É apenas o devir psíquico interno que interessa a nós, psicanalistas? Se você tenta entender a presença intrapsíquica e o relacionamento de seus objetos primários, acho que também deveria entender sua vida cotidiana e o impacto que ela tem em sua psique se o que lhe dizem externamente é que você tem *algo* que o torna não confiável, que você é alguém a ser evitado na rua, não tão bom, não tão racional, não tão educado, não tão civilizado, muito emocional. Esse *algo* preenche o estereótipo que é reconhecido como "negro".

Dividirei o texto em três tópicos, procurando agrupar ou posicionar o que encontrei nesta viagem, que não está pronto ou terminado, em quadros que são importantes para mim como sujeito imerso na sociedade global, como psicanalista e como colombiano.

Começo com a situação clínica que me levou a buscar entendimentos e o escrito por autores que vivem e refletem sobre o assunto. Neste tópico, que chamo de reflexões sobre o Racismo na subjetividade, escolho dois autores principais, afirmando com agradável surpresa que é, eu diria, impossível abarcar tudo o que foi escrito sobre o tema do racismo e seus efeitos. A descoberta de uma quantidade tão grande de produção escrita me faz questionar minha posição como psiquiatra e psicanalista interessado na psique, nas subjetividades, no sofrimento e em outros componentes da vida mental; lendo sobre psicanálise e não tendo me deparado com esse tema antes. Um segundo tópico sobre achados clínicos psicanalíticos quando o racismo aparece no divã analítico. Neste tópico, descubro psicanalistas norte-americanos que detalham diferentes situações e movimentos na relação transferência – contratransferência que lançam luz à clínica. Descobri que a experiência extensa e vivida que eles têm sobre o assunto, tanto pessoal quanto clínica, permite-lhes enumerar cenários que explicam alguns, mas diferem outros de nossa realidade. E, em terceiro lugar, tento mostrar algumas ideias de como o fenômeno racial aparece em meu país e o que é dito a respeito.

Reflexões sobre o efeito do racismo na subjetividade

É evidente que todos os dias os estereótipos raciais, o preconceito e a discriminação afetam as pessoas, deixando dor e sofrimento e distorcendo o desenvolvimento do eu e sua carga narcísica. Essas mensagens tomam conta da mente e desestimulam o desenvolvimento

(Leary, 2012). De acordo com Balibar e Wallerstein (1991), o racismo está inscrito em práticas de violência, desprezo, intolerância, humilhação, exploração, em discursos e representações de desenvolvimentos intelectuais do fantasma da profilaxia ou da segregação (necessidade de purificar o corpo social, de preservar a identidade do eu, do nós, diante de qualquer perspectiva de promiscuidade, miscigenação, invasão etc.) e que se articulam em torno de estigmas de alteridade (sobrenome, cor da pele, práticas religiosas).

Esses autores destacam que o racismo organiza os sentimentos conferindo uma forma estereotipada tanto aos seus objetos quanto aos seus sujeitos. Essa combinação de práticas, discursos e representações em uma rede de estereótipos afetivos é o que torna possível testemunhar a formação de uma comunidade racista e também a maneira pela qual os indivíduos e as coletividades que são alvo do racismo (seus objetos) são forçados a se perceberem como uma comunidade. (Racismo e Impasse).

É bem sabido que o termo raça não tem base científica, dadas as descobertas genéticas, bem como os desenvolvimentos de novas correntes antropológicas baseadas em dados obtidos da especialidade médica mencionada. Mas, de acordo com De la Torre (1996), esse conceito continua a desempenhar um papel fundamental na estruturação e nas representações que são tratadas no mundo atual, pois, para a maioria das pessoas, as raças existem e explicam sua realidade social, e se os atores sociais definem uma situação como real, ela tem consequências reais.

Um dos autores que encontrei próximo – por causa de sua profissão – neste sentido foi Franz Fanon (1925-1961), psiquiatra, filósofo e escritor de origem martinicana, que estudou em Lyon, na França, e uma de suas posições políticas depois de trabalhar como psiquiatra francês foi apoiar a Frente de Libertação Nacional que lutava pela independência da Argélia como colônia francesa. Tomo como material para a interpelação deste tópico elementos principalmente do livro de Fanon, "Black Skin, White Masks" (Pele negra, máscaras brancas), escrito em 1952, bem como interpretações de alguns autores que estudaram o pensamento de Fanon.

Para Fanon, o racismo é uma hierarquia global de superioridade e inferioridade na linha do humano que foi politicamente produzida e reproduzida como uma estrutura de dominação durante séculos pelo «sistema imperialista/ocidentalocêntrico/cristocêntrico/capitalista/patriarcal/moderno/colonial» (Grosfoguel, 2012). Fanon determina que essa linha, que o poder hegemônico dos atores que detêm o poder estabelece, é a raça. Acima dessa linha estão aqueles que são superiores e estão inscritos na zona do ser (a eles é concedido o direito de ser), enquanto os que estão abaixo, os não humanos, são tratados como tal, são inferiores, estão encurralados na zona do não-ser. Encurralados no habitus, pelo discurso, pelas estruturas que silenciosamente determinam comportamentos sociais "normais, morais e aceitáveis" em várias esferas e cenários.

Descobri que o impacto do racismo na subjetividade é chamado por Fanon com a comprovação do Mito do Negro. Isso seria comparável ao que Edward Said descreve como Orientalismo (1997/2002), em que o imaginário estabelecido pelo discurso hegemônico determina como é o Outro, nesse caso o negro, é a partir do discurso, dos mitos, dos hábitos e dos costumes do negro escravizado ou do negro em uma África supostamente selvagem, natural, emocional e diferente. De fato, alguns escritores mostram que Fanon volta a ser um autor de referência graças à obra de Said. Também, a aproximação do negro como elementos próximos ao natural/natureza também é usada em relação às mulheres e declarada pelas feministas como um raciocínio explicativo do patriarcado para seu posicionamento sobre elas.

A solução de Fanon é buscar a dignidade, não olhar para o passado em busca de reivindicação, mas reconhecer, aceitar e lutar porque se é um homem como qualquer outro homem, de qualquer outra cor de pele. Que nenhum povo deve ser subjugado por outro. O racismo estrutural, essa construção que entra silenciosamente em sua mente e em sua vida diária sem que você saiba, desde casa até a escola, produz nos negros colonizados pelo discurso racista hegemônico uma alienação de si mesmo. O não reconhecimento de sua imagem como tal, se eles não forem eles mesmos. No caso dos habitantes das Antilhas da época de Fanon, o francês (branco, continental, educado, emocionalmente contido); Isso faz com que Fanon traga à tona o conceito psicanalítico de negação. O que é visto no espelho é negado e essa verdade é articulada com base em outros significados do negro: o negro é ruim, o negro é selvagem, imoral. Eles são ensinados nas escolas e em casa (instituições que estabelecem como estar e usar o corpo, trazendo Foucault para a discussão) que são franceses como os continentais. Eles não se reconhecem como negros porque o negro corresponde, como descrito acima, à imagem criada por aqueles que controlam: o escuro, o ruim, o selvagem, o incivilizado. A incorporação da mentalidade daqueles que decretam a cultura, o hegemônico e o desprezo pela própria pele como não-branca, ele chama de epidermização.

Outros, como a pesquisadora Esther Pineda, em vários de seus artigos e escritos, falam de *Endoracismo ou Racismo internalizado*. Ela o define como a presença do estigma que leva o sujeito a odiar ou menosprezar a si mesmo quando está sozinho em frente ao espelho. Pode ser definido como o racismo de dentro para fora (Pineda, 2013), a autodiscriminação do sujeito que sofre e experimenta o preconceito por causa de seu pertencimento étnico-racial. É uma consequência do desprezo externo experimentado por estar ligado a uma "raça" considerada inferior; isso exerce uma pressão tal que introduz o indivíduo no desprezo a que está exposto. O sujeito racializado aceita olhar para si mesmo através dos olhos do amo como consequência da coerção racista. Dessa forma, ele internaliza como sua a discriminação que lhe foi imposta e a reproduz em si mesmo, bem como naqueles que pertencem ao seu grupo étnico-racial.

Esse sujeito tentará corrigir o que é considerado motivo de discriminação ou fará um grande esforço para reduzir a exibição do estigma (clareamento da pele, cirurgias cosméticas para modificar seus traços físicos por uns mais próximos aos dos detentores do poder, esconder familiares etc.). Eles acabam assumindo e incorporando a visão negativa que se tem deles, assumem o estereótipo que é divulgado pública e maciçamente e desenvolvem uma autoestima mais baixa e uma imagem negativa de si mesmos (Pineda 2018). Eles adotarão como sua a cultura de seu opressor, imitarão seus comportamentos, valores, atos, características físicas, roupas, preferências musicais e culinárias, modos de relacionamento, expressões idiomáticas, expressões corporais, ofícios, profissões, crenças, considerando que esse é um método para alcançar posições de poder, privilégio e prestígio social.

E, se é isso que encontro em sujeitos mestiços, profissionais, que funcionam na linha do ser, considerando Fanon? Eles não têm precariedade, não estão lutando por sua dignidade de forma evidente, não há violência declarada como presente e atual. Se não que ela se revela no ambiente psicanalítico, onde o inconsciente tem seu espaço e é reconhecido como existente.

O que acontece na experiência clínica analítica quando o racismo chega ao divã?

Encontro psicanalistas norte-americanos e, mais frequentemente, analistas relacionais que consideram este tema presente e importante no divã. Talvez uma das razões seja o fato de que eles baseiam seu pensamento psicanalítico na interseccionalidade. Talvez pelo fato de trazerem a história e o cenário social para o divã como um elemento impactante e formador da subjetividade de todos e, é claro, daquele que vem em busca de ajuda.

Assim, encontro posições sugeridas, como a de ver a subjetividade racial como um resultado externo do esforço por administrar estados mentais internos; esses psicanalistas a veem como uma categoria de identidade construída social e historicamente. Kimberly Leary (1997) se dedicou a estudar o elemento racial na psicanálise e seus efeitos emocionais tanto no paciente quanto no terapeuta. Ela tenta ampliar o espaço conceitual no qual os psicanalistas se posicionam em relação à experiência racial a fim de melhorar a capacidade de trabalhar com o que ela chama de "a subjetividade racializada". De acordo com Leary, os analistas poderiam assumir duas posições sobre essa questão: A raça e o racismo são apenas uma cortina de fumaça das defesas do paciente, ou o conteúdo e o impacto vão além disso e envolvem o inconsciente, o histórico e o real (Gutierrez, 2023).

Outra psicanalista com uma longa trajetória sobre o tema é Dorothy Holmes (1992), que mostra como, em estudos sobre processos psicoterapêuticos biculturais em que a raça está presente, conclui-se que: o paciente pode usar a raça como tema central de sua reação defensiva e só depois de trazer o tema para a situação analítica é quando se permite lidar com suas fantasias de identificação; o paciente usa esse tema como defesa, na transferência, para se proteger do desprezo que tem por si mesmo; e que corresponde a um ato de ódio e desprezo por si mesmo.

Nas revisões desta autora, constatou-se que, nos processos em que os membros do par analítico pertencem a raças diferentes, há uma tendência a não interpretar temas relacionados a questões raciais. Esses temas incluem a culpabilidade do terapeuta branco, a identificação excessiva do terapeuta negro com o oprimido e a agressão controlada no paciente e do terapeuta. Essa limitação ocorre quando o paciente explica o problema racial a partir de sua perspectiva e o terapeuta não procura ampliar a compreensão do paciente uma vez reconhecido o componente racial (Racismo e impasse).

Holmes (1992) também descreve as diferenças raciais como um gatilho e um recipiente para projeções de impulsos inaceitáveis. Fica claro que ela segue a ideia psicanalítica segundo a qual os desejos não permitidos são projetados no outro, que então deve ser contido ou controlado para manter um senso de segurança e superioridade.

Holmes (1992) afirma que o analista terá de recorrer ao máximo de neutralidade possível enquanto elucidar a situação e consegue resolver o projetado dando sentido a aquele que se percebe e chama para a atuação contratransferencial. O analista que enfrenta a questão racial ao longo do processo analítico precisa reconhecer os medos que surgem no setting quando a própria posição racial ou "racista" vem à tona, há de evitar possíveis impasses. Trabalhar com esse tema exige avaliação e renegociação de antigas lealdades, pois esse envolvimento traz consigo perdas e lutos. Um destes lutos está relacionado ao modo como nós, psicanalistas, entendemos as identidades de grandes grupos e a legitimidade concedida ao papel do ambiente público na formação da subjetividade individual e a utilidade do conhecimento derivado da ciência social empírica.

Da mesma forma, Holmes afirma que o tema racial pode ser o conteúdo manifesto que oculta ou evita a dependência e pulsões libidinais em relação ao analista, que desloca o reconhecimento de elementos transferenciais edípicos e/ou de inferioridade, entre outros.

Esta autora argumenta que, assim como os pacientes evitam o assunto e tudo aquilo relacionado ao tema racial, o analista também pode ter dificuldades em manter uma atitude atenta e escrutinadora frente ao tema, ou sua neutralidade quando o enredo é usado como um gatilho para a agressão. A esse respeito, o paciente pode argumentar que não toca no assunto porque, no caso de um choque cultural e racial, o analista não entenderá seu ponto de vista. Ao contrário, se os dois pertencerem ao mesmo grupo, gênero ou classe social etc., o paciente assumirá a semelhança e se identificará com o psicanalista, o que lhe permitirá esconder seus preconceitos. Os pares analista-analisando de raça diferente apresentam uma infinidade de possibilidades, como o paciente afro que se sente traidor por escolher um analista branco ou, ao contrário, considerá-lo um objeto idealizado finalmente alcançado. Novamente, essas questões precisam ser levadas em conta e interpretadas para permitir o bom desenvolvimento do processo.

Holmes (1992) sugere o uso da contratransferência em sua versão ampliada para acomodar essas alusões transferenciais, uma vez que o analista também está sob a influência de seu próprio conteúdo inconsciente associado ao tema. Ela argumenta que, assim como pode coincidir com o analisando, também pode ter reações de repúdio frente às mesmas, afastando o par analítico de sentimentos inquietantes, como raiva ou dor.

A raça e a etnia representam um tipo de revelação por parte do analista que está inscrita em sua pessoa e inflige uma pressão específica no diálogo psicanalítico. Para Holmes, embora pudesse ser mais um elemento demográfico do analista, o contexto no qual vivemos (problemas raciais em todo o mundo, aumento da população das minorias nos espaços acadêmicos e psicanalíticos) a torna relevante.

E o que nós, analistas latino-americanos, temos pensado? Em andamento existem trabalhos nas distintas diretorias da Fepal sob a liderança de Wania Cidade como presidente para o período 2022 – 2024 com seus diferentes webinars, letramentos raciais e outras inúmeras atividades que tentam pensar este fenômeno atual e constitutivo ao longo do tempo. No Brasil conheci os psicanalistas

Isildinha Nogueira e Ignacio Paim, entre outros, e como esse encontro foi novidade para mim, só agora estou conhecendo suas produções, como tantos outros que estudam e pensam sobre o tema. A experiência no consultório me leva a reconhecer muito do que Holmes descreveu, mas as particularidades do território latino-americano tornam o assunto aparentemente mínimo em sua aparência e determinado por minha fisionomia; sou um dos poucos psicanalistas negros na Colômbia. A população afro na Colômbia que frequenta a psicanálise é muito pequena. Todas as razões possíveis para afirmar: raça, classe e sexo estão envolvidas nesse fato.

Colômbia (América Latina) e miscigenação

O racismo na América Latina deve ser entendido incluindo a perspectiva colonial. Quero dizer que a compreensão desse fenômeno nessa área geográfica requer levar em conta a mente colonial que faz parte do nosso conteúdo herdado transgeracionalmente e confirmado diariamente na vida cotidiana da família, bem como através dos diferentes meios de comunicação. De acordo com Roldan (2009), o colonialismo é definido como a imposição de um sistema histórico sobre outro, de uma cultura sobre outra, de um grupo étnico sobre outro e de uma classe ou aliança de classes sobre outras.

Pensar sobre o racismo na América Latina exige que pensemos também sobre o colonialismo desse território. Miscigenação faz com que o racismo que ocorre aqui tenha características singulares, não tão evidentes como em outras terras, e tão pouco aparentemente ausente como em outras. Como em outros lugares, é necessário pensar de forma interseccional. O racismo anda de mãos dadas com conflitos de classe e gênero. A miscigenação faz com que não seja evidente, que se possa dizer que não existe, ou que se peça com sutileza. *"não piore as coisas, não toque nesse assunto"*.

É por isso que, em minha viagem, encontro com Santiago Castro-Gómez, filósofo colombiano, um dos fundadores do grupo Modernidade/Colonialidade, juntamente com Anibal Quijano, Enrique Dussel e Walter Mignolo, precursores de entendimentos decoloniais, talvez em oposição ao pós-colonial do momento. Em seu livro *La Hybris del Punto Cero Ciencia, raza e Ilustración en la Nueva Granada* (1750-1816) (2005/2019), com base em documentos da época, ele mostra a visão e as diretrizes dos intelectuais da Gran Colombia, nome da Colômbia no século XVIII, e a provável relação entre esses intelectuais e a construção da racialização vigente. De acordo com Nieto Olarte (2007), um dos antecedentes centrais do livro é o equívoco da ciência moderna ao pretender produzir um conhecimento neutro e universal, na ausência de elementos locais em sua produção, sem lugar de fala e abrigando a falácia de não estar impregnada por supostos interesses particulares ou vieses políticos. E eu, como autor do presente artigo, considero que isso exige, veementemente, um repensar a psicanálise europeia que pode vir a ser praticada como própria.

Castro-Gómez considera que os intelectuais crioulos da época

> *son responsables de haber traducido y enunciado el discurso del pensamiento ilustrado europeo sin tener en cuenta las particularidades étnicas y culturales de su lugar de enunciación y atribuye este proceder a la pretensión que tenían los criollos de ser "limpios de sangre".*

O autor conclui que essa enunciação, a mistura do discurso iluminista e o discurso da pureza do sangue como uma unidade, é usada pelos crioulos que tentaram se estabelecer como grupo dominante frente aos grupos mestiços, negros e indígenas (Medina, 2005) e é assim que a raça e o racismo na Colômbia são atravessados pela classe, sendo a cor da pele um fator determinante para as pretensões sociais. É claro que essa pesquisa baseada em texto tem seus detratores metodológicos e epistemológicos. Mas parece ser uma tentativa muito boa de ter uma visão não colonial da sociedade desse estado-nação.

De fato, a hipótese é endossada em outros textos e descobertas de políticas públicas do período pós-Nova Granada, em que sujeitos pertencentes a ministérios do governo promoveram a imigração de indivíduos europeus que poderiam melhorar a raça e diminuir o efeito deteriorante da herança afro e indígena em nossa constituição biológica e comportamental, como pode ser encontrado no livro do geneticista colombiano Emilio Yunis. *¿Por qué somos asi? qué pasó en Colombia? Análisis del mestizaje* (2003).

Não quero deixar de mencionar a presença de profícuos pesquisadores colombianos das ciências sociais sobre o assunto, como Eduardo Restrepo e Mara Viveros, os quais conheci algum tempo depois.

Vamos dar um salto para o cenário social e político do território onde me encontro. Na Colômbia, o Departamento Administrativo Nacional de Estatística (DANE) apresenta um relatório em junho de 2022 sobre o último censo de 2018, esse relatório enfatiza o diferencial étnico realizado para visibilizar os dados demográficos das comunidades étnicas e suas condições socioeconômicas e de moradia. A população descrita nesse relatório foi definida com base no autorreconhecimento, ou seja, se a pessoa pesquisada se reconhece ou não como pertencente a um dos grupos étnicos (negro, afro-colombiano, raizal ou palenquero). Essa é a resposta deste órgão nacional frente a questionamentos e requerimentos legais devido à diminuição incompreensível da população étnica nos dados. A agência respondeu inicialmente que o problema é o autorreconhecimento, as pessoas não se reconhecem e não é por motivos burocráticos e logísticos. A população colombiana estava se tornando mais branca, mestiça e menos negra ou indígena, mas somente por causa da subnotificação de mais de 1.700.000 habitantes que desapareceram de um censo para outro.

Eu me pergunto: será que é porque essas populações estão em locais de difícil acesso?, porque é mais fácil pesquisar as pessoas nas cidades?, ou será que é a tendência de invisibilizar os diferentes? – Outros, o racismo e a discriminação racial e o quão complexo pode ser o autorreconhecimento? A instituição apresenta razões para esta distorção se apoiando em documentos como a cartilha de Mosquera e Rodriguez (2015), que argumenta que as principais barreiras ao autorreconhecimento étnico-racial na região do Caribe são a difícil construção das identidades diversas, a intensa miscigenação da Costa Atlântica ou o mito da miscigenação triétnica, a existência de racismo e discriminação racial, o desconhecimento das contribuições da África e das culturas negras, a negação da etnia negra em territórios onde há povos indígenas, e Etc. E assim, e assim. Essa aproximação aos elementos quantitativos é importante porque os censos demográficos são uma parte fundamental da criação de políticas públicas, de modificações na forma como o governo e suas diretrizes são direcionados na busca de uma vida melhor, que pode determinar quem pode vir para nossas clínicas particulares e quem não. De fato, a conclusão foi que é necessário

> *levar em conta nas políticas públicas de trabalho, na escala das áreas metropolitanas, um componente diferencial étnico-racial e de gênero orientado para a redução do peso da desigualdade e que contenham um caráter operacionalmente zonal e microlocalizado (Mosquera y Rodríguez, 2015).*

Nota 3

C. é um homem na faixa dos 40 anos, profissional com uma longa carreira em complexos multinacionais, fluente em vários idiomas, casado e sem filhos. Com experiências regulares em que o emprego dos sonhos nunca foi alcançado, o escolhido era sempre o amigo menos qualificado, mas com um sobrenome reconhecido. Ele se mantém em um ambiente onde todos o chamam de "o negro", mas ninguém mais tem um apelido. Como de costume, o apelido não lhe causa nenhum problema. Depois de algum tempo em análise, ele reconhece que nunca foi suficiente para conseguir os empregos desejados, embora seu círculo próximo possa lhe dar acesso a eles. Ele é sempre consultado, mas nunca é adequado para presidir. Ele reconhece que não é apenas "o negro", mas também é negro e que isso desempenha um papel na maneira como é percebido pelas pessoas ao seu redor.

O acima exposto, a consideração de "outros", começou no país, talvez a partir da constituição decidida em 1991, que nos reconhece como um estado secular, multiétnico e multicultural. Na Constituição de 1991, o Direito à Igualdade é contemplado, onde aparece a posição do governo frente a discriminação e sua decisão de proibi-la. Em seguida, a lei de negritudes ou lei 70 de 1993, que estabelece a prevalência de terras da Costa do Pacífico (a Costa no Oceano Pacífico) relacionadas à produção econômica própria das comunidades afrodescendentes. Houve discordâncias e desentendimentos em relação a essa lei, não apenas por causa dos aspectos econômicos e da posse da terra (em que um dos processos econômicos que proporciona o sustento da população é a extração artesanal de minerais), mas também pelo significado de ter de ser declarado afrodescendente pelo Estado e a implicação psicológica para alguns.

Naquela época, uma decisão do Tribunal Constitucional (T-098 de 1994) acrescentou que o caráter de uma conduta, atitude ou tratamento discriminatório pode ser consciente ou inconsciente, mas foi somente a partir da década de 2000 que se fizeram presentes intenções concretas de instituições governamentais, como a Defensoria Pública, na busca pelo cumprimento real deste dispositivo, com a criação de grupos de trabalho como o "Grupo Antidiscriminação" ou o Observatório da Discriminação Racial. E uma das últimas, a lei 1482 de 2011 ou lei antidiscriminação.

As pesquisas revelam que os direitos e as carências das minorias não são conhecidos por parte da população. Ou há reclamações desproporcionais em defesa dos direitos, frente aos quais o público em geral dá mais atenção aos possíveis danos que poderiam ocorrer a espaços públicos do que à reclamação sobre a violação do direito. Esse foi o caso do ato de demolição de esculturas de colonizadores no sul do país por comunidades indígenas. O ato acabou sendo problematizado pela mídia, distorcendo o sentido de protesto que se pretendeu implementar com a intervenção. Como afirma Mara Viveros em seu estudo Discriminação Racial, Intervenção Social e Subjetividade (2007). Nessa publicação, a autora explica a origem histórica, social e cultural da discriminação com base na permanência de representações sociais e culturais negativas sobre aquelas coletividades percebidas como diferentes e a aquelas que se excluem.

Ela prossegue dizendo que "numerosos estudos demonstraram que o projeto de construção da nação colombiana que se seguiu ao processo de independência atribuiu um papel subordinado aos povos não europeus, às mulheres e aos grupos vulneráveis, e excluiu aqueles que não se enquadravam nas características do homem "branco", proprietário, heterossexual e sem deficiência".

E a saída?

É impossível abranger a totalidade dos conceitos e das discussões desenvolvidas sobre o assunto. Aqui, tento enfatizar os conteúdos adquiridos nessa viagem. Pode ser que esses sejam os que mais consegui entender. E destaco a alta qualidade de inúmeras discussões e consensos que deixei de fora e que convido a visitar.

Uma das primeiras coisas que podem ajudar é romper com o pensamento colonial. Tentar descolonizar, aceitar novas formas de ver o mundo. Repensar as lógicas que estavam destinadas a serem vistas como menos importantes, silenciadas, deslegitimadas. Tentar acolher o diferente e filtrar o que já está pré-estabelecido, levando em conta a necessidade da conjuntura, do apoio, da refração.

Os sentimentos e as emoções que surgiram nessa jornada são reconhecidos como previamente habitados e silenciados pelos privilégios adquiridos ao estudar, trabalhar e conseguir a adaptação. Não posso dizer se o fato de estar ciente das raivas associadas à aquisição desses conteúdos, como a consciência das desigualdades anteriores e passadas e das presentes e vigentes, seja manter o pensamento colonial. Porém, não posso desprender-me, ainda, de uma necessidade de restituição, da necessidade de reparação. Talvez essa necessidade visceral ou inconsciente que parece concreta, após a jornada, seja diminuída e elaborada trabalhando humildemente com meus colegas psicanalistas. Com colegas que contribuem com o reconhecimento de seus privilégios e de suas experiências na estrutura racista vivida transgeracionalmente, que hoje tentam comigo encontrar compaixão, compreensão e uma saída para a complexidade. Com aqueles que estão unidos no reconhecimento da dor sofrida na carne e que trazem curas pessoais de como lidam com suas marcas até conseguirem minimizá-las ou desaparecê-las.

Não podemos ser absolutamente iguais, portanto, temos que trabalhar com as diferenças como parte integrante e estar cientes da dor que elas podem causar. Ser antirracista na medida em que tentamos viver.

Agradeço aos colegas psicanalistas latino-americanos da Fepal (2022 – 2024) com os quais nos reunimos, conversamos, discutimos e nos impactamos mutuamente durante esse período; é importante deixar registrado o que contribuiu para meu pensamento e compreensão.

Referências

Balibar, E.; Wallerstein, I. (1991). *Raza, Nación y Clase*. IEPALA Textos.

Brah, Avtar. (2011). Diferencia, diversidad, diferenciación In Cartografías de la diáspora. *Identidades en cuestión* (pp. 123–156). Traficantes de sueños.

Castro-Gomez, Santiago. (2005/2019). *La Hybris del Punto Cero ciencia, razón e ilustración en la Nueva Granada* (1750-1816). PENSAR.

Chakravorty Spivak, Gayatri; Giraldo, Santiago. (2003). ¿Puede Hablar El Subalterno? *Revista Colombiana de Antropología*, vol. 39, enero-diciembre, pp. 297-364.

DANE (Departamento Administrativo Nacional de Estadística por sus siglas) (2023). Mercado Laboral Etnico Raciales. https://www.dane.gov.co/files/investigaciones/notas-estadisticas-casen/abr--2023-Mercado-Laboral-Etnico-Raciales.pdf

Fanon, F. (2009). *Piel Negra Mascaras Blancas*. Ediciones Akal S. A.

Friedmann, Nina. (1984). Estudios de negros en la antropología colombiana. In J. Arocha & N. Friedman (eds.). *Un siglo de investigación social en Colombia*. Etno.

Grosfoguel, Ramon. (2009). Apuntes hacia una metodología Fanoniana. Apéndice. In *Piel Negra Mascaras Blancas*. Ediciones Akal S. A. pp. 261-284.

Grosfoguel, Ramon. (2012). El concepto de «racismo» en Michel Foucault y Frantz Fanon: ¿teorizar desde la zona del ser o desde la zona del no-ser? *Tabula Rasa*, núm. 16, enero-junio, 79-102.

Grossberg, L. (2006). Stuart Hall sobre Raza y racismo: estudios culturales y la práctica del contextualismo. *Taula Rasa*. N° 5, Julio-diciembre.

Gutierrez, I. (2023). Racismo e Impasse. *53° Congreso IPA La mente en la línea de fuego*.

Gutierrez, I. (2023). El Racismo en Colombia hoy. *Webinar de la Coordinación Científica de Fepal Una Cuestion de Color, Decolonialidad y Psicoanálisis*. En: https://www.youtube.com/watch?-v=IgQMxNcoXKs&t=5446s

Holmes, D. (1992). Race And Transference In Psychoanalysis And Psychotherapy. *Int. J. Psycho-Anal.*, 73, 1.

Latour, Bruno. (2007). *Nunca fuimos modernos. Ensayo de antropología simétrica*. Siglo XXI Editores.

Leary, K. (1997). Race, Self-Disclosure and "Forbidden Talk": Race and Ethnicity in Contemporary Clinical Practice. *Psychoanalytic Quaterly*, 66: 163-189.

Leary, K. (2012). Race As An Adaptative Challenge: Working with diversity in the clinical consulting room. *Psychoanalytic Psychology. Advance online publication*. Doi: 10.1037/a0027817

Medina, Lina. (2005). *La hybris del punto cero: ciencia, raza e ilustración en la Nueva Granada* (1750-1816). En universitas Humanística. Editorial Pontifica Universidad Javeriana.

Mosquera y Rodríguez, (s.f.). *Cartilla 2*: Principales barreras que actúan como barreras en los procesos de autorreconocimiento étnico-racial en el Caribe continental colombiano. Encontrado en internet: https://issuu.com/educacionintercultural/docs/cea_cartilla_02

Nieto Olarte, Mauricio. & Castro-Gomez, Santiago. (2007). La Hybris del Punto Cero: ciencia, raza e Ilustración en la Nueva Granada (1750-1816). *Revista de Estudios Sociales [En línea]*, 26| Abril 2007. Publicado el 01 abril 2007. URL: http://journal.opnedition.org/revestudsoc/21148

Pineda, E. (2018). Las heridas del racismo: Efectos psicosociales de la discriminación racial en las personas afrodescendientes en America latina. *Revista-Red de Estudios Sociales*. (XI) p. 46-64.

Pineda, E. (2013). *Racismo, endoracismo y resistencia*. Fundación Editorial el perro y la rana.

Puertas, M. (2010). *Del Color De La Piel Al Racismo. Prácticas y representaciones sobre las personas afrodescendientes en el contexto escolar bogotano. Un estudio de caso*. Universidad Nacional de Colombia, facultad de ciencias humanas, departamento de Antropología.

Roldan, J. (2009). La mentalidade colonial. De Garcilaso de la Vega a Vargas Llosa. *Runa Yachachiv, Revista electrónica virtual*. Disponível em: https://www.alberdi.de/mentalcolRold,17.04.09.pdf

Said, Edward. (1997/2002) *Orientalismo*. De Bolsillo. Random House Mondadori.

Viveros, Mara. (2007). Discriminación racial, intervención social y subjetividad. Reflexiones a partir de un estudio de caso en Bogota. *Revista de Estudios Sociales* n° 27. Agosto. 106-121.

Wade, Peter. (1997). *Gente negra, nación mestiza. Dinámicas de las identidades raciales en Colombia*. Editorial Universidad de Antioquia – ICAN – Siglo de Hombres Editores – Ediciones Uniandes.

Yunis, T. E. (2003). *¿Por qué somos asi? ¿Qué pasó en Colombia?* Analisis del Mestizaje. Editorial Temis S. A..

9. Tranças de ébano

Luis Fernando Orduz

A mão

Cada vez que o tema do pensamento colonizador me questiona e tenho de pensar sobre ele a partir da perspectiva da psicanálise, me vem à mente o conceito de relação de domínio, proposto pelo analista francês Roger Dorey, que descreve uma forma de relação entre dois sujeitos com base no conceito freudiano da pulsão de domínio.

Recordemos de que, nas descrições tangenciais realizadas por Freud sobre essa pulsão, ele fala do tato e das implicações da maneira como a mão faz contato com o mundo ao redor. Freud sugere um modo psíquico que é construído a partir de um funcionamento ligado ao exercício, à práxis, dessa zona corporal. Uma representação psíquica surge da maneira pela qual a mão procura agarrar-se ao mundo externo a fim de manter em seu bojo os vários objetos que tropeçam em sua concavidade palmar.

Con-tacto fala do toque do outro em minha pele e de minha atuação no corpo dos outros. Essa ideia reflete o enfoque binário e antitético com o qual Freud organizou o funcionamento da psique, entre o eu e o outro, entre a busca do prazer para se libertar das tensões contrárias de caráter desagradável e entre a diferença gramatical da ação do impulso que opera a partir da atividade ou da passividade do verbo. Dito dessa forma, isso implica que há uma mão que domina o mundo, mas ao mesmo tempo há um toque que nos subjuga, pelo poder de seu vigor ou pelo poder de sua sedução.

Na compreensão freudiana, há uma polaridade que oscila entre o dominador e o dominado, há uma atividade que dá origem ao polo sádico da pulsão tátil, e há um ato passivo-receptivo, que dá origem ao outro polo que Freud chamou de masoquista. Entre os dois, se dá a possibilidade de uma forma intermediária, uma ação dirigida a si mesmo, e que no pensamento de Freud se situa como autoagressão, expressa em formas verbais transitivas.

"Atacar" vem do latim *gressus*, que se refere a dar um passo, atacar é ir em direção a outro. Se a origem está na pulsão tátil, seus derivados pulsionais avançam em seu domínio do mundo, às vezes seu gradiente aumenta de intensidade, por isso transgredi ou ataca. Mas se a agressão não transgredi, a dinâmica leva à regressão, a agressão retorna ao sujeito. O impulso tátil opera entre o polo agressivo e o regressivo.

O toque é também a gênese da conexão com o mundo, da interação, da relação, o toque é o sinal que comunica a presença de outros corpos, o testemunho da existência carnal do outro, de sua textura, de sua tessitura, de sua temperatura.

Da mão emergem os instrumentos com os quais mediamos a relação com o mundo; da mão emerge a ferramenta, o lápis para escrever, o pincel para desenhar; da mão emerge a posse do outro, e daí decorre que a mão dá significado ao conceito de manipulação. Dela também emerge a carícia, da carícia de um instrumento de corda ou de percussão emerge a musicalidade; da carícia intensa e transbordante pode surgir uma laceração. Da mão que percute, pode vir tanto um golpe quanto a musicalidade.

O poder é exercido a partir das metáforas da dominação manual, o dominador sinaliza com sua mão empunhada a ação violenta sobre outro corpo, o gesto manual da mão levantada funciona como uma ameaça, um homem levanta a mão diante de uma mulher para demonstrar sua força e a fraqueza dela, o violento golpeia com a mão ou com alguma extensão da mão (espada, faca, revólver, marreta, todas extensões manuais) para maltratar, ferir e assassinar.

O senhor domina o escravo como se ele fosse uma presa, a mão que aprisiona, aprisiona, esmaga, destroça. O escravo dominado, o sujeito submetido, usa grilhões e correntes em seus pulsos, como um testemunho de sua impotência diante da mão escravizadora.

A mão empunhada surge como um símbolo de poder e manipulação, as correntes nos membros como um símbolo de escravidão.

Doña Dulce Maria Loynaz, poeta cubana do início do século XX, disse:

> *Tua mão dura, rígida, apertando....*
>
> *Apertando, apertando até espremer*
>
> *o sangue gota a gota...*
>
> *Tua mão, garra gelada, gancho lento*
>
> *que se afunda... Tua mão.*
>
> *(Poema, o jogo da morte)*

O domínio

Volto ao conceito de Roger Dorey sobre a relação de dominação, no qual o autor deseja demonstrar a maneira pela qual um sujeito domina outro, como um sujeito manipula outro para suprimir seus desejos e impor os seus.

A pele nevada de um sujeito narcisista não pode suportar a diferença que a cor de outras epidermes refletem. Quando outra pessoa mostra sua diferença, o sujeito dominante tenta, em um primeiro momento, despojar o outro do que ele deseja para impor, em um segundo momento, seu próprio desejo; em uma função de anulação, o desejo do dominador se impõe e apaga outros desejos diversos, a lei do pai prevalece.

Porém, estas duas ações não são suficientes, estou me referindo a despojo e a imposição, se não se realiza a terceira ação que significa o domínio, a marca corporal. O dominador precisa ferir a pele do outro, para deixar uma marca de sua potência no corpo do outro. Assim como um amante deixa a marca de um beijo no pescoço da amada, o dominador precisa marcar a pele ou o corpo do dominado, uma marca que lembrará ao sujeito submetido um sinal de pertencimento e submissão (Escobar & Orduz, 2011).

Esses três aspectos da relação de dominação podem ser facilmente exemplificados em relação às práticas coloniais que nossos povos primitivos tiveram de sofrer nas mãos dos conquistadores espanhóis e portugueses, que nos despovoaram de nossos deuses, nossos costumes, nossos bens, para impor seu único deus, sua língua e seus ritos católicos marcados pela condenação moral de nossos atos e paixões.

Para impor seus credos, eles cercearam nossas linguagens e nossas formas de habitar nossos corpos. A marca começou por nos impor ideais que nos levaram a odiar nossos corpos para desejar as formas europeizadas, suas cores e fragrâncias, sua ética e sua estética.

No caso específico dos povos afro, seus corpos foram, literalmente, marcados a ferro e fogo. Estes dois elementos que Hipócrates destinava à cura médica funcionavam aqui como sinais de dominação. Essa marcação, chamada carimba[1], só foi interrompida, em algumas ocasiões, porque um corpo queimado, mutilado e lacerado significava que o escravo perdia valor comercial.

A imposição de um ideal, que configurava uma forma desejante distante de nossos corpos originais, constituiu um gesto simbólico que determinaria nossas construções identitárias, restando-nos o gesto de nos reconhecermos na pele do outro como se fosse um espelho, o gesto de olhar para outra latitude para podermos nos enunciar como eu.

Talvez, alguém poderia argumentar, esse seja o movimento de todos os processos de identificação, o movimento alienante na superfície especular do outro. Mas será que essa teoria do movimento alienante constitucional em que nós reconhecemos no olhar do outro materno justifica essa outra ação alienante que nos leva a nos despojarmos de nossos ideais para nos reconhecermos nos deuses do outro que nos coloniza ou domina?

Só para ilustrar, gostaria de lembrar que meu país de origem, a Colômbia, adotou o nome de Colombo (o Colon-izador) no exato momento em que declarava sua independência. Desde então, nos reconhecemos na superfície de uma alteridade que passa pelos espelhos de nossos vizinhos do norte (Orduz, 2023).

Figura 9.1 Caro, Antonio.

A marca da colônia parece ser que nossa identidade está em outro lugar, mas não em nós. Passamos nosso tempo construindo simulacros de nossa identidade, pastiches de uma imagem em que nossos desejos, para serem aceitos, precisam assumir a forma dessa alteridade dominante.

Mas assim como os corpos são despojados da pele de sua identidade para que outras cores e outras formas de reconhecimento possam ser impostas, também vale a pena pensar que existem marcas de origem arcaica que não conseguiram e não conseguirão ser domesticadas pelas figuras que atuam como dominadoras. Assim como o sincretismo religioso permitiu a sobrevivência dos orixás, houve muitas outras práticas que escaparam ao domínio do senhor escravocrata, os sabores da culinária, as formas de expressão dos corpos, as histórias orais que vivem na forma de cantos. Enquanto a palavra escrita pode morrer sob a ação letal do fogo, a forma falada sobrevive nas matrizes das gerações como ecos sonoros que não se dissolvem com o passar do tempo.

Assim, nesta forma oral, chegou algum dia aos meus ouvidos estes versos retumbantes de uma mulher chamada Shirley (Campbell), Terminantemente Negra:

Me nego terminantemente

a negar minha voz

meu sangue e minha pele

e me recuso terminantemente

a deixar de ser eu

a deixar de me sentir bem

quando olho para meu rosto no espelho

com minha boca

retumbantemente grande

e meu nariz

retumbantemente belo
e meus dentes
sonoramente brancos
e minha pele
corajosamente negra.
E eu me recuso categoricamente
a deixar de falar
meu idioma, meu sotaque e minha história
e me nego terminantemente a
a ser uma daquelas que se calam
daquelas que temem
daquelas que choram
porque
me aceito
retumbantemente livre
retumbantemente negra
retumbantemente bela.

Deslocados

Um aspecto importante na forma de configurar um domínio de um sujeito sobre outro, de um povo sobre outro, está na forma como as coordenadas espaço-temporais são organizadas para que um sujeito construa as formas de representação de seu novo mundo.

Um efeito importante do projeto colonizador espanhol, por exemplo, foi alcançado com as marcas do território, em particular com o desenho geométrico da praça, o centro da colônia. A praça era, ou é, uma estrutura retangular, onde em cada borda de sua quadratura foi erguido um monumento arquitetônico representativo do poder espanhol ou português, ou seja, a catedral, e os edifícios das instituições legislativas de cada entorno (Pérgolis, 2002).

Em contraste, a maioria das estruturas pré-colombianas tinha um traçado circular; as construções aborígenes eram bohíos[3] que se apresentavam como circunferências. A concepção espacial aborígine predominava a curvatura que se desenhava na periferia de rios ou montanhas.

A quadratura de uma concepção espacial que pensava na linha como o caminho mais curto para unir dois pontos veio para desfazer o círculo de nossos assentamentos indígenas. Mas o interessante é que todos os domingos, quando se celebrava o dia do mercado no vice-reinado, essa praça retangular era ocupada de forma circular pelos camponeses indígenas ou crioulos que vinham oferecer seus produtos.

Para desfazer essa prática circular, os vice-reinados da época expulsaram os comerciantes da praça e transferiram os mercados para outros locais distantes do centro geométrico. O processo de deslocamento implicou, então, que certas atividades fossem levadas para as margens a fim de preservar as ações centrais, que eram aquelas que, ao serem instituídas, refletiam os ideais das instituições que emolduravam a praça central (Moreno, Pérgolis, Orduz, 1998).

A geometria do poder é protegida pela imposição de um centro e por margens que servem como limites e fronteiras para diferenciar o próprio do alheio, o comum do externo, o interno do estrangeiro, o conforme do deformado, o familiar do não familiar, e lembremos que essa última ideia é importante dentro da ideologia psicanalítica porque ao não familiar é atribuída a noção de sinistro.

Toda vez que a quadratura se curva, toda vez que a linha do quadro é desfocada, toda vez que a ordem vislumbra um sinal de desordem, os cuidadores do centro de identidade surgem como inquisidores éticos para exigir a restauração das marcas, dos limites. Cuidar tem sido associado à preservar uma ordem institucional. A palavra marquês vem daqueles senhores a quem foi confiado o cuidado das marcas, das margens espaciais, bem como dos limites da ética, dos quais se encarregavam os inquisidores (Orduz, 2023).

Os marqueses e inquisidores têm a função de supervisionar e controlar as fronteiras do território, a fim de disciplinar aquele sujeito, grupo ou ideia que transgrida, com alguma ação, dito ou pensamento, o limite continente do território. Para aquele outro que não reflete o centro da identidade, há o lugar do ex: expulso, excluído, extraditado, estranho, estrangeiro.

O paradoxo dessa afirmação é que a figura do colono é a de um estrangeiro, que vem como uma espécie de deus católico. O colonizador parece uma encarnação do filho de Deus, que sede celestial de um *topos* urano envia seu filho para reinar em um topos terrestre. Esse ser que se instala no centro identitário é um aventureiro arrivista que, para sustentar seu reino e seu deus, precisa se livrar das diferentes formas que não se encaixam na quadratura de sua organização mental.

Cópias

América Latina é sinônimo de diversidade e contrária a identidades unitárias. Carlos Fuentes (1990), em *Valiente Mundo Nuevo*, propôs que nós chamássemos de Indo-Afro-Ibero América, assinalando as outras identidades que a designação europeia ocultava. Enfatizou essa ideia porque a outra ação importante em relação à diferença é tornar invisíveis as formas de sua existência, para que não se reflitam na superfície especular das matrizes culturais.

A ação unitária que busca uma essência tem sido importante para dissipar os focos de mutações diversas, razão pela qual instituições como a escola e a igreja têm sido centrais nos processos de homogeneização cultural.

A igreja foi fundamental para impor uma alma aos novos corpos que convergiam nesse novo território, por isso nos animaram com seu deus, o ideal unitário católico baseado no culto de uma imagem de sofrimento permitiu a coesão do grupo social, permitiu a orientação da diversidade da mestiçagem ou *mulataje* para o deus único, branco e masculino, que se impôs como regente de nossos credos.

Quero fazer um parêntesis e me deter por um momento nas implicações que a palavra orientar reflete em sua sonoridade, para indicar que essa palavra se refere a um sentido espacial específico, orientação vem de oriente.

As primeiras formas de orientação tinham como base o nascer do sol, portanto, por algum tempo, na Idade Média, os mapas tinham uma estrutura na qual o que estava no topo era o continente asiático. Eram mapas denominados T em O, um círculo era desenhado (apesar da crença no mundo plano) e em seu interior era feito um T (talvez por ser o sinal da cruz). No topo do T estava a Ásia, e nos lados esquerdo e direito da vertical estavam a Europa e a África. O centro era Jerusalém. Tudo isso foi mantido até que a institucionalização da

Europa como o continente que dominava os territórios ultramarinos no século XV mudou as cartografias (Orduz, 2023).

Figura 9.2 Mapa T en O. Orbis Terrarum. San Isidro.

Hoje já não é o oriente, o nascer do sol, que orienta os processos formativos. Hoje o ponto cardeal dominante é o norte, ou o oeste, e lembremos que o Ocidente é uma palavra que vem do pôr do sol. Hoje é mais importante validar o conhecimento com um diploma de uma academia francesa ou inglesa do que de uma academia boliviana ou africana.

A cópia do modelo europeu colonizou nossas mentes, reforçado pelas formas cotidianas da escola. O processo formativo não é a busca da sua própria expressão, é a busca da expressão do outro, autorizamos nossa voz na voz do outro.

Vivemos no universo da citação, da réplica e da cópia, um aluno copia outro, ou plagia o trabalho de outro. Essa ação do aluno é imediatamente sancionada,

Porém, o ato do aluno não é um extremo da mesma coisa que a instituição o incentivou a fazer? É como um paradoxo interno do sistema. O professor em uma aula magistral vive citando outros autores (europeus ou norte-americanos, raramente de nossas próprias latitudes) e pede, de alguma forma, que os alunos façam o mesmo.

Somos a cultura da fotocópia. Construído à imagem e semelhança do outro habitante hiperbóreo dos limites norte do trópico de câncer, o universo é composto a partir da reprodução de seus ideais. O problema, em minha opinião, não está nessa ideia do alter que nos constrói; desde a psicanálise, isso é entendido como um fato estrutural no desenvolvimento psíquico, como já indiquei. O problema está no caráter unitário dessa imagem, que nega ícones alternativos, que anula a singularidade e particularidade ao considerá-la um caso bizarro ou fora do cânone estabelecido.

Monstros

O homem branco europeu, monoteísta e racional, tornou monstruoso tudo o que difere de sua corporeidade idealizada. O outro que se opõe à sua diferença em relação à cultura racional europeia ou do Norte é demonizado. O outro gênero como mulher, as outras peles como: preta, marrom, cobre, amarela, as outras latitudes como sul e leste, as outras formas consideradas deformadas, a outra ética considerada antiética, os outros deuses que nem sequer estudamos, as outras razões que nos parecem exóticas. Esses outros, vocês, são (ou nós somos) bárbaros da extraterritorialidade, um conjunto de outros sem voz.

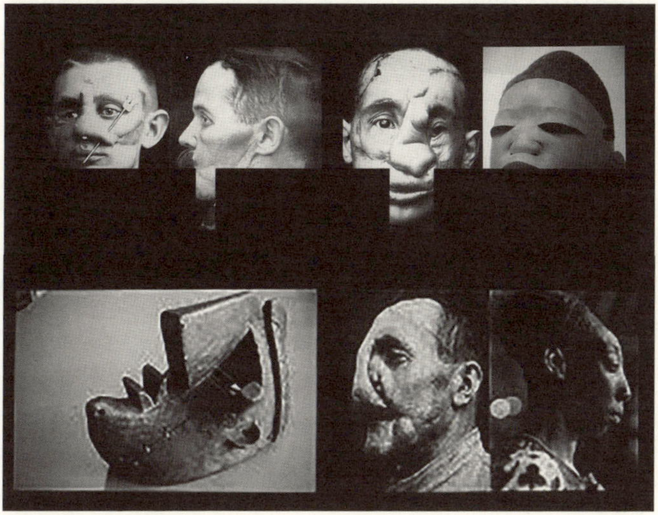

Figura 9.3 Addia Kater, Scared

A palavra "símbolo", em grego, refere-se a um objeto ou moeda dividida em dois que servia como senha para que as duas partes separadas se reconhecessem, a palavra oposta a sím-bolo é dia-bolo, diabólicas são aquelas partes que não conseguem gestar o processo de união.

Para o colonizador, o outro, o habitante do território que ele pretende expulsar, tem a conotação de diabólico. O colonizador europeu, e seu correspondente colonizado, faz símbolo com sua história, ali constrói integração identitária, por isso nossos deuses estão em Paris, em Viena, em Londres. Se continuarmos a nos reconhecer nesse espelho europeu colonizador, não seremos capazes de perceber nossas diversas intimidades, da potência criativa de nossas deformações não lineares. Nossas deformações são rechaçadas, tomadas como bárbaras, selvagens, sem educação, rurais, do Terceiro-mundistas, subdesenvolvidas.

A solução frente a este bárbaro, selvagem e bruto é educá-lo. Educá-lo é inserir o código social que unifica na razão ocidental, limpando suas arestas e diferenças. A tentativa do centro identitário é fazer com que esse bruto recupere a razão, por fora dos códigos modernistas, progressistas, cultos e desenvolvimentistas.

Toda forma monstruosa é refinada pela razão ocidental, pela aceitação do deus único, pelo treinamento acadêmico universitário. A ciência positiva, a do método científico, serviu para apontar as deformações dignas de reforma, assim a ciência branca bio-logizado as diferenças humanas.

No século XVII, um médico francês chamado Françoise Bernier inventou o conceito de raça em sua obra *Nueva división de la Tierra según las diferentes especies y razas que la habitan*. Cem anos depois, Pierre Camper, outro médico, holandês, determinou que os negros tinham um ângulo facial diferente e, portanto, menor capacidade craniana, o que os tornava, obviamente, menos inteligentes que os europeus. Joseph Arthur de Gobineau afirmou em sua obra *Ensayo sobre la desigualdad de las razas humanas* (1853-1855) que os alemães eram os únicos na Europa que haviam mantido sua pureza, já que o caos (leia-se revolução) havia se desenvolvido na França devido à poluição das raças entre os estratos de classe média e baixa.

Faço um passeio por uma história pessoal, sempre me chamou a atenção as atividades sociais realizadas durante meus anos no secundário. Os grupos sociais aos quais se detinha a atenção eram populações vulneráveis; para minha surpresa, esses grupos eram sempre afrodescendentes ou populações indígenas, marginalizados dos processos de urbanização e produção moderna.

É importante parar e pensar no que está por trás dessa atenção social aos grupos vulneráveis, não apenas às populações negras ou indígenas, mas também às crianças e mulheres, aos idosos e aos deficientes. De alguma forma, estabelece-se uma relação entre um sujeito que possui um saber e um poder e outros sujeitos que não têm estas potências, sujeitos, aos quais, se coloca em um lugar de ignorância e incapacidade.

Essa relação entre o homem branco europeizado (portanto, culto e racional) e o outro exótico e extraterritorial (portanto, inculto e irracional), que não carrega os signos brancos, mas carrega outras codificações e simbolizações, tem várias formas de se configurar. Em primeiro lugar, a atitude supostamente científica, já enunciada, de estudar as características desse outro para compreendê-lo e analisá-lo, para trazer ordem a esse caos, luz a essa escuridão, domínio a essa barbárie selvagem.

Dominar o outro, considerá-lo diferente, fora dos limites da ordem estabelecida, implicou em uma atitude paranoica em relação a esse outro que não reflete minha imagem. Fazendo um jogo com a palavra *paranoia*, eu a dividiria para indicar que *para* é um prefixo que indica à margem ou contra, e *noos* significaria razão. A paranoia se estabelece, então, quando algo coloca a razão em xeque, ou não tanto a razão, mas os fundamentos que dão origem a essa razão; para colocar em termos psicanalíticos, o núcleo mais narcisista de nosso ser. Portanto, o outro nos confronta com sua diferença, nos assusta com sua alteridade, nos altera.

Deus é negra

E se, além de não ser portadores de razões fálicas, somos de pele mais escura do que a brancura que assumiu, para si, a ideia de pureza? E se, além de não ser homens e brancos, não habitamos o paraíso do sonho americano, mas o da pobre realidade sul-americana? Ou alguém está falando em viver o sonho latino-americano ou o sonho afro-americano? Se até mesmo nossos intelectuais gostam de pensar em seu trabalho acadêmico fora de nossos territórios, e para isso sempre olham para o Norte como o universo desejável, como dizia no início.

O que acontece com aqueles que possuem peles diferentes, órgãos sexuais diferentes ou simplesmente pensamos diferente? Estamos excluídos de fazer parte do paraíso, somos estranhos de nossos próprios sonhos, não temos centro, habitamos a marginalidade. Estamos condenados a que nosso centro seja o sonho de outra pessoa.

Parodiando o discurso de Toni Morrison em sua recepção do Prêmio Nobel, acredito que há um tipo de sujeito condenado a habitar a margem, os eternos navegadores da *Stultifera Navis*, as identidades bêbadas que navegam à deriva, sempre condenadas ao exílio. Condenados por não serem ricos, condenados por não serem homens, condenados por não terem a pele branca, condenados por não pensarem como se deve pensar.

Hoje, a psicanálise é uma prática majoritariamente feminina, o que certamente permitiu o questionamento de muitos de seus fundamentos conceituais constituídos a partir do olhar masculino. Mas a psicanálise continua sendo uma prática muito exclusiva e excludente em outros parâmetros, como raça e condição socioeconômica. O que implicaria se eles, negros, indígenas, populações vulneráveis, se aproximassem de nossa prática? Ou, qual a implicação do questionamento da visão de nossos elevados honorários da prática individual para aproximarmos a uma prática comunitária economicamente desfavorecida?

Ao invés de olharmos no estético e harmônico espelho grego, o que aconteceria se buscássemos a superfície especular dos orixás?

Figura 9.5 Rosales Harmonia. La creación de Dios.

Será que a casta branca europeia e rica da psicanálise suportaria, em seu dicionário de termos básicos, falar em termos que não façam referência à sua centralidade europeia?

No início havia Olodumare, o deus criador de tudo o que existe, uma divindade que não é masculina nem feminina, ele não pode ser representado, pois não tem atributos humanos. Olodumare tem muitas encarnações, Oblatalá, o governante dos sonhos e do pensamento. Changó, o dono do raio, uma espécie de Zeus iorubá. Eleguua, um deus travesso que abre e fecha os caminhos da vida. Oggun, a divindade irascível. Orunla, o orixá da sabedoria, uma espécie de Tiresias que conhece o destino de todos os seres vivos. Yemayá, a divindade governante da maternidade e das águas de onde vem a vida, a deusa do mar e sua irmã, a deusa das águas doces e do amor, a mulher vaidosa e dançarina, Oshun.

Esses deuses poderiam se juntar ao pantão de Édipo, Narciso, Medusa, Caim, Antígona ou Odisseu? Me diriam melhor seria me dedicar ao vodu ou ao candomblé?

Para a concepção Iorubá do mundo, todo ser humano tem um destino que é esquecido ao nascer, mas estamos condenados a repeti-lo, é chamado de Ayanmo, se não for cumprido nesta vida, por qualquer motivo, o Ayanmo nos levará a reencarnar em outro corpo para cumpri-lo, uma espécie de compulsão à repetição que se tornou transgeracional na Santeria. Poderia falar de Ayanmo e não de repetição?

Existe um conceito chamado *banzo*, eu o li em um texto que citava um escritor brasileiro chamado Paulo Leminski. O *banzo* era um estado de espírito comum entre os afros submetidos à escravidão. Leminski disse: "Quando um negro banzaba, ele parava de trabalhar, nenhuma tortura de chicote de ferro em brasa faria mover-se. Ele ficava ali sentado, banzando, banzando, banzando. Ele tinha o desejo de comer terra. E, comendo terra, voltar à África, através da morte. Um homem negro com um banzo era uma peça perdida. Parece que "banzar" é uma versão africana do verbo português "pensar". "Pensar", para o negro afro-brasileiro, era "banzar"; sentir-se triste, triste por morrer. Uma tristeza que era o mesmo que se matar".

Os traumas sofridos por grupos étnicos alienados nos habitam desde antes de nossos corpos serem trazidos à vida, estão inscritos no ayanmo de grupos étnicos subjugados e perseguidos, inscritos tanto no corpo social quanto no corpo individual, dos corpos que se rebelaram contra a subjugação ou naqueles que caíram no banzo melancólico por não suportarem o exílio e a escravidão.

Tranças

Para concluir, gostaria de voltar ao conceito de relação de dominação enunciado no início, retomar a ideia das mãos que dominam, que subjugam, mas também pensar nelas a partir do pólo oposto, as mãos que acariciam e comunicam, as mãos que libertam.

As comunidades afro em meu território colombiano vêm recuperando aspectos de sua história através da poética das tranças dos cabelos. Enquanto nas décadas de 40 e 50, líderes negros americanos, como Malcom X, literalmente queimavam seus cabelos com alvejante para se reconhecerem no espelho da branquitude, hoje a recuperação da trança converteu-se em uma ação central na reconstrução da identidade afro-americana.

Uma construção que se conquista por meio da recuperação de traços de ações corporais que resistiram ao memoricídio das práticas coloniais ou que foram concebidas criativamente como uma forma de resistência à dominação branca. Com base nas histórias de Leocadia Mosquera, Lina María Vargas nos mostra como os penteados afro abriram caminhos para a liberdade:

> *Para planejar a fuga de seus senhores, as mulheres se reuniam ao redor das cabeças das meninas mais novas e, graças à observação do monte, desenhavam um mapa cheio de caminhos e rotas de fuga, localizando os montes, os rios e as árvores mais altas. Ao vê-las (as tranças, nas cabeças das meninas), os homens sabiam para onde partir. A linguagem do corpo, com códigos desconhecidos dos mestres, permitia que o povo fugisse (p. 119).*

Leocadia Mosquera foi uma professora afro, do nosso Pacífico, a quem sua avó ensinou o segredo dos penteados porque ela era considerada a Ananse da família, ou seja, aquele ser mítico representado por uma aranha; as Ananses são tecelãs que, com sua astúcia e poder, permitiram traçar, nas tranças dos penteados, as rotas da libertação.

Esse relato de Leocadia Mosquera me remete ao conceito de *Traços de africanidade* (Nina de Friedemann, 1992), que define a identidade afro-americana como uma reconstrução que se fundamentou em recordações de sentimentos, de formas estéticas, de sistemas sociais e sobrenaturais específicos das várias regiões africanas. Estas memórias têm sido reelaboradas continuamente, como uma reação dos afrodescendentes frente aos diferentes contextos sociais e ambientais que tiveram que enfrentar nas Américas.

Chama a atenção que no contexto das identidades afro, as características que sobreviveram estão ligadas a práticas corporais e orais. Digo isso porque haveria uma fidelidade de memória mais bem constituída para ser lembrada na palavra escrita do que em ações corporais, mas no caso desses *traços de africanidade*, a memória sobreviveu por meio de canções e sonoridades, pelo tempero e sabor dos alimentos, por movimentos e práticas corporais. Há uma memória escrita com atos no corpo, tão poderosa e sobrevivente quanto às práticas escritas da palavra, o que parece constituir uma espécie de corpo-política de resistência à identidade.

> *Césaire Aimé argumentou em 1993: Nossa época é a da identidade redescoberta, a da diferença reconhecida, a da diferença mutuamente consentida e, por ser consentida, pode ser superada em complementa-ridade, o que torna possível, espero, uma nova solidariedade e uma nova fraternidade (p. 9).*

Ao invés de discursos unitários que defendem uma identidade em oposição a outra, propõe-se um con-judar de diferenças, trançar identidades.

As manifestações culturais na maior parte do nosso continente estão permeadas pelas marcas do ébano, à maneira do tecido que se constrói com o trabalho das tranças. Os traços da africanidade têm sido um dos fios com os quais as diversas identidades na América

Latina têm se misturado, e isso é demonstrado na construção da música, da culinária e da corporeidade.

O tambor é a marca do ritmo da sonoridade africana que marca nossa música, o sincretismo religioso da santeria e do candomblé permitiu a sobrevivência dos orixás e alimenta nosso pensamento mágico com suas práticas, o vatapá brasileiro ou o tacu-tacu peruano carregam a mistura da culinária africana e temperam nossos sabores perto do mar; e o corpo, com sua pele abundante em melanina, sua bemba colorá (boca com lábios grandes e escuros) e as inesgotáveis tranças que brotam de suas têmporas, fios de ébano enrolado, cachos emaranhados, identidades frisadas e variadas.

À guisa de epílogo

Yesenia Escobar (poeta de Barranquilla)

Em meu cabelo, faz um tanto
que morreu o silêncio
e em seu lugar, uma revoada de pássaros,
de tagarelas corvos irritados,
abriu caminho como tempestade
correndo sobre as montanhas,
pelos riachos secos,
pelos caminhos empoeirados
onde a história habita.

Em meus cabelos
o murmúrio do mar se enrolou nos caracóis
para brotar como uma flor selvagem e subir até o sol
onde as deusas guardam
as águas viscosas de seus sexos,
aquelas águas que em seguida vertem como mel
em nossas bocas
vestidas de aguaceiro....

...A África toda
grita em meus cabelos,
não posso deixar que esse grito silencie.

Referências

Campbell, Shirley. (2017). *Rotundamente negra*. Biblioteca Nacional de Colombia. DIsponível em https://bibliotecanacional.gov.co/es-co/colecciones/biblioteca-digital/poemas-y-cantos/Paginas/01-poemas.html?id_poeta=Shirley_Campbell.

Césaire, Aimé. (1993). *Discurso sobre el colonialismo*. Akal Editores.

De Friedemann, Nina. (1992). Huellas de africanía en Colombia. *Thesaurus. Boletin del Instituto Caro y Cuervo*. Tomo 47, No 3.

Diccionario Etimológico. https://etimologias.dechile.net/?agredir

Dorey, Roger. (1992). La relación de dominio. *Libro Anual de Psicoanálisis*. Vol.2. pp. 191-204.

Escobar, A. & Orduz, F. (2011). Rayarse tatuajes en la piel: en busca de un sentido. *Revista Sociedad colombiana de psicoanálisis*. Vol XXXVI. No 2.

Escobar, Yesenia. (2016). *En mis cabellos*. En https://www.triplov.com/novaserie.revista/numero_59/YeseniaEscobarEspitia/index.html.

Freud, S. (1980a). Los instintos y sus destinos . In *Obras Completas*. Tomo II, Ed Biblioteca Nueva (Obra original publicada en 1915).

Freud, S. (1980b). Lo Siniestro. In *Obras Completas*. Tomo III. Ed. Biblioteca Nueva (Obra original publicada en 1919).

Fuentes, C. (1990). *Valiente mundo nuevo*. Fondo de Cultura Económica.

Leminski, Paulo. (2013). *Vida: Cruz e Sousa, Bashô, Jesus e Trótski*. 4 Biografias. Companhia das Letras.

Loynaz, Dulce María. (1993). *Poesía completa*. Letras Cubanas.

Moreno, D., Pérgolis, J. & Orduz, F. (1998). *La ciudad de los milagros y las fiestas*. Tercer Mundo Ed.

Morrison, Toni. (1993). *Discurso al recibir el premio Nobel de Literatura*. Disponível em https://www.ersilias.com/discurso-de-toni-morrison-al-recibir-el-premio-nobel-de-literatura-7-de-diciembre-de-1993/.

Orduz, F. (2023a). Formación Colonizadora. *Revista T(r)ópicos*. Sociedad de Psicoanálisis de Caracas. Año XXVIII. Vol 1.

Orduz, F. (2023b). Prisões e liberdades: tornar-se sujeito. In *Práticas psicanalíticas na comunidade: relatos em dois atos*. Editado por Bracco, S. & Terepins, S. Blucher.

Pérgolis, Juan Carlos. (2002). *La Plaza. El centro de la ciudad*. Universidad Nacional de Colombia.

Vargas, Lina María. (2002). *Poética del peinado afrocolombiano*. Tesis para optar por el grado de Sociología (Universidad Nacional de Colombia) em https://jaimearocha.files.wordpress.com/2015/06/poc3a9tica-del-peinado-afrocolombiano.pdf

10. Pele marrom: discriminação, identidade e resistência

Carmen Rosa Zelaya Pflucker

A abordagem psicanalítica do racismo na América Latina é uma tarefa complexa e desafiadora, pois envolve a extensão de suas categorias, extraídas da experiência clínica, a um registro sociocultural. Reconhecendo que elas provêm e foram desenvolvidas dentro de um contexto cultural ocidental e eurocêntrico, a tentativa de aplicar referências conceituais à descrição e à compreensão de realidades compostas por processos históricos marcadamente diferentes implica uma abordagem de articulação cuidadosa e também um uso conceitual limitado. No entanto, apesar disso, o desenvolvimento da psicanálise na América Latina exige que se corra esse risco, como parte de uma tarefa necessária que leva a um melhor conhecimento de seus povos.

Dado que o racismo é um fenômeno que se configurou e se articulou ao longo do tempo, decorrente de diversas circunstâncias históricas e geopolíticas, cujos efeitos tiveram impacto sobre a população, é essencial recorrer ao diálogo com outras disciplinas, como a história, a antropologia, a sociologia e a filosofia, para se aproximar da compreensão e da reflexão sobre o sofrimento subjetivo produzido pela discriminação racial em sociedades caracterizadas por desigualdades marcantes e diversas.

Na psicanálise, a necessidade de compreender o sujeito em seu tempo, sociedade e cultura é cada vez mais reconhecida. Freud (1913) propõe considerar a influência do aparato cultural e social na continuidade da vida psíquica por meio da formação do superego, dando a este último o poder de transmissão inconsciente das ideologias do passado.

A realidade latino-americana, na qual a opressão da cultura ocidental predominou sobre a cultura indígena, exige uma integração dos problemas decorrentes dos processos históricos, de modo a recuperar e atualizar o significado de suas tradições, seus conhecimentos, sua língua e sua cosmologia. A discriminação baseada na raça ou etnia de uma população não só produz importantes marcas de dor, de natureza traumática, naqueles que a sofrem, mas também é agravada pela negação da mesma, bem como pela falta de reconhecimento de seus efeitos intrapsíquicos individuais e coletivos, o que favorece a persistência de relações intersubjetivas nas quais se reproduzem formas de dominação e subordinação. Por meio de processos de transmissão inconsciente, essas desigualdades são mantidas de uma geração para outra, até os dias atuais.

Embora os movimentos indígenas do último século tenham contribuído para tornar visível o valor da produção cultural indígena, promovendo assim o reconhecimento dos direitos civis, bem como o desenvolvimento de políticas públicas de inclusão social, na prática cotidiana ainda é possível perceber as fortes raízes de resistência nos grupos sociais que distorcem sua plena aplicação.

O racismo é um tema que demanda uma profunda análise e reflexão na clínica psicanalítica, uma vez que sua manifestação não passa necessariamente pelas associações verbais do paciente, não podemos deixar de reconhecer sua atualização no setting analítico, por meio de movimentos transferenciais e contratransferenciais. As diferenças de cor, raça e etnia estão presentes na organização do vínculo analítico.

Como psicanalistas latino-americanos, precisamos ampliar nossa capacidade de ouvir para conter, nomear e analisar o sofrimento psíquico em relação ao racismo e à discriminação que se manifestam no processo analítico.

Historicização do racismo e da discriminação no Peru

Para abordar a questão do racismo no Peru, devemos voltar aos momentos históricos em que se instalou uma profunda e acentuada polarização da sociedade peruana, baseada no fenótipo da cor da pele e nas diferenças culturais.

O *Tahuantisuyo*, também conhecido como Império Inca, foi conquistado em 1533, quando Francisco Pizarro capturou Atahualpa, o último imperador inca, na cidade de Cajamarca, no norte do Peru. Desde o início, o encontro entre espanhóis e índios foi marcado por confrontos culturais e militares, com os espanhóis particularmente preparados e agressivos em seus esforços para subjugar os índios, o que foi ajudado pelo conflito político que estava ocorrendo na época entre os irmãos herdeiros do império. A invasão espanhola, violenta e progressiva, minou as estruturas políticas, sociais e culturais que organizavam a sociedade andina, impondo, em seu lugar, valores e categorias mentais ocidentais.

Como argumenta Rita Segato (2018), as populações indígenas "viram sua memória histórica intervir", cancelando repentinamente a visão de mundo que organizava e dava sentido à sua cultura, para ser regida pelo conhecimento disciplinar eurocêntrico.

No Peru, a geografia desempenhou um papel importante na divisão do país. Cusco foi o centro do poder político do Império, localizado nas terras altas, enquanto Lima se tornou, a partir da época colonial, o centro político espanhol, principalmente devido às facilidades oferecidas pelo litoral para a instalação de um porto marítimo por onde entravam e, sobretudo, saíam produtos e materiais altamente valorizados na Europa. Assim, a Cordilheira dos Andes deixou de ser concebida como a espinha dorsal sagrada de um império para se tornar a demarcação que dividia o país. Por um lado, o poder político e econômico dos europeus, exercido pelos "brancos", foi instalado na costa de Lima e, do outro lado da Cordilheira, os povos indígenas foram marginalizados e excluídos.

Max Hernandez (2012) descreve a chegada e a presença do Ocidente no mundo andino como um cataclismo, entendendo-a como uma invasão que varreu violentamente as instituições construídas ao longo de milênios. Os espanhóis ergueram seu domínio, especificamente sobre as fundações das construções incas. Um exemplo muito claro disso foi a destruição parcial do templo de Coricancha na cidade de Cusco, onde ainda permanecem as sólidas estruturas incas compostas por grandes blocos de pedra, sobre as quais a ordem dominicana construiu o templo de Santo Domingo. Dessa forma concreta, um único discurso religioso válido foi institucionalizado, enquanto as crenças andinas foram rejeitadas e desprezadas. Nesse sentido, os indígenas foram concebidos como seres diminuídos, pagãos e selvagens que precisavam ser evangelizados.

A conquista, como qualquer evento violento de guerra, implica o desencadeamento extremo da pulsão de morte, cujo objetivo seria o ataque destrutivo do outro sem compaixão e sem culpa. Apoiados pela convicção de um propósito claro no início, como roubar e se apoderar de riquezas, os espanhóis impuseram o terror, matando para subjugar a população indígena, que sofreu uma redução considerável.

Uma das implicações da conquista e da transição para o sistema colonial foi o impacto sobre a subjetividade da população andina. Sua memória histórica, suas terras, suas crenças, seus conhecimentos, seus valores, sua língua, seus rituais e seus sistemas de organização social sofreram intervenções e foram usurpados em favor da administração colonial. Os indígenas colonizados foram reduzidos e aprisionados em uma posição de inferioridade, infantilizados, feminizados, objetificados e, associado a isso, uma ideologia discriminatória em relação à cor da pele, ao tipo racial: na ordem eurocêntrica, ser indígena ou "pardo" representava ser inferior, estar em falta, castrado, sem direitos e até mesmo sem alma. Por tudo isso, exposto a ser explorado, constituindo o outro abjeto (Kristeva, 1988), cuja vida só tinha valor se fosse funcional para o sistema, enquanto ser "branco" representava o ser superior, possuidor do falo e com o direito de exigir a servidão do indígena.

Com o período colonial, a convicção não só da inferioridade cultural da etnia andina, mas também da inferioridade biológica, foi estabelecida no imaginário coletivo. A cor cobre, antes associada ao valor sagrado da terra na cultura andina, passou a simbolizar o denegrido, condição que a converteu, no discurso social e político, em um objeto de uso e abuso para os "brancos" descarregarem suas pulsões.

Em sua hipótese sobre a função desobjetificante, André Green (1990) descreve formas extremas de expressão da pulsão destrutiva orientada para o objeto, que é desumanizado, reificado de forma insensível, deixando-o sem direito à alteridade. Ele argumenta que, com base em tal atitude, há uma racionalização que evita o sentimento de culpa, pois é criado um discurso que justifica transformar o outro em um repositório de agressão.

Com o estabelecimento da colônia, foi instituído um discurso ideológico para toda a população, que deu ao imaginário coletivo a certeza inquestionável (Aulagnier, 2001) da dominação espanhola sobre os indígenas.

A força com que a discriminação racial foi implantada e internalizada desde então permaneceu enraizada no inconsciente coletivo, mantendo sua validade ao longo dos séculos. O dano à integridade psíquica mantém presa, ainda hoje, a capacidade de afirmar sua dignidade, seus valores culturais e seu direito de participar de espaços sociais e políticos.

Atualmente, a cor da pele determina a localização de uma pessoa, seja geográfica ou socialmente, bem como o local onde ela pode morar e os empregos que pode exercer.

Subjetividade ferida

Como podemos descrever os efeitos do impacto traumático sobre a população indígena da conquista ou invasão espanhola e a instalação de um regime absolutamente dominante de poder estrangeiro?

Para Benyacar (2016), a realidade de um evento "disruptivo" tem o potencial de desorganizar, perturbar e/ou produzir uma descontinuidade na capacidade de representar e/ou dar sentido a esse evento.

O fator surpresa, confusão e medo são fundamentais para explicar a desorganização mental coletiva que o ataque de uma situação violenta pode produzir.

A falta de uma reação organizada entre a população indígena, durante e após a invasão espanhola, demonstrou a fragilidade do sistema inca, que naquela época estava enfrentando uma crise política. Além disso, o impacto da queda e da morte do Inca, que era reverenciado como um semideus, também chamado de "O Filho do Sol", presumivelmente teve o potencial de abalar a cosmovisão de mundo andina. Ao que parece, ambas as situações expuseram a população a um estado generalizado de "colapso mental", como Winnicott o chama, com a perda catastrófica da figura que simbolizava o poder paterno estruturante sagrado, responsável por garantir a ordem e a continuidade de um Império que vinha organizando um sentido cultural.

Exposta ao desamparo e à incerteza, a confusão geral poderia ter levado alguns grupos de indígenas a se aliarem aos espanhóis.

O caos e a desorganização da população indígena facilitaram a imposição e a legitimação da ideologia colonial, que se baseava na concessão de privilégios a alguns e na exclusão de outros. Como parte disso, foi estabelecida uma hierarquia social com base no fenótipo racial, em que a cor da pele e as características físicas desempenharam um papel determinante na naturalização da discriminação. A pele acobreada, o nariz proeminente e o cabelo liso começaram a simbolizar o arcaico, o ignorante em uma população que se supunha ser reeducada sob outra cultura poderosa e ilustrada.

As crônicas dos historiadores descrevem os níveis extremos e perversos de crueldade com os quais a população indígena foi submetida, cujas vidas tinham valor apenas na medida em que serviam aos propósitos dos colonizadores. A obediência absoluta era exigida deles.

Considerando esses fatos, entendemos que a interferência violenta na cultura andina gerou um impacto psíquico devastador na população, paralisando sua capacidade, como acontece com qualquer evento traumático, de elaborar um significado integrador próprio, que não fosse a subjugação e a alienação de uma posição derrotada e diminuída.

A falta de reconhecimento das profundas feridas narcísicas produzidas pela desapropriação e pelo apagamento dos valores culturais, associados ao desprezo racial, deixaria o índio derrotado sem um lugar de enunciação (Aulagnier, 2003) a partir do qual pudesse expressar sua indignação, representar sua condição de maltratado e, sobretudo, resgatar-se como sujeito. A subjugação e o silêncio de seu desconforto contribuíram para sua marginalização, humilhação e exploração.

Visto como ignorante e ressentido, instituiu-se a crença de que ele deveria obedecer obedientemente em silêncio, como se fosse natural negar sua integridade como ser humano. A partir dessa posição, ele estaria preso em uma condição de subalternidade, como Spivak (2007) chama, quando se refere à maneira pela qual as estruturas de poder dominantes silenciam as vozes dos oprimidos.

No caso das mulheres indígenas, a negação de sua dignidade foi dupla. Muitas delas, confinadas como empregadas em trabalhos domésticos não remunerados, também foram expostas a abusos por parte de seus empregadores, que as usavam para satisfazer suas necessidades sexuais quando viviam com as jovens indígenas. É de se supor que, no entendimento da aceitação de sua inferioridade, as jovens entregavam seus corpos ao homem branco com a expectativa de serem reconhecidas. Como produto da união sexual entre o homem branco espanhol e a mulher indígena, surgiu e se desenvolveu o crescimento da população mestiça.

O fato de ser filho de um pai espanhol e de uma mãe indígena implicava profundas tensões na construção da subjetividade das crianças. Isso implicava a necessidade de combinar a valorização do branco com o desprestígio do indígena, o que poderia gerar conflitos internos e ambivalências narcísicas com relação à sua autoimagem e posição social. O ideal do eu mestiço estaria inclinado a se identificar com o pai branco a fim de sustentar seu narcisismo, negando e se envergonhando de suas raízes indígenas, pois elas simbolizavam submissão, exclusão e pobreza.

Identificação e identidade

Com a hierarquização da estrutura social que se estabeleceu após o colonialismo, foram impostos estereótipos e ideais que reforçaram a afirmação e a continuidade da posição dominante e patriarcal. Os mestiços, cujo número estava aumentando, foram pressionados a assimilar a ideologia branca, "estranha e inimiga", como descreve Aníbal Quijano (2009), como uma solução de compromisso, por meio de várias práticas de "branqueamento cultural", renunciando ao idioma, às crenças e às tradições andinas para se adaptar às exigências do modelo cultural ocidental. O mandato inconsciente do superego internalizado ordenou que eles se "desindiginizassem", o que implicava a adaptação às normas e restrições coloniais de maneira rigorosa, com a expectativa de poder acessar os benefícios da classe privilegiada.

Isso significava adotar outro idioma, o espanhol, alfabetizar-se, abandonar o poncho, as ojotas, as tranças, as polleras, migrar para o litoral e, acima de tudo, imitar o comportamento discriminatório em relação aos mais "indígenas", ou seja, aqueles que haviam permanecido nas áreas rurais.

Como argumenta Franz Fanon em seu texto "Pele negra, máscaras brancas" (1965), as repercussões inconscientes da discriminação racista organizam um conflito interno no sujeito subordinado, criando um ciclo repetitivo entre o sentimento de diminuição por sua origem genética e a aspiração de se identificar com o poder branco.

No contexto colonial, o mestiço seria exposto desde o nascimento a um sofrimento psíquico ancorado em uma divisão de identidade, destinado a negar, transformar no oposto ou reprimir defensivamente para sobreviver à hostilidade exercida pelo sistema dominante.

Como psicanalistas, sabemos, a partir das contribuições de Winnicott, da importância da qualidade do olhar externo na constituição do narcisismo e no processo de subjetivação. O olhar do ambiente reflete, como um espelho, o valor dado ao corpo, na medida em que o eu e o corpo estão intimamente ligados. Se o olhar denigre algo tão essencial e sensível como a pele, ele se torna um ataque direto e violento ao eu (Anzie, D, 1998), interferindo nas possibilidades de libidinização do corpo e na representação do eu como um sujeito ativo e libidinalmente vital.

A corrente colonial que levou os mestiços a precisarem se identificar com a raça "branca" por meio da educação alfabetizada, da religião católica e do vestuário ocidentalizado poderia criar expectativas de que eles poderiam participar dos espaços concedidos aos "brancos".

Entretanto, a experiência demonstrou que, apesar do tempo decorrido, apesar da transição do período colonial para a República e apesar da existência de decretos em favor da igualdade, na prática, a discriminação racial persiste, mantendo desigualdades sociais marcantes. Em Lima, onde houve forte migração andina nas últimas décadas, as áreas onde eles conseguiram se estabelecer foram nas margens da cidade, também conhecidas como "cones", locais com condições de vida muito precárias de pobreza e extrema pobreza. No inconsciente coletivo, entende-se que o mestiço que chega à capital não só tem um lugar geográfico para morar, mas também deve se colocar em uma posição de subordinação em suas relações interpessoais. Eles precisam saber "a que lugar pertencem" e qual é sua condição, seja ela de servidão, exclusão do acesso a serviços públicos e rejeição do acesso a espaços privados exclusivos, como clubes ou discotecas.

Transmissão transgeracional

Por meio da postulação da noção de superego, Freud (1923) faz alusão à transmissão de uma ideologia herdada de gerações anteriores ao sujeito, que é comunicada inconscientemente, desde os primeiros anos de vida.

René Kaës (2006) entende o sujeito como um elo em uma cadeia intersubjetiva da qual ele provém, o que o leva a considerar o sujeito do inconsciente como um sujeito de herança. O indivíduo é precedido por uma pré-história que delineará sua subjetividade.

Assim como os valores e ideais de uma cultura são transmitidos, o mesmo ocorre com os conflitos e traumas não resolvidos. Na psicanálise, a história de e entre gerações é revelada como tendo peso e eficácia na produção da patologia. Por meio de identificações, o passado mantém sua validade, por meio de relações intersubjetivas, são transmitidas lutos, inibições ou desconfortos não resolvidos, que mantêm e aumentam os sentimentos de dor, impotência e/ou raiva, que são vivenciados circularmente de forma individual e coletiva, sem encontrar uma saída que permita a elaboração do conflito.

Na psicopatologia psicanalítica, entende-se que as experiências traumáticas produzem fixações, constituindo núcleos afetivos, que atraem, concentram e consomem a energia psíquica, interrompendo as possibilidades de reflexão e ação. O trauma também é estruturante, quando se ancora no inconsciente, seja por cisão ou por repressão dos afetos, e, por acumulação, pode envolver o ego em estados de frustração.

Levando em conta o que foi dito acima, podemos pensar que a falta de reconhecimento das feridas narcísicas produzidas pela discriminação racial tem repercussões no destino das pulsões agressivas. Como psicanalistas, sabemos que quando a agressão é dirigida a si mesmo, o eu fica preso em estados depressivos e melancólicos. A prova da resistência da dor psíquica é expressa no Yaraví, um gênero musical cantado pelos mestiços andinos, cuja letra e melodia evocam sentimentos de lamentação e tristeza. Por outro lado, quando a agressão se acumula ao longo do tempo, sua passagem à ação pode chegar a formas extremas de destruição externa.

No Peru, nas últimas décadas, tivemos a infeliz experiência do conflito armado, no qual grupos terroristas de dentro do país tentaram tomar o poder pela força. Como resultado dos confrontos entre militares, terroristas e civis, o número de desaparecidos e mortos é estimado em 70.000, sendo a população rural a mais afetada.

As explosões de protesto dos movimentos sociais revelam as profundas feridas narcísicas geradas pela marginalização e pelo esquecimento, que têm como elemento de fundo os efeitos da discriminação étnico-racial ao longo do tempo.

Apelo à ideia de Roussillon (2016) de "sofrimento narcísico-identitário" para propor uma abordagem aos problemas decorrentes de práticas racistas. Da mesma forma que falhas de reconhecimento precoce podem levar a traumas primários, sujeitos a formas primitivas de instintualidade e destinados à compulsão de repetição, a discriminação racial tem o potencial de danificar o ego corporal, afetando a função subjetiva do ego.

A filósofa e psicanalista Cynthia Fleury (2022) aborda a necessidade de elaborar o ressentimento que se torna arraigado como resultado de experiências de dor e injustiça, como a discriminação racial. Ela propõe considerar, em primeiro lugar, o reconhecimento e a validação dos estados emocionais que derivam de feridas narcísicas, gerando um discurso de reparação que assume a forma de ações sublimatórias que não negam o passado ou buscam retornar a estados anteriores.

Resistência

Juntamente com a tendência de assimilação ao sistema por meio da adoção de formas e estilos ocidentais, há também algumas iniciativas que buscaram revalorizar o conteúdo tradicional andino, promovendo suas festividades, artesanato, costumes e crenças. Vale a pena destacar o compromisso de alguns professores e alunos, que estão buscando treinamento com a convicção de que a educação é o caminho para sair da pobreza e para "ser alguém", como frequentemente se ouve da população rural. Professores e pequenos comerciantes pretendem retornar às suas comunidades com a intenção de contribuir para a conscientização do valor de seus conhecimentos, bem como de seus direitos de participação em órgãos sociais e políticos.

No entanto, as condições precárias de vida resultantes de uma longa história de negligência, bem como a corrupção institucional, tornam essa tarefa um desafio que testa a capacidade de resistir à frustração.

O trabalho de reparação na construção de identidades constitui um desafio para a psicanálise latino-americana. Considerando o reconhecimento dos aspectos tanáticos que participam da discriminação racista, da perversão para quem a exerce, bem como da anulação do eu para quem a recebe, é necessário fomentar a consciência da necessidade de criar espaços que promovam a simbolização do sofrimento que a discriminação produz, em direção à construção de uma identidade que não implique retornar ao passado inca (Asensio, 2016).

Historicizar envolve levar em conta os eventos do passado como uma realidade que não pode ser apagada; em vez disso, permite que as novas gerações se situem em um presente transformado, no qual podem usar ferramentas para enfrentar a hostilidade que o racismo produz.

O trabalho de revitalizar as forças internas para representar, nomear e simbolizar o sofrimento herdado e silenciado por tanto tempo permitiria a passagem de uma posição passiva e sofredora para uma ação que coloca em cena pública, por meio de diferentes gestos enunciativos, o desconforto produzido pelo racismo em todos os estratos sociais.

Isso implicaria a possibilidade de poder passar da discriminação étnico-racial para a coexistência diferenciada de culturas que evoluem, se transformam e se integram ao longo do tempo, enriquecendo mutuamente o conhecimento de cada um (Quintanilla et al., 2023).

Para concluir

Diante da questão do racismo, as sociedades psicanalíticas latino-americanas também precisam historicizar sua presença e seu compromisso com os problemas sociais de seu país. Embora tenham precisado se estabelecer nas cidades para realizar sua prática clínica, a experiência mostra que seu alcance tendeu a se limitar ao atendimento de uma elite privilegiada, ou seja, "branca", em termos de educação e nível socioeconômico.

Em nossa prática clínica, não podemos nos abstrair da reprodução de dinâmicas racistas, cuja análise deve contribuir para a validação do sofrimento psíquico e para a abertura de mecanismos de elaboração.

A proposta de uma psicanálise latino-americana contemporânea tem a tarefa pendente de aprofundar o conhecimento das populações que compõem nossa sociedade, criando dispositivos, com base em trabalhos de pesquisa, que nos permitam estender nossa prática a setores sociais que não têm acesso às nossas intervenções clínicas.

Referências

Anzieu, D. (1998). *El Yo-Piel*. Biblioteca Nueva.

Asensio, R. (2016). *Los nuevos Incas. La economía política del desarrollo rural andino en Quispicanchi* (2000-2010). IEP.

Aulagnier, P. (2001). *La violencia de la interpretación. Del pictografía al enunciado*. Amorrortu.

Aulagnier, P. (2003). *El aprendiz de historiador y el maestro de brujo*. Amorrortu.

Benyacar, M. (2016). Lo disruptivo. El impacto del entorno en el psiquismo. In *Lo disruptivo y lo traumático*. Nueva Editorial Universitaria.

Fanon, F. (2009). *Piel negra, máscaras blancas*. Akal.

Fleury, C. (2021). El resentimiento. Una amenaza para la democracia. *Festival Puerto de Ideas*. Canal YouTube.

Green, A. (1990). *La nueva clínica psicoanalítica y la teoría de Freud*. Amorrortu.

Freud, S. (1913). Tótem y Tabú. López Ballesteros (Trad). In *Obras Completas*. Biblioteca Nueva.

Freud, S. (1923). El yo y el ello. López Ballesteros (Trad). In *Obras Completas*. Biblioteca Nueva.

Hernández, M. (2012). *En los márgenes de nuestra memoria histórica*. Fondo Editorial USMP.

Kaës, R. (2006). *Trasmisión de la vida psíquica entre generaciones*. Amorrortu.

Kristeva, J. (1988). *Poderes de la perversión*. Siglo XXI.

Quijano, A. (2009). Las paradojas de la colonial/modernidad eurocentrada (A la memoria de André Gunter Frank). *Hueso Húmero*, abril, No. 53.

Quintanilla, P. et al. (2023). *Epistemologías Andinas y Amazónicas. Conceptos indígenas de conocimiento, sabiduría y comprensión*. Fondo Editorial PUCP.

Segato, R. (2018). *La crítica de la colonialidad en ocho ensayos. Y una antropología por demanda*. Prometeo Libros.

Roussillon, R. (2016). Núcleos melancólicos en el sufrimiento de la identidad narcisista. *Plenaria del XXXI Congreso de Fepal*.

Spivak, G. (2003). ¿Puede hablar el subalterno? *Revista Colombiana de Antropología*, volumen 39.

11. As monoculturas como violação da singularidade

Geni Núñez

A colonização não acabou, ela continua e se atualiza no contemporâneo. Neste território, que foi nomeado de América Latina, as homenagens aos colonizadores são presentes em cada estátua, esquina, em cada bairro, rua, cidade, país. A começar pelo nome do continente América Latina, que homenageia o colonizador Américo Vespúcio; pelo nome de países como Colômbia, que homenageia outro colonizador, Cristóvão Colombo, pelos nomes de santos católicos em estados como São Paulo, Santa Catarina e tantos outros, pelos feriados cristãos que são impostos mesmo em um Estado que se pretende laico, como o Brasil.

A própria divisão dos territórios indígenas em estados, em cidades e países obedece a uma invenção colonial, uma vez que Brasil, por exemplo, essa nação cuja língua oficial é a língua portuguesa, cuja religião oficial é o cristianismo, não existia antes da invasão. Por isso nossos povos são vistos como inimigos do Estado, já que nossa relação com o território não obedece a esse marco temporal e espacial. O povo guarani, do qual faço parte, vive em lugares hoje nomeados como Brasil, Paraguai, Bolívia, Argentina, portanto, antes de sermos brasileiros ou paraguaios, somos guaranis. E apesar de estar escrevendo este texto em uma língua que seria europeia, nossos povos já fizeram uma antropofagia com essas línguas, imprimindo nosso modo de pensar e ser no mundo mesmo quando utilizamos estas palavras que não eram nossas. Desvelar as monoculturas que nos atingem, é também contestar a universalidade das teorias eurocentradas, reafirmando nosso direito a narrativas que não tenham respostas únicas para o mundo todo.

Temos lembrado disso nos movimentos indígenas justamente porque para reparar é necessário antes reconhecer. Nossos territórios foram invadidos e violados em 1500 e continuam sendo nos dias de hoje. Quando falo em território, não estou me referindo apenas aos rios, matas, florestas. Nossos sonhos, nossa subjetivação, o modo como nos relacionamos também são parte do território da existência. Da mesma maneira como a terra, da qual também fazemos parte, pode ser reflorestada das feridas que a exploram, nosso tecido relacional também pode e deve ser parte desse reflorestamento.

No centro da colonização está o marco temporal, ou, melhor dizendo, os marcos temporais que incidem inclusive sobre nossa sexualidade, afetividade, modos de criar vínculos. Tenho chamado de sistema de monocultura a esse conglomerado colonial que se estrutura na monocultura da fé, através do monoteísmo cristão; na monocultura dos afetos, por meio da monogamia; na monocultura da sexualidade, mediante o monocissexismo e assim por diante (Núñez, 2021). Nas palavras de Ailton Krenak (2021, p.69), monocultura "é a imposição monolítica de um mundo só" e esta imposição pode ocorrer em diversas frentes.

Há importantes diferenças entre cada uma das monoculturas, mas o que as une é sobretudo a impossibilidade de concomitância: uma monocultura de soja impede a floresta e sua biodiversidade; o monoteísmo cristão afirma que há apenas um deus verdadeiro (o seu) e que todos os demais seriam falsos; a monogamia em que se comprova que ama alguém não podendo amar e desejar outras pessoas ao mesmo tempo; o monossexismo nos constrange ao binarismo de escolher azul ou rosa, homem ou mulher e assim por diante. Criticar a impossibilidade da concomitância não significa afirmar que, necessariamente, teremos de dizer sim a tudo e a todos, mas é um exercício de não tomar a decisão binária como um a priori inescapável, irrevogável.

Quando os colonizadores chegaram em nosso território, vieram com a premissa de que nos trariam a evolução, o progresso e a civilização. A nós, atribuíam o atraso, a selvageria, o retrocesso. Missionários como José de Anchieta diziam que havia um único casamento verdadeiro, o cristão monogâmico, e que os povos indígenas não eram evoluídos pois eram dissidentes da monogamia colonial. A pesquisadora Graciela Chamorro (2008) pontua que

> *A base da reestruturação da sociedade indígena nas reduções foi a imposição da família monogâmica patriarcal. Com ela os jesuítas colonizaram não só a "alma" dos indígenas, mas também sua percepção, seus corpos e sua sexualidade. O desejo sexual foi demonizado e toda lascívia castigada. O comportamento sexual como um todo era controlado pelo medo.*

Cabe pontuar que até à Constituição de 1988 nós, povos indígenas, éramos considerados uma categoria social transitória, ou seja, esperava-se o momento em que deixaríamos de ser "selvagens[1]"/animais e passaríamos a ser "civilizados"/humanos, quando, então, desapareceríamos. Para deixar de ser animal e se tornar humano, era necessário deixar de ser bárbaro e se tornar cristão; o projeto civilizatório esteve marcado pelo racismo religioso. Humano, nesse contexto, é menos uma descrição biológica e muito mais uma ficção política. "Mate o índio nele e salve o homem", famosa frase do capitão

1 Cabe pontuar que termos como "selvagens", "índios" (o termo que sugerimos é indígenas) e "tribos" são termos racistas.

genocida Richard Henry Pratt, na qual se percebe a oposição entre ser indígena/selvagem e cristão/civilizado/humano.[2]

Esse olhar colonialista sobre nossos povos aparece também em muitas outras áreas de pesquisa, linhas de investigação acadêmicas que só recentemente têm se aberto a nossas presenças. Temos buscado dialogar com as diferentes teorias (nossos povos nunca tiveram a obsessão de converter o planeta todo às nossas perspectivas), tendo a nitidez de avaliar até que ponto podem nos auxiliar e até que ponto discordamos de suas ponderações.

Gostaria aqui de fazer um breve exercício dessa ordem em relação a alguns aspectos da teoria psicanalítica freudiana, uma das perspectivas com as quais dialogo. Tenho admiração pela trajetória de Freud e por parte de sua produção, florescida e vibrante mesmo em um contexto histórico tão especialmente hostil e violento contra pessoas judias. É comum que pessoas brancas se refiram a Freud como um "homem branco europeu", mesmo sabendo de sua história, mesmo sabendo que naquele contexto a supremacia branca perpetrava um genocídio contra judeus, que evidentemente não eram vistos como pessoas brancas. Portanto, é a partir desse reconhecimento que farei minhas considerações críticas a algumas das ponderações que Freud construiu sobre povos "primitivos", especificamente as constantes em *Totem e Tabu e outros trabalhos (1913-1914)*, edição de 1996. Não tenho a pretensão de abordar a obra como um todo, pelo contrário, minha ênfase será especificamente na discussão acerca das noções de desenvolvimento e evolução.

Sinalizo que essas críticas, embora aqui endereçadas, não são exclusivas a Freud, inclusive, muitos outros diálogos seriam possíveis a partir dele mesmo, em outros de seus trabalhos. Estou ciente de que

---

2 Ver mais em: https://carlisleindian.dickinson.edu/teach/kill-indian-him-and-save-man-r-h-pratt-education-native-americans#:~:text=This%20resource%20includes%20the%20full,and%20Correction%2C%20held%20in%20Denver.

muitas dessas características estão presentes até hoje em diversas literaturas antropológicas e áreas afins, marcas, também, da falta de escuta da hegemonia em relação aos povos indígenas em primeira pessoa (do plural), uma realidade que pouco a pouco vem se transformando. É comum que se tente atenuar os discursos colonialistas com falas como "tal autor era uma pessoa de seu tempo", como se nossos povos também não coexistíssemos em diferentes temporalidades. Quando se toma narrativas hegemônicas como as representativas de uma época, corre-se o risco de justamente colocar à margem as dissidências desse mesmo período, que, nesse olhar, ficam "fora" de um tempo, de uma época da qual também fizeram parte. É reconhecendo as ambiguidades, paradoxos e limitações das teorizações psicanalíticas que sigo apostando nesse diálogo. Meu intuito não passa por encontrar uma "verdade" no passado da escrita freudiana, mas contribuir para debates acerca da reverberação de algumas destas lógicas no contemporâneo.

Assinalo ainda que sei que os usos e reflexões sobre povos "primitivos" nem sempre têm um objeto descritivo de uma realidade factual, mas podem ser, antes, muito mais uma elucubração, uma hipótese, uma metáfora ou mito explicativo. Justamente pelo que a psicanálise nos ensina, o que é imaginado ou fantasiado também tem sua "existência" e validade, e é aceitando o convite e a generosidade de Freud para uma abertura a outras percepções que buscarei somar nesse debate. É inequívoco que quando se fala em povos selvagens e primitivos, ainda que a referência seja pré-histórica, a associação mais comum que se faz é com povos indígenas. Em *Totem e Tabu*, há menções ao fato de que a referência era mesmo a povos "primitivos" dos diferentes continentes, não só em sua presença pré-histórica, mas também sua existência no contemporâneo daquela época. Fato é que, de uma forma ou de outra, seguimos associados ao atraso, à "infância", ao que não é desenvolvido, ao que vai à contramão do progresso. Assim, embora a palavra "primitivo" signifique, no seu sentido literal, algo que veio no início, no começo, sabemos que o sentido mais comum atribuído a ela é de primitivo como algo atrasado, (ultra)passado. Diante disso, optamos por utilizar outros termos, como povos originários.

Para resumir muito brevemente a tese de Freud sobre esse tema, resgato aqui sua proposta evolutiva, segundo a qual o primeiro estágio da humanidade seria o animista, que ele associa à infância; o segundo estágio seria o metafísico/religioso, correspondente à juventude; o terceiro seria o científico, referente à maturidade. Cada um desses estágios teria uma correspondência evolutiva com os estágios da libido. Enquanto o primeiro seria característico de povos "selvagens", o último seria pertinente aos povos "civilizados".

Uma das grandes problemáticas dessa proposta é a universalização. Afirmar que todos os povos do mundo possuem leis universais de funcionamento é, no mínimo, um erro metodológico. Mesmo nos dias de hoje, temos nossos parentes que estão em isolamento voluntário, sobre os quais pouco ou nada se sabe acerca de seus costumes e modos de vida. Apenas por isso já seria apressado sentenciar que no mundo todo as comunidades seguem às leis de um grupo específico que se crê universal, uma postura que me lembra, inclusive, o que Freud (1917) pontua sobre as três feridas narcísicas e a importância da descentralização de si como referência do outro.

Outra das problemáticas é referente à leitura equivocada que se tem sobre "animismo". Quando nossos povos afirmam que os rios, as matas, o vento, a água também são pessoas, não estamos ignorando a diferença entre cada um desses seres, mas afirmando que essas existências também são gente, ainda que não tenham nosso rosto, nossa cara.

Cristóvão Colombo, em uma carta de 1492-3 comenta sobre indígenas

> *devem ser bons serviçais e habilidosos, pois noto que repetem logo o que a gente diz e creio que depressa se fariam cristãos; me pareceu que não tinham nenhuma religião. Eu, comprazendo a Nosso Senhor, levarei daqui, por ocasião de minha partida, seis deles para Vossas Majestades, para que aprendam a falar. (...) E digo que Vossas Majestades não devem consentir que aqui venha ou ponho pé nenhum estrangeiro, salvo católicos cristãos, pois esse foi o objetivo e a origem do propósito, que esta viagem servisse para engradecer e glorificar a religião cristã. (...) O melhor fruto que [da nova terra] se pode tirar me parece que será salvar esta gente".*

Nesta fala percebemos que, mesmo havendo centenas de línguas indígenas à época, mesmo havendo centenas de formas de espiritualidade, para Colombo, nossos ancestrais não tinham "nenhuma religião", pois, desde seu universalismo, só considerava como religião a própria. Da mesma forma, acreditava que nossos ancestrais deveriam "aprender a falar", pois não percebia como linguagem nada que fosse além das línguas europeias. Todo este projeto em nome de "salvar esta gente", ainda que em nome desta salvação, que não solicitamos, tanta violência, escravização e etnogenocídio tenham sido praticados. Tentar extinguir a língua de um povo é parte do extermínio deste mesmo povo, uma vez que arrancar dele sua língua e impor uma outra, estrangeira, como oficial, é também tentar retirar dele sua identidade, sua cosmogonia, seu modo particular de ver o mundo. É uma violação civilizatória (Núñez, 2022). Em 1628 o cacique guarani Nesu, como registrado nas cartas jesuíticas, já "deixava claro que o Deus dos missionários era só Deus dos espanhóis e contrário ao Deus dos antepassados indígenas" (Chamorro, 2008, p. 86).

Quando os colonizadores chegaram aqui eles questionavam se nossos ancestrais tinham ou não alma, pois, se não tivessem, seriam "animais". Como dito, o que demarcava ser gente, para eles, era ser cristão. Àquela pergunta "tem ou não tem alma", nosso povo responde: sim, temos, mas o rio também tem, bem como o vento, o mar, os demais bichos. Quando dissemos isso, o que estamos pontuando é que não queremos fazer parte do que o parente Ailton Krenak (2021) chama de "clube vip do humano", pelo contrário, queremos expandir o que conta como pessoa. E é nesse sentido que entendemos que a terra e todos os seres que vivem nela também são gente, à sua maneira. A busca da sociedade civilizada por ressaltar a própria excepcionalidade diante dos demais bichos diz dessa ilusão de superioridade, em muito informada pela narrativa cristã de que o mundo teria sido feito para o homem. O fato é que cada ser tem sua singularidade, de maneira que, se colocarmos as características de uma formiga como suprassumo da existência, todos os demais seres estariam, necessariamente, em falta, rebaixados. Uma dessas tentativas de criar uma excepcionalidade humana está na narrativa de que apenas o bebê humano nasceria em desamparo, precisando de contínuos cuidados para sobreviver. Há uma série de outros bichos[3], mamíferos inclusive, cujos bebês também necessitam de suporte por longos anos. De alguma forma, todos os seres precisam de algum amparo, porque é a interdependência que nos constitui, em maior ou menor grau.

Esse movimento, tão comum em pesquisadores não indígenas, de exaltarem ou rebaixarem o humano distinguindo-o dos demais bichos, me lembra um excerto de Mário Quintana (2008, p.18): "há críticos que, em vez de me julgarem pelo que sou, julgam-me pelo que eu não sou. É como quem olhasse para um pessegueiro

---

3 Na biologia, os filhotes que precisam de maior cuidado (incluso os bebês humanos), são chamados de altriciais, enquanto que os necessitam menor assistência são chamados de precociais.

e dissesse: 'mas isso não é um trator!'". Então sim, um chimpanzé pode não fazer o que um bebê humano faz, mas o bebê humano também não salta dos galhos como ele. Ou como também diria Alberto Caeiro (1993):

> *Sim, escrevo versos, e a pedra não escreve versos.*
>
> *Sim, faço ideias sobre o mundo, e a planta nenhumas.*
>
> *Mas é que as pedras não são poetas, são pedras;*
>
> *E as plantas são plantas só, e não pensadores.*
>
> *Tanto posso dizer que sou superior a elas por isto,*
>
> *Como que sou inferior.*

Portanto, não se trata de negar as especificidades e diferenças do humano em relação a outros seres, mas de libertá-la de seu binarismo, ou seja, retirar o humano do centro. Para nós indígenas, sermos parentes dos demais bichos não é uma ofensa, mas um elogio, uma honra. Sabemos que os mesmos que os subestimam por não serem humanos também nos colocam em uma posição de sub-humanidade. E dizem que o mundo está "desumano e cruel", atribuindo a si tudo que é bom, ao passo em que, quando tentam ofender alguém, comparam-no pejorativamente com algum bicho: vaca, galinha, macaco, cobra, porco, verme etc. Ao domínio do corpo associam o que é "animal", falam sobre querer um "sexo selvagem", pois sabem que um "sexo civilizado" não tem corporalidade.

Retornando ao debate inicial, só muito recentemente aqueles que nos viam como ingênuos, infantis e "anímicos" estão reconhecendo que nosso cuidado com os parentes não humanos não se trata de uma falta de inteligência ou maturidade, mas de uma constatação milenar de que nós somos interdependentes dos demais seres e que cuidar dessa rede é um autocuidado.

Freud (1996, p. 188) comenta que "uma investigação dos povos primitivos mostra a humanidade aprisionada pela crença infantil em sua própria onipotência", mas talvez essa onipotência se refira muito mais às sociedades ditas civilizadas e evoluídas que a nossos povos, que não colocam a si mesmos como o centro do mundo. Não é de se estranhar que haja tanta violação das matas, dos rios, dos demais bichos, se o mundo colonial tem como bússola moral a Bíblia, que ensina que o mundo foi criado para que o "homem" dominasse tudo. Nesta concepção, para se aproximar de Deus não seria possível ter "amizade com o mundo" e todo o domínio do corpo, da carne, dos desejos, da "natureza" são vistos como inimigos da evolução, do desenvolvimento, da alma, do céu. Se veem a terra como lugar amaldiçoado, se veem esta vida como inferior à que realmente seria verdadeira, a celeste, é compreensível que a relação de antagonismo com o próprio corpo se estenda também à terra, percebida como "tentação" e empecilho rumo ao progresso, desenvolvimento. As renúncias de toda essa dimensão do corpo, da terra, da sexualidade são percebidas como passo fundamental para se ser redimido no juízo final. Para nossos povos, esta ideia de sobrenatural e sobrenatureza não está posta desta forma, pois não compreendemos que haja algo superior à natureza. Aliás, a própria divisão entre natureza e cultura, humano e animal, alma e corpo, amor e sexo e tantas outras cumprem a mesma função de desconexão e des-envolvimento com a interconexão entre os seres.

Em nosso povo, o binarismo morte e vida não se apresenta da mesma forma como acreditam os colonialistas. A relação mente e corpo, natureza e cultura, espírito e carne não faz parte de nossas cosmogonias, ela é fortemente influenciada pela ideologia cristã. Não são todos os povos indígenas que acreditamos que nossos "espíritos" estão bravos, ressentidos e amargos contra nós porque eles estariam mortos e nós vivos, porque não acreditamos nesse binarismo, nem nessa ideia de que a memória não se transforma.

Nossos espíritos não são necessariamente transcendentais, eles coexistem conosco. Morte e vida são termos insuficientes para nós. Não atribuímos à morte a impotência, pois compreendemos que também em vida a temos. O vento está vivo ou morto? A areia é viva ou morta? Quando nosso corpo se transformar em minhocas e outros seres, compreendemos que essa será uma transformação, não um fim. Essa vida não seria a passagem imperfeita rumo à vida eterna, o céu. Inclusive, para nós, o céu faz parte da terra, não há nele um apelo moral ou transcendental. Essa transformação sazonal da existência não é inferior nem superior a nada, ser minhoca não é melhor nem pior que ser baleia ou formiga.

Nas cartas jesuíticas que tenho pesquisado, os padres registram sua luta contra a presença do incesto e da não monogamia nativa e é interessante observar que sem a monogamia, o mito do Édipo, que a psicanálise empresta, não se sustentaria. A impossibilidade de concomitância, essência da monogamia, é o que caracteriza todo o problema, é ela que dá sentido a esse tipo de inveja, cobiça, disputa. Como nos ensina Freud, a proibição está intimamente relacionada à produção de desejo, de maneira que, não havendo esse pânico moral em nossos povos, não se sustenta esse tipo de obsessão e fixação em torno do sexo/sexualidade que caracteriza as sociedades ocidentais, como pontua Foucault (1993). Em alguns trechos das cartas jesuíticas, os padres relatam dificuldade em implementar a confissão, uma vez que nossos ancestrais acreditam que em nada pecavam, sendo, portanto, desnecessário confessar (Del Techo, 1991). No cristianismo, a evolução está posta no quanto alguém é capaz de controlar sua "carne"; enquanto atribuem esse desenfreamento ao "selvagem". A internalização da moral cristã seria um dos marcadores da diferenciação entre animal e humano. Como lembra o professor Roberto Machado (2021), Nietzsche (2009) lembra que "chamar a domesticação de um animal seu 'melhoramento' soa aos nossos ouvidos quase como uma piada".

O segundo estágio proposto por Freud seria o religioso ou metafísico, e o terceiro seria o científico, o ponto mais alto da evolução. Com isso, o que passa despercebido é que ciência e religião hegemônicas não são tão distantes quanto se pode supor. Em uma perspectiva nietzschiana, compreendemos que "a ciência nem se opõe à moral nem pode ser sua superação porque não apenas tem as mesmas bases que ela como é a última etapa de seu aperfeiçoamento; [...] ainda que de modo inconsciente, são os valores morais que reinam na ciência" (Machado, 2021, p. 111). Para este autor, o ponto principal de união entre ciência e moral seria "a mesma superestimação da verdade (a mesma crença no caráter inestimável e incriticável da verdade)". Essa obsessão com a verdade é reflexo da oposição à verdade-aparência, uma vez que "não há ciência sem o postulado, sem a hipótese metafísica de que o verdadeiro é superior ao falso, de que a verdade tem mais valor que a aparência, a ilusão" (Machado, 2021, p. 113). Portanto, a substituição de Deus pelo Humano não muda o essencial, que é a falta de questionamento sobre a legitimidade dos valores morais como ponto de partida. É justamente esse tipo de crença moral que tem inspirado tantos autores à universalização de suas verdades.

Nessa lógica evolucionista, o crescimento e a maturidade estariam na tomada de partido do binarismo, carne e espírito, homem ou mulher, azul ou rosa, pai ou mãe e assim por diante. Autores como Regina Tavares associam não monogamia a povos "primitivos" e selvagens e monogamia a povos civilizados justamente porque o critério que utilizam é a ideia de que é a não concomitância que valida o verdadeiro amor, o verdadeiro desenvolvimento (Pilão, 2021). Afinal, para o deus cristão, a única prova de fidelidade é não praticar o adultério espiritual de adorar outros deuses.

Assim, na sociedade dominante, bissexualidade é vista como uma fase, um estágio rumo "à decisão" e à maturidade, porque não admitem a concomitância de desejos e afetos para além disso.

Também não conseguem compreender que não ter que escolher, necessariamente, apenas um amor para viver ao mesmo tempo não significa imaturidade.

Como comentei, até à Constituição de 1988 nossos povos ocupavam um lugar de "transição" cujo ponto final era ser, pensar e viver como os brancos. Antes disso, nossas nações indígenas eram vistas (o que ainda persiste informalmente) como uma categoria a ser tutelada, éramos vistos como a infância, como crianças diante do adulto Estado. A partir de Fanon, Deivison Faustino (2015, p. 28) comenta que "quando um europeu comum se dirigia a qualquer um destes, inclusive aos representantes (negros) mais destacados da sociedade, fazia isso utilizando o *petit-nègre*, uma linguagem estereotipada", que aciona justamente esse imaginário de uma linguagem em caricatura. Sabemos que a sociedade dominante ainda vê crianças como seres sem autonomia, como pessoas que só serão gente quando crescerem e produzirem economicamente, mas para nossos povos elas não são inferiores de modo algum e não nos humilha a comparação com elas, ainda que saibamos da intenção do gesto.

Com isso, concluo, sabendo que há muitas outras discussões a se fazer nesse debate, mas salientando que a artesania dos afetos é uma possibilidade de irmos além desse marco temporal que coloca escadas no desenvolvimento. Aliás, talvez menos que desenvolvimento e progresso, possamos abrir espaço para repensar a qualidade do nosso envolvimento com o mundo, como nos ensina Mestre Bispo (2015), Kerexu Yxapyry e tantas outras referências indígenas e quilombolas.

Nem o tempo de antes era atraso nem o de amanhã será avanço, talvez essa temporalidade linear e evolutiva não seja a mais adequada para lidarmos com as descontinuidades (Foucault, 2012) que nos perfazem. Como diz o filósofo guarani Timóteo Popygua (2017), para nós o tempo é espiralar, não tem começo nem fim, não somos nem a gênesis nem o apocalipse da existência. E talvez justamente por isso possamos compreender que a saúde está na concomitância da floresta e não na monocultura e que o mundo é muito maior do que o folclore binarista tenta nos convencer.

Como ensina a parenta Jera Guarani (2020, p. 19) talvez possamos convidar aos brancos (*jurua*) a "(...) se tornarem selvagens, para que se tornem pessoas não civilizadas – pois todas as coisas ruins que estão acontecendo no planeta Terra vêm de pessoas civilizadas, pessoas que não são, teoricamente, selvagens (...). Quem sabe, para além de repensar apenas o que chamam de "psicanálise selvagem", os psicanalistas não indígenas possam abrir espaço para recordar, repensar, elaborar sua própria psicanálise civilizada.

Talvez o maior desafio quando discutimos violações não seja tanto o combate às violências que explicitamente se colocam a favor do ódio, mas sim quando elas operam a partir de um vocabulário e de um repertório que se organiza em nome do bem, do amor, da salvação, do respeito, da família e seus supostos bons costumes. Neste "infamiliar" que nos ensina Freud (2019), é que pode residir a real problemática, nessa estranheza quase herege em olhar de outra forma para o que nos foi ensinado como família, amor, pátria, deus, pai etc.

Neste sentido, é fundamental que haja uma desromantização destes lugares, pois ela ainda faz crer que em sua origem, trata-se de algo essencialmente bom, que a colonização e catequização no fundo são boas e saudáveis, que aquilo em nome do amor, da salvação e da família em verdade é projeto a ser defendido. Mas, só pelo fato de se colocar como universal, por sua imposição, é preciso que se reconheça, toda monocultura é violenta, é invasiva e violadora. Se seu ponto de partida já é a negação do outro, expressa na ideia de conversão e de cura de tudo que é diverso e múltiplo, então ela não pode ser compreendida como uma opção dentre outras válidas, mas como a não opção, como a que justamente impede que haja possibilidade de escolhas. Não escolhas livres, que estas são ingênuas se consideramos o contexto que vivemos, mas escolhas, mesmo que parciais, que abram espaço para a singularidade.

Se a sexualidade de uma pessoa homofóbica se subjetiva através da hostilidade contra homossexuais, esta sexualidade não deve ser vista como tão válida quando a das pessoas homossexuais, uma vez que, neste último caso, é uma demanda pelo próprio corpo, não pelo controle da sexualidade alheia. Nunca houve, por parte dos movimentos sociais de dissidência de gênero, o desejo de curar ou converter ninguém. Portanto, o direito à liberdade precisa sempre estar sensível às contingências históricas. Da mesma forma, se a fé de alguém se afirma negando os demais deuses, se essa ideologia ensina que só há um deus verdadeiro e os demais são falsos, não deveria causar tanto estranhamento quando membros desses grupos praticam racismo religioso. Não são exemplos de "falsos" religiosos, afinal, sua prática é apenas uma continuidade do que sua ideologia já orientava. Por outro lado, não vemos povos indígenas queimando casas de reza de outros credos justamente porque nossa cosmogonia não é de monocultura, é de floresta. Se admitimos a concomitância de seres, de espiritualidades, de sexualidades e jeitos de ser no mundo, o próprio impulso ressentido de extermínio dessa diversidade não irá se apresentar da mesma forma que no caso anterior.

A assimilação que os colonizadores tentaram impor em nome da civilização tinha como ponto de partida e chegada eles próprios, afinal, não era sobre se assimilarem às nossas culturas, mas sobre fazer com que nos diluíssemos em sua própria cultura. É imprescindível que estes gestos não sejam percebidos como simplesmente "humanos", mas como coloniais. Este projeto de dominar o mundo, como diz Fanon (2008), é um sonho branco e a descolonização não busca uma outra colonização, levada por outros agentes, mas o seu fim.

Recusar as monoculturas não significa não ter nenhum critério, nenhuma língua, nenhuma fé. Significa não tomá-las como critério universal. Posicionar-se contrário às monoculturas é afirmar o princípio da floresta, cuja característica essencial é justamente a possibilidade de concomitância, da diversidade e singularidade. E talvez, um dos maiores legados da psicanálise seja justamente o respeito radical à singularidade que nos constitui em nossa diversidade coletiva.

Referências

Antunes. E. (Kerexu Yxapyry) (2015). *Nhandereko nhanhemboé nhembo' ea py Sistema nacional de educação: um paradoxo do currículo diferenciado das escolas indígenas guarani da Grande Florianópolis.* TCC (Graduação). – Curso de Licenciatura Intercultural Indígena do Sul da Mata Atlântica, Universidade Federal de Santa Catarina.

Chamorro, Graciela. (2008). *Terra Madura Yvy Araguyje: fundamento da palavra guarani.* Tese, UFGD.

Colombo, Cristóvão. (1999). *Diários da Descoberta da América: as quatro viagens e o testamento.* LPM. (Col. L&PM Pocket, v. 128).

Del Techo, Pe. (1991). Costumbres de los calchaquíes. In: Duviols, Jean-Paul & Saguier, Rubén Bareiro (org.). *Tentación de la Utopía.* Tusquets.

Faustino, Deivison [Deivison Nkosi] (2015). *"Por que Fanon? Por que agora?": Frantz Fanon e os fanonismos no Brasil.* Tese. UFScar.

Freud, S. (2019). *O infamiliar.* Autêntica.

Freud, S. (1996). "Totem e Tabu" (1913). In: *Obras psicológicas completas: Edição Standart Brasileira.* Imago.

Foucault, M. (2010). *A Arqueologia do Saber*. 7a Edição. Forense Universitária.

Foucault, M. (1993). *História da Sexualidade I: A Vontade de Saber*. Graal.

Guarani, Jerá. (2020). Tornar-se selvagem. *Piseagrama*, número 14, página 12 – 19.

Krenak, Ailton, & Campos, Yussef. (2021). *Lugares de origem*. Jandaíra.

Krenak, Ailton. (2019). *Ideias para adiar o fim do mundo*. Companhia das Letras.

Machado, R. (2021). *Nietzsche e a verdade*. Paz & Terra.

Nietzsche, F. (2009). *A genealogia da moral*. 3 ed. Escala.

Núñez, Geni (2022). *Nhande ayvu é da cor da terra: perspectivas indígenas guarani sobre etnogenocídio, raça, etnia e branquitude*. Tese, UFSC.

Núñez, Geni. (2021). Monoculturas do pensamento e a importância do reflorestamento do imaginário. *ClimaCom – Diante dos Negacionismos. [online]*, ano 8, n. 21. Disponível em: http://climacom.mudancasclimaticas.net.br/monoculturas-do-pensamento/ http://climacom.mudancasclimaticas.net.br/monoculturas-do-pensamento/.

Pessoa, Fernando. (1993). *Poemas de Alberto Caeiro*. (Nota explicativa e notas de João Gaspar Simões e Luiz de Montalvor.). Ática.

Chamorro, G. (2008). *Terra Madura Yvy Araguyje: fundamento da palavra guarani*. Tese. Universidade Federal da Grande Dourados.

Pilão, A. (2021). Normas em movimento: monogamia e poliamor no contexto jurídico brasileiro. *Revista Teoria e Cultura*, v. 16 n. 3.

Quintana, Mario. (2008). *Viver & escrever*: volume 1. 2. ed. L&PM.

Santos, A. B. (Mestre Bispo). (2015). *Colonização, quilombos, modos e significados*. INCTI/UnB.

Silva, T. (Timóteo Popygua) (2017). Depoimento: Verá Tupã Popygua Timóteo da Silva. *Revista Continente,* [s. l], v. 1, n. 1, pp. 1-03, abr.

12. Como é a escuta quando não há uma linguagem compartilhada? Olhar psicanalítico a experiências de intervenção com povos originários do Panamá

Natalia Mudarra
Tradução: Helena Ardaiz Surreaux

O presente texto foi preparado a propósito do convite para participar no curso "Uma questão de cor: Descolonização e Psicanálise", que forma parte do projeto "letramento racial latinoamericano", da Comissão Científica da Federação Psicanalítica da América Latina (Fepal), para os anos 2023-2024.

Desde suas origens, América Latina esteve profundamente atravessada pela sua diversidade étnica e cultural, riqueza que também representa desafios relacionados com uma identidade transposta e pluripotencial.

Um exemplo disso é constituído pela multiplicidade cultural que coexiste inclusive na mesma região e, além dela, dentro dos próprios países, me refiro especialmente aos povos originários.

A aproximação à compreensão, visibilização, inclusão e integração desses grupos minoritários (em comparação com populações e/

ou problemáticas mais extensas) têm sido desdenhada historicamente; inclusive a Psicanálise esquivou seu olhar, até tempos recentes.

Sabemos que a psicanálise, em sua função investigativa, é um instrumento para compreender o funcionamento do psiquismo humano, sejam quais forem suas características. Isso já foi mencionado por Freud em 1932:

> *Deu-se então o caso dos analistas, em qualidade de diletantes, com uma bagagem mais ou menos suficiente, frequentemente obtida às pressas, incursionaram por esses campos do saber, como a mitologia, a história da cultura, a etnologia, a ciência da religião (...) ao começo, tanto seus métodos, como seus resultados foram – à medida em que se lhes prestou atenção- desautorizados. Entretanto, essa situação experimenta contínua melhoria; em todos os campos aumenta o número de pessoas que estudam psicanálise para aplicá-la à sua disciplina especializada, como colonos que relevaram aos pioneiros. Temos direito a esperar aqui uma rica colheita de novas intelecções. Por outro lado,* aplicações da psicanálise são sempre, ao mesmo tempo, corroborações dela *(p. 35, o destaque é meu).*

É assim, portanto, que este texto pretende fazer uso de conhecimentos psicanalíticos para uma aproximação às experiências de intervenção com povos originários do Panamá. Isto é, encontra-se enquadrado na categoria de psicanálise aplicada.

A modo de introdução

Segundo a British Broadcasting Corporation (BBC), em um artigo escrito pelo jornalista Ricardo Senra (2023), assegura-se que o mundo está se tornando um lugar mais violento, em comparação com o vivido nos inícios do século e se prognostica que a situação possa piorar nos seguintes anos com a ativação de conflitos armados que potencialmente possam converter-se em múltiplas guerras. Ali, destaca:

> *"Junto à guerra entre Israel e Hamas, na Faixa de Gaza, que acumula milhares de morte desde o 7 de outubro, a invasão russa da Ucrânia, que cumprirá dois anos em fevereiro de 2024, neste momento se vivem conflitos armados em grande escala em Burkina Fasso, Somália, Sudão, Iêmen, Myanmar, Nigéria e Síria".*

A violência, os conflitos e a guerra têm seus precursores em uma NÃO – tramitação, ou melhor, em uma indigestão, do que é diferente, do que não é igual.

Os povos originários, vistos como os OUTROS, despertam ansiedades similares, um verdadeiro estrangulamento da empatia, que junto a outras estratégias inconscientes, decantam em uma invisibilização e exclusão do diverso, formas de violência e maltrato na atualidade.

Interessar-se pelo diferente, tentar aproximar-se a esse OUTRO sem colonizá-lo ou submetê-lo, está na nossa natureza como analistas, entretanto, não é um atributo estendido para o resto das pessoas. Trabalhamos durante toda nossa formação em respeitar e propiciar a autonomia do pensamento em nós e em nossos pacientes.

Considero importante aprofundar esse tema, de maneira que torne possível a transmissão de empatia, compreensão e respeito em âmbitos distintos, inclusive fora da psicanálise.

Uma experiência

Como iniciou meu interesse pelos povos originários? Como costumam ser as coisas, por identificação, porque eu também me senti, minoria, diferente e estrangeira. Sou venezuelana e, há mais de 10 anos, resido no Panamá. Esta condição de vir de outra experiência cultural e profissional permitiu que estivesse mais receptiva à observação e à potencial compreensão daquilo NÃO – EU cultural.

Desde que vivo no Panamá, fui testemunha da realidade das pessoas que pertencem a povos originários. Neste país, coabitam sete grupos indígenas, dos quais, ao menos três deles (Gunas, Emberás e Ngäbes) têm maior contato com a população não indígena.

Foi através da fundação AID FOR AIDS, organismo internacional com o qual trabalhei por vários anos, que conheci muito dessa população, especialmente do povo Guna.

Com AID FOR AIDS, participei como colaboradora e tratadora de uma das situações de saúde mais estendidas nos Gunas: o VIH e a AIDS.

A continuação, compartilharei minha experiência de intervenção com esse povo originário (Mudarra, 2022). O povo Guna vive entre a costa Caribenha do Panamá e da Colômbia, principalmente no arquipélago de Guna Yala, o qual está conformado por 378 ilhas, das quais apenas algumas estão habitadas. Seu território está gestionado pelo povo originário que leva o seu nome, sendo uma das comunidades indígenas maiores e representativas da América Latina.

Ao estar em contato frequente com os Gunas entendi e compreendi que os membros dessas comunidades tinham que fazer um grande esforço em entender espanhol. No idioma Guna não existe a palavra *vírus*, por exemplo. E claro, é um idioma, já que tem seu próprio alfabeto e estrutura gramatical.

Apenas imaginem a complexidade do trabalho preventivo e de facilitação do tratamento médico, quando não se compartilha o idioma e não existe a palavra *vírus* para uma situação de saúde que, já de entrada, leva como nome um vocábulo intraduzível. Para isso, me valia de um intérprete, ambos fazíamos um grande esforço em construir pontes afetivas e comunicacionais para o outro.

Graças às ferramentas que a psicanálise facilita: escuta ativa, respeito ao outro, atenção flutuante, tudo isso em uma mente que, predominantemente, busca funcionar sem memória e sem desejo (seguindo a terminologia de Bion), pode-se entender que, apesar de que neste caso o idioma era um limite, tal não se tornou uma limitação.

O uso do que é similar, do que nos conecta, das emoções contidas numa psique humana, foi possível atravessar esse limite. A disposição a escutar e uma postura interna que facilita uma aproximação a esse genuinamente humano, foi o aval para um trabalho conjunto.

Esta abertura ao diferente, ao NÃO-EU, ao meu ver, é um atributo muito humano, mas não parece o natural, pois entender-nos em nossas diferenças, muitas vezes, traz uma primeira resposta: perseguir-nos e condenar aquilo diferente.

De volta à experiência, observei também que os Gunas passavam grande trabalho ao não poder compreender a medicina moderna (muito divorciada da medicina que conheciam), com eles vivi as dificuldades sanitárias e de transporte que padeciam e, com tudo isso, entendi, em parte, por que se sentiam menos respeitados e cuidados que o resto da população indígena.

Quanto a sua relação com a natureza, observei que quando algum membro da comunidade estava doente e requeria de alguma preparação medicinal à base de plantas, o *Nele* (médico tradicional, SEU médico) conversava com o espírito daquele membro enfermo, e pedia-lhe autorização à mãe natureza para fazer uso dela, como um ritual de respeito e de submissão ante os dotes benevolentes daquela.

Ao estar perto de suas doenças e mal estares, entendi que primeiro deveria compreender sua maneira de "curar feridas", antes de impor a forma "correta" da medicina "do homem da cidade", como se referem a nós.

Eles me ensinaram que os unguentos, misturas de ervas e banhos com ramos medicinais não são incompatíveis, mas complementares com a maneira de curar dos *waganegas* (comunidade de estrangeiros, não indígenas). A dos Gunas era curada pela medicina moderna com certeza, isso melhorava enormemente sua qualidade de vida, porém também o fazia o retorno a sua terra, os baños com ramos propiciados pelos anciãos e a preocupação e os cuidados da comunidade.

Dar informação em idioma guna era um verdadeiro desafio, conseguir que confiassem em nós e nos recursos que lhes prestávamos era ainda mais difícil; facilmente rejeitavam as intervenções se estas não estavam adaptadas à sua cotidianidade. E se as aceitavam, isso apenas ocorria de forma transitória, se antes não havíamos investido suficientes recursos emocionais e de tempo em que entendessem que a proposta ocidental não vinha a extinguir seus costumes.

Uma das situações mais complexas, e desafortunadamente bastante frequente, era ter que explicar-lhe a uma mãe guna com HIV, que não podia amamentar o seu bebê. Frente a essa situação, todas as resistências se amplificavam. Não poder amamentar seu bebê era algo "contra natura". Pediam-me, por exemplo, que lhes mostrasse o "vermezinho" (essa foi a forma que um dos tradutores encontrou para referir-se ao vírus).

Explicar-lhes que a medicina do *Nele* podia ser complementar, mas não substituível pelo tratamento farmacológico era um grande desafio.

Também o era a compreensão do momento para tomar os medicamentos, dizer algo como "esse remédio se toma com o café da manhã" significou uma grande lição para mim. Pude perceber que muitos não tomavam o café da manhã, por consequência, não tomavam o remédio, sendo esse fato suficiente para que não houvesse uma adequada aderência ao tratamento.

Situações como essa continuaram despertando meu interesse nos povos originários, dado que observei a ausência de pontes afetivas, culturais e psicoeducativas entre eles e o resto da comunidade não indígena panamenha, mas sobretudo isso se dava em relação ao corpo médico. Para os gunas, eram muitas as dificuldades que os limitavam na busca e recepção efetiva de avaliação, diagnóstico e tratamento de situações de saúde.

Psicanálise e povos originários

Em "Totem e Tabu", Freud (1913) já havia aplicado a psicanálise a temas de etnologia, entretanto, foram autores posteriores os que sistematizaram tal enfoque, constituindo assim a *Etnopsicanálise* como um campo na interface entre a psicanálise e a antropologia.

A Etnopsicanálise proporciona informação sobre a relação entre os conflitos internos e as contradições e tensões na estrutura social. Os conflitos internos não podem elucidar-se unicamente mediante a análise dos indivíduos, segundo Parin (1977), mas deve considerar-se a origem e o resultado deles dentro do contexto das condições sociais e processos históricos das pessoas. Os critérios de saúde – doença, bem-estar e mal-estar – requerem ser questionados para cada porção de indivíduos da raça humana no contexto no qual estão inseridos.

Mas então, o que se entende por povo originário? É uma denominação para referir-se aos descendentes daqueles que estavam no lugar antes da chegada de outros, que agora constituem a sociedade majoritária e dominante. Na América Latina, corresponde aos grupos humanos descendentes de ancestrais pré-colombianos, que mantiveram suas características idiomáticas, sociais e culturais (CEPAL, 2020). Muitos dos membros dessas comunidades aborígenes seguem habitando e cuidando da terra herdada de seus ancestrais.

Na atualidade, os psicanalistas que trabalham fora do consultório são muito mais conscientes da importância de sustentar a ética do respeito pelas práticas e crenças autóctones das pessoas, mas também podemos procurar estender pontes para encurtar a distância ideo-afetiva em relação ao novo, às pessoas e grupos sociais distintos da cultura dominante.

Mais do que um direito, esse é um dever. No entanto, isso ainda constitui um acontecimento muito longínquo, segundo dá conta a bibliografia e as publicações psicanalíticas existentes.

Boa parte da população indígena panamenha, e seguramente tal é extensível a outros países da região, seguem vivendo em uma situação de marginalização e exclusão social. Para a Organização Panamericana de Saúde (OPS), em seu relatório de 2023, "A situação sócio demográfica das pessoas indígenas na América Latina e no Caribe", se estima que em 2018 havia uns 58 milhões de pessoas indígenas na América Latina, o que equivale a um 10% da população total desta sub região (OPS, 2023).

Os povos indígenas ou povos originários padecem as maiores desigualdades da América Latina, como resultado de situações sociais, econômicas, culturais e políticas promovidas pelos processos de conquista e colonização, que mais adiante forma se naturalizando em práticas invisibilizadas, até mesmo discriminatórias (CEPAL 2020; OPS, 2023).

Isso se evidencia nas precárias condições de acesso a serviços de saúde, baixos níveis de escolaridade, inserção em trabalhos de menor remuneração, alta mortalidade infantil, entre outros fatos. Ademais, tal se constata na intensa migração dos territórios indígenas em direção a outras zonas do país, em busca de melhor acesso a recursos.

Nessa migração se limitam temas autóctonos das comunidades aborígenes, como ter que mudar os nomes próprios a nomes não indígenas, a solicitação a meninos e meninas no sentido de cortar o cabelo segundo regulamentos escolares, a não consideração das localizações de seus locais de residência e as dificuldades para o traslado, as escolas multi graduadas, entre outros. Estas situações afetam o direito à consolidação da identidade indígena, sendo uma das diversas formas institucionalizadas de discriminação e desvalorização na modernidade.

Apesar de que no Panamá há leis e estatutos administrativos que promovem o respeito, a conservação de seus costumes e instituições próprias, a medicina tradicional, entre outros, ainda é pouca a propagação e o uso que se faz das mesmas para a proteção dos costumes dos povos originários.

Realizar intervenções em saúde mental nessas comunidades é complexo, pois suas necessidades são de ordem básica e concreta, principalmente: água, luz, asseio, escolaridade, acesso a serviços de saúde etc. Em princípio se poderia pensar que não há muito espaço mental para nada mais.

Isto significa que o apoio que requerem também é básico e concreto. Como analista, minha maneira de intervir era principalmente com o corpo e com atos analíticos. Por exemplo, me propunha a me transladar de um lugar a outro (não esperar que viessem eles fisicamente a mim) e sentar-me ao lado deles (não na frente ou atrás, como costumo fazer em minha prática privada). Com o passar do tempo e aprofundar nas experiências, compreendi que isto não era o único que queriam, nem eram capazes de receber.

Em outra intervenção psicanaliticamente orientada, esta vez com os Emberá (Mudarra, 2022), assisti a uma família que havia perdido a um integrante a partir do impacto de um raio.

Em princípio, visitava a comunidade como turista e logo como voluntária, levava doações e era ponte com algumas necessidades que pediam, por exemplo, fornecendo orientações para ter acesso a serviços e ajudas, pois já havia feito isso com a comunidade Guna.

No marco dessas aproximações cada vez mais recorrentes, ocorreu uma situação que impactou toda a comunidade e que me permitiu materializar a ajuda em algo mais do que recursos materiais e acessórios esporádicos.

Esta foi a situação: um jovem emberá, de 18 anos, saiu em sua embarcação artesanal atrás de provisão de água potável, quando foi impactado por um raio durante o trajeto de ida. Um trabalhador que viu o acidente a partir do ancoradouro para onde se dirigia o jovem foi quem deu o anúncio e alertou a comunidade.

Seus familiares e outros homens foram os primeiros a iniciar os trabalhos de buscas; devido às dificuldades climáticas, a mesma teve que ser suspensa em vários momentos. O corpo do jovem foi encontrado três dias depois, por mergulhadores da Proteção Civil e do Serviço Aeronaval. Além disso, foi uma perda próxima para mim, pois eu o conhecia.

A família do jovem estava formada por um pai de 35 anos, uma mãe de 32, que, no momento do acontecimento contava com seis meses de gestação, dois irmãos menores, de três e sete anos, e seus avós maternos.

Duas semanas após o fato, uma das líderes da comunidade Emberá me comenta o sucedido e solicita atenção para a família, especialmente para a mãe, avô materno e o melhor amigo do jovem, os mais visivelmente afetados.

Essa líder, que é a filha do "cacique" da comunidade, me comenta que a mãe chora incansavelmente e que não dorme, que o avô deixou de falar e não quer fazer mais música" e que seu melhor amigo se culpa por não o ter acompanhado na viagem. Além disso, me explica que toda a comunidade está de luto e empaticamente apoiam a família, porém temem que uma situação como essa signifique uma desorganização catastrófica da comunidade.

A intervenção que realizei constou de sessões individuais com a mãe e o pai do jovem, a família materna (incluídos os avós) e seu melhor amigo. Para alguns momentos requeri o apoio de um intérprete, pois alguns deles falavam espanhol, outros, não.

Com este pedido de ajuda constatei que também buscavam e apreciavam outras formas de interação, que queriam também ser contidos, escutados, acompanhados e que alguém facilitasse a compreensão do vivido como um luto comunitário.

A psicanálise, como ferramenta de aproximação à natureza e à dor humanas, provê recursos para sua mitigação. A escuta e presença respeitosa de analistas dispostos a entender sem colonizar, é o início da restituição amorosa que devemos a essas comunidades.

A escuta sem linguagem comum

Então, como se escuta algo que não tem referência, algo tão novo que não há bastões ortopédicos que guiem a aproximação?

Trabalhar com os povos originários é aproximar-se a uma porção de realidade desconhecida. Não há nenhuma palavra que possa associar-se com algo que ressoe familiar.

A disposição à escuta deve ser distinta, não saturada de preconceitos, nem de referências próprias.

Segundo Vilanova (2004),

> *a escuta psicanalítica é uma noção central da psicanálise com a que nos referimos a nossa atividade semiológica, ou seja, à compreensão que fazemos na sessão (...) da realidade psíquica do paciente com nossos recursos mentais, articulados com o* "fio" inconsciente que ficou disponível em nós desde nossa infância, processado por nossas teorias, análise e auto análise *(o destaque é meu).*

O instrumento de trabalho do psicanalista é, principalmente, sua mente psicanalisada, essa sustentação interna fruto do trabalho e da introspecção própria. A chamada função analítica. Exatamente ali estava posta a minha confiança.

Para entender os povos originários, deve-se poder tolerar uma quantidade considerável de angústia, fazer o possível por diminuir a tendência a penetrar na mente do outro, buscar espaços para melhor contemplar e manter o espaço mental o mais aberto e flexível, de uma forma que viabilize o desenvolvimento do processo de relação entre nós (Mudarra, 2023).

Penso que esta escuta requer não apenas um treinamento psicanalítico sobre as formas de captar as manifestações do inconsciente, mas também uma sensibilização para a percepção e compreensão do conteúdo não verbal, aquele que não se expressa com a linguagem falada.

Nesse sentido, me dou conta de que a experiência de observar bebês ajuda no registro e na compreensão do mundo do outro, quando a linguagem verbal não é o dominante, como sucede quando se entra em contato com os povos originários (Mudarra, 2023).

Para tratar de entender os processos mentais de um bebê, se necessita disposição, paciência, tolerância à incerteza, construção criativa de hipóteses especulativas e uma boa dose de empatia. São estas características que considero de especial relevância em uma psicanálise que trabalhe em comunidade.

Para entrar no mundo dos povos originários devo perguntar-me quem sou eu, onde estou entrando, quem pode estar ali e como poderei interagir com eles. Muitas perguntas que não encontrarão respostas imediatas, nem simples, se requer contemplar e apreciar. Tal como um observador de bebês (Mudarra, 2023)

Permitir-me sentir na escuta do outro, em um intercâmbio onde a palavra não é o importante, me possibilita a compreensão do que ocorre na mente das pessoas da comunidade, em nível individual e coletivo, sem meu recurso predileto, a palavra falada.

Insiste, não há um molde, não é algo possível de tradução, o que eu vivencio ali não e algo que se sature com UM significado, menos com o meu. Abordar o mundo do outro com o significado do outro é ir sem estrutura. Isto pode gerar temor para a maioria dos psicanalistas, foi o meu caso e, de fato, segue sendo.

No entanto, a escuta sustentada desde dentro me permitiu encontrar-nos em meio ao diferente, foi instrumento e disposição fundamental para estabelecer o vínculo com os Emberá e seu sofrimento.

Para terminar, penso que a psicanálise não deve alimentar-se unicamente de psicanálise. Deve poder aproximar-se ao NÃO – psicanalítico também. Que cada vez mais se incluam materiais, experiências, teorias e técnicas que abordem novas situações e problemáticas sociais atuais. Isso já alertava Freud, tal como citei no início deste artigo.

Se começamos a visibilizar, entender e aceitar as diferenças, a riqueza do diferente, sem tentar mudá-lo, porque nos ameaça ou nos assusta, é possível que também se gerem espaços mentais de respeito e isso decante em políticas públicas para a democratização dos direitos e deveres das pessoas e situações, independentemente de suas características.

Referências

Comisión Económica para América Latina y el Caribe (CEPAL); Fondo para el Desarrollo de los Pueblos Indígenas de América Latina y el Caribe. (2020). *Los pueblos indígenas de América Latina – Abya Yala y la Agenda 2030 para el Desarrollo Sostenible: tensiones y desafíos desde una perspectiva territorial*. Comisión Económica para América Latina y el Caribe. Disponível em: https://www.cepal.org/es/publicaciones/45664-pueblos-indigenas-america-latina-abya-yala-la-agenda-2030-desarrollo-sostenible.

Freud, S. (2007). Tótem y tabú. Algunas concordancias en la vida anímica de los salvajes y de los neuróticos. In *Obras Completas*. Vol. XIII. Amorrortu. (Trabalho original publicado em 1913).

Freud, S. (2007). 34ª Conferência. Esclarecimientos, aplicaciones, orientaciones. Vol. XXII. In *Obras Completas*. Amorrortu. (Trabalho original publicado em 1932).

Mudarra, Natalia. (2022). Mirada psicoanalítica en una intervención con pueblos originarios de Panamá: transmitiendo una experiencia. *34º Congreso Latinoamericano de la Federación Psicoanalítica de América Latina (Fepal)*. Transitoriedades e incertezas; en el panel: Vicisitudes de poblaciones invisibilizadas y vulnerabilizadas.

Mudarra, Natalia. (prelo). *La escucha que se sostiene desde adentro*: Mirada psicoanalítica a experiencias de intervención con pueblos originarios de Panamá.

Organización Panamericana de la Salud (OPS). (2023). *La situación sociodemográfica de las personas indígenas en América Latina y el Caribe. Análisis en el contexto del envejecimiento y la COVID-19*. OPS. Disponível em: https://doi.org/10.37774/9789275326473.

Parin, Paul. (1977). The Microscope of Comparative Psychoanalysis and the "Macrosociety". *Psychoanalytic Quarterly*, (46):709.

Disponível em: https://pep-web.org/search?facets=&q=The%20Microscope%20of%20Comparative%20Psychoanalysis%20and%20the%20%22Macrosociety.%22. pp. 1-25.

Senra, Ricardo. (2023). Qué otras guerras hay ahora en el mundo (además de Gaza y Ucrania) y cuáles son los efectos colaterales de que atraigan menos atención. *BBC News*. Disponível em https://www.bbc.com/mundo/articles/cprpn7re7dxo

Vilanova, Raúl. (2004). La escucha psicoanalítica, universo en expansión. *Revista de Psicoanálisis de la Asociación Psicoanalítica de Madrid*. n.º 43.

Posfácio
Negritude e as trincheiras narcísicas implantadas pela branquitude: caminhos para decolonizar a psicanálise

Ignácio A. Paim Filho

> *Como já vimos no início desse trabalho, o racismo estabelece uma hierarquia racial e cultural que opõe a "superioridade" branca ocidental à "inferioridade" negra-africana. A África é o continente "obscuro", sem história própria (Hegel); por isso a Razão é branca, enquanto a emoção é negra (Lélia Gonzales, 1988).*

> *Sou grata às muitas mulheres e homens que ousam criar teoria a partir do lugar da dor e da luta, que expõem corajosamente suas feridas para nos oferecer sua experiência como mestra guia, como meio para mapear novas jornadas teóricas. O trabalho delas é libertador (bell hooks, 2017).*

México, setembro de 2022, Wania Coelho Cidade, mulher e negra, assume a presidência da Federação Latino Americana de Psicanálise

(Fepal). Contexto que contém uma extensa história, possível marco da instauração de um novo tempo na luta antirracista no campo psicanalítico: processo que incita a desconstrução da lógica falocêntrica, que vem perpetuando o engodo da *"superioridade" branca ocidental e da "inferioridade" negra-africana*. Nesse sentido, a longa trajetória de pelejas do povo negro vem rompendo com a indiferença, lacunas e colaboração para teses racistas nos repertórios teóricos e clínicos que compõem nosso saber até então instituído: a negritude abalando os alicerces das trincheiras narcísicas implantadas pela branquitude. No caminho da estruturação de novos saberes, entre múltiplas rotas de criação e transmissão, viabilizou-se o acontecer de nosso curso "Uma Questão de Cor: Decolonialidade e Psicanálise". Processo de um letramento racial crítico – convocação para estudar de forma implicada visando despertar inéditas pulsões epistemofílicas – mostrou-se ser um fértil espaço de reflexão, com um olhar mais atento às especificidades, entre discriminações que visam hierarquizar povos e o potencial transformador desses povos, que constituem a América Negra, ou ainda, a América não branca: África e seus filhos em diáspora provando *que temos uma história própria, e que a razão e a emoção negra* nos pertencem e, que a cisão entre razão e emoção, entre natureza e cultura, entre o bem e o mal, ou ainda, entre o belo e o feio fazem parte da cosmovisão forjada pelo "ser civilizado", que se avizinha de uma "*Weltanschauung* religiosa" (Freud, 1933), imposta pela cultura de dominação eurocêntrica.

Compreendo que o trabalho efetuado nas atividades que estruturam esse projeto, em prol de uma psicanálise decolonial, tendo como referência prioritária os pensares não hegemônicos do povo branco, contribui, usando as palavras de Achille Mbembe (2019), para delinear possíveis "saídas da grande noite"[1] na qual a psicanáli-

1 Essa expressão refere-se ao trabalho de África para se descolonizar, desfazendo-se da destruição nefasta, material e simbólica, que acomete esse continente – o mais rico do mundo – e seu povo. Tal proposição está desenhada no livro "Sair da

se se encontra mergulhada. Diante dessa concepção, depreendo que a problemática "Uma questão de cor" cumpriu sua função de propiciar aberturas, entre fraturas e suturas, na lógica instaurada pelo paradigma que impõe ao povo não branco de viver sobre a égide de "Um defeito de cor" (Gonçalves, 2016) – *Sou grata às muitas mulheres e homens que ousam criar teoria a partir do lugar da dor e da luta.* O desencadear desse trabalho nas instituições latinoamericanas vêm possibilitando o ressignificar a história do obscurantismo tanático do racismo, na estrutura social, econômica e política com suas replicações na constituição da nossa subjetividade. O epistemicídio do legado afro-descendente, como dos povos originários, precisa ser escutado pelos psicanalistas, em prol das valiosas contribuições que a negritude, com suas singularidades, encarnada em pensadores negros, tem produzido para reconfigurar e reenquadrar a dinâmica estrutural de uma psicanálise que conjugue o sintagma do individual e do coletivo. A invenção desse desafiante cenário, construído por diferentes pensadores, em nossos encontros, trouxe consigo o potencial de uma escuta mais sensível e condutas propositivas em relação a um genuíno alargamento do pensamento psicanalítico latino-americano: por uma psicanálise, que também, se faça descolonizada da herança colonial e racista que a habita, condizente com suas origens e com parte significativa de seu desenvolvimento, guiado pelas ideologias brancocêntricas do norte global. Em consonância com este raciocínio, entendo que criaram-se as condições mínimas necessárias para

grande noite: ensaios sobre a África descolonizada" (Mbembe, 2019,) Por esse caminho, entendo que algo similar deve ser feito pela psicanálise, pelos psicanalistas e suas instituições, em nome de um devir, de pensar e fazer psicanálise a partir de outras perspectivas, que contemplem a ideia de que mundo se constitui não pela lógica do universal, mas sim de um pluriversal. Mbembe segue e nos convida a seguir as pegadas deixadas por Fanon: "Vamos camaradas, é melhor decidir desde já mudar de direção. Quanto à grande noite em que vamos mergulhados, precisamos sacudi-la e sair dela. O novo dia que já se levanta deve nos encontrar firmes, sensatos e resolutos" (Fanon, 1961/2022, p. 342).

desvelar o véu tanático que busca, de forma imperiosa, fazer da África o continente "obscuro". Obscuro para quem? E por quê?

A resultante do comprometimento com o trabalhar a problemática do racismo, em uma produtiva retroalimentação entre docentes e parceiros de estudos, culminou com a produção deste livro: encontro fecundo entre a transmissão oral, marca por excelência do compartilhar conhecimento da ancestralidade do povo negro, e a transmissão via palavra escrita – *oferecer sua experiência como mestra guia, como meio para mapear novas jornadas teóricas*. Diante desse enquadre sou tocado pelas palavras de Grada Kilomba "Escrever, portanto torna-se um ato político" (2019, p. 28). Pensando a transmissão via palavra escrita, sua perenidade e potencialidade de marcar e demarcar a presença em sua ausência – "a escrita foi, originalmente, a língua daquele que está ausente" (Freud, 1930, p. 339) – recordo a proposição, na versão escrita, de bell hooks (2017). Essa, não identificada com os princípios do colonizador, na esteira dos postulados subversivos de Paulo Freire, intelectual brasileiro, nos traz a importância de uma educação transgressora e sua função libertadora. Quero crer que nossa produção textual leva consigo um *quantum* dessa potente proposição – *ensinando a transgredir* – estímulo para romper com a hierarquização dos saberes, uma das marcas da violência colonial. O potencial criativo da pulsão de morte provocando aberturas – *abram a cabeça e o coração* – e rascunhando novas pegadas para Eros, nas trilhas da descolonização do conhecimento.

> *Pedindo a todos que abram a cabeça e o coração para conhecer o que está além das fronteiras do aceitável, para pensar e repensar, para criar novas visões, celebro um ensino que permita as transgressões – um movimento contra fronteiras e para além delas (bell hooks, 2017, p. 24).*

Neste velho/novo registro, que esse livro oferta, *como ato político*, temos mais uma oportunidade de nos engajarmos no *movimento contra fronteiras e para além delas* – sem colonizar – e efetivar diálogos interativos, pensando e repensando, com as mais variadas culturas que compõem o continente americano. Convite para conhecer *o que está além das fronteiras do aceitável*; convite para ir além de uma geopolítica eurocêntrica do conhecimento. Que a amefricanidade de Lélia Gonzalez (2020) seja a mola propulsora do desejo de novos tempos. Afinal *o novo dia que já se levanta deve nos encontrar firmes, sensatos e resolutos.*

Nossa expectativa é que esse livro, além de ser fonte de múltiplas articulações, possa vir a fazer parte das biografias recomendadas para seminários, rompendo com a ausência, quase absoluta, de pensadores negros nos programas de ensino que estruturam a formação dos Institutos de Psicanálise, em todos os continentes. Contexto, que se estende na produção do conhecimento em nossas Sociedades: novas visões, novos olhares, novas escutas – a subversão ganhando contornos. Seguindo essas trilhas, vemos neste exercício oral e escrito, um terreno prolífero a contribuir para desconstruir a razão da existência negra e dos índios, que está na gênese e estrutura do potentado colonial, de ontem e de hoje. Que a mudança de direção que lógica decolonial sinaliza crie condições para um existir negro e dos povos originários condizentes com as razões de nossas histórias: não somos os *condenados da terra*, somos os habitantes, por excelência, desta terra que também é nossa.

Com a pretensão de seguir instigando a construção de novas epistemologias, desacomodar o racismo epistêmico, deixo reinscritas as palavras de Fanon: "Mas se quisermos que a humanidade avance para um estado superior, se quisermos levá-la a um nível diferente daquele em que a Europa revelou, então é preciso inventar, é preciso descobrir" (Fanon, 1961, p. 327).

Referências

Fanon, F. (2022). Os condenados da terra (1961). Zahar.

Freud, S. (1969). A questão de uma Weltanschauung (1933). In *Obras Completas*, vol. XXII. Imago.

Freud, S. (2020). Mal estar na cultura (1930). In *Cultura, sociedade e religião: o mal-estar na cultura e outros escritos*. Autêntica.

Gonzales, L. (2020). *Por um feminino afro-latino-americano: ensaios, intervenções e diálogos*. Org. Flavia Rios e Marcia lima. Zahar.

Gonçalves, A. M. (2018). *Um defeito de cor*. Record.

hooks, b. (2017). *Ensinando a transgredir: a educação como prática de liberdade*. Trad. Marcelo B. Cipolla. WMF Martins Fontes.

Kilomba, G. (2019). *Memórias da plantação – Episódios de racismo cotidiano.* Trad. Jesse Oliveira. Cobogó.

Mbembe, A. (2019), *Sair da grande noite: ensaios sobre uma África descolonizada.*Trad. Fábio Ribeiro. Vozes.

Sobre os autores

Andréa Máris Campos Guerra

Psicanalista e Professora no Departamento e no Programa de Pós-Graduação em Psicologia da Universidade Federal de Minas Gerais (UFMG), onde coordena o Núcleo @PSILACS (Psicanálise e Laço Social no Contemporâneo). Doutora em Teoria Psicanalítica (UFRJ), com Estudos Aprofundados na Université de Rennes 2 (França). Bolsista de Produtividade 2 do CNPq. Professora visitante na França, Bélgica e Colômbia. Coordenadora do Projeto Editorial Decolonização e Psicanálise com a Editora n-1. Autora de diversos livros e artigos. Membra-fundadora da Rede RICA (Rede Internacional de Investigação em Psicanálise e Criminologia), do GT Psicanálise, Clínica e Política da Associação Nacional de Pesquisa em Psicologia (ANPEPP), da Rede Interamericana de Pesquisa e Psicanálise e Política (REDIPPOL), da Rede Internacional Coletivo Amarrações e da Rede internacional UBUNTU - Psicanálise e Decolonização.

Carmen Rosa Zelaya Pflucker

Doutoranda, Mestre em Estudos Teóricos em Psicoanálisis (PUCP). Psicóloga e psicanalista de adultos, niños y adolescentes da Sociedad Peruana de Psicoanálisis. Docente nos Institutos de Psicoterapia Psicanalítica: Intercambio, IPP e CPPL.

Geni Núñez

Ativista indígena guarani, psicóloga e escritora. Atualmente é pesquisadora de Pós-doutorado no Instituto de Estudos Avançados da Universidade de São Paulo (USP). Tem doutorado no Programa de Pós-Graduação Interdisciplinar em Ciências Humanas pela Universidade Federal de Santa Catarina (UFSC), onde também cursou mestrado em Psicologia Social e graduação em Psicologia. É membro da Comissão de Direitos Humanos (CDH) do Conselho Federal de Psicologia (CFP) e da Comissão Guarani Yvyrupa (CGY). Autora de "Descolonizando afetos" (Paidós) e "Jaxy Jatere, o Saci Guarani" (Harper Kids).

Ignácio A. Paim Filho

Psicanalista, escritor, membro titular e analista didata da SBPdePA e membro da Comissão Ubuntu. Autor e coautor de vários livros, entre eles: "Racismo: por uma psicanálise implicada"; "Racismo e Psicanálise: a saída da grande noite" e "Identificação: Imanência de um Conceito".

Iván Gutiérrez Cuadrado

Médico, psiquiatra e psicanalista. Membro titular da Sociedad Colombiana de Psicoanálisis, da Asociación Colombiana de Psiquiatría (Subcomité de Géneros) e da Asociación Colombiana de Psiquiatría Biológica. Professor de pós-graduação em Psicoterapia Psicoanalítica. Autor do artigo "¿Qué hay del terreno común?", publicado na El Camino al conocimiento psicoanalítico. Revista de la Sociedad Colombiana de Psicoanálisis (2010).

Isildinha Baptista Nogueira

Mestre em Psicologia Social pela Pontifícia Universidade Católica de São Paulo e doutora em Psicologia Escolar e Desenvolvimento Humano pela Universidade de São Paulo.

Kwame Yonatan Poli dos Santos

Psicanalista e doutor pela PUC-SP. Atua como supervisor e é professor no Instituto Gerar. Poeta e escritor, possui quatro livros publicados, sendo o último: "Por um fio: uma escuta das diásporas pulsionais".

Luis Fernando Orduz

Psicanalista. Membro da Sociedad Colombiana de Psicoanálisis. Mestre em Comunicação e Cultura. Ex-presidente da Fepal (2014-2016).

Marco Posadas

Psicanalista. Membro da Associação Psicanalítica Internacional (IPA). Assistente Social Clínico e Ph.D em Psicologia.Membro da Associação Psicanalitica do Canadá e da Associação Psicanalitica do México. Professor de vários institutos psicanalíticos na América do Norte e América Latina, onde trabalha para integrar a diversidade cultural, de gênero e sexual e a prática antiopressiva na prática clínica psicanalítica.

Natalia Mudarra

Psicóloga. Psicanalista da Asociación Panameña de Psicoanálisis (APAP) e, atualmente, faz formação como psicanalista de crianças e adolescentes na Asociación Venezolana de Psicoanálisis (ASOVEP).

Renato Noguera

Doutor em Filosofia (UFRJ). Professor Associado do Departamento de Educação e Sociedade (DES), do Programa de Pós-Graduação em Educação, Contextos Contemporâneos e Demandas Populares (PPGEduc), do Programa De Pós-Graduação Em Filosofia (PPGfil) da UFRRJ. É ensaísta e, dentre suas obras, vale destacar "Ensino de Filosofia e a Lei 10639", "Por que amamos: o que os mitos e a filosofia têm a dizer sobre o amor" e "O que é o luto?"

Sônia Beatriz dos Santos

Analista em formação do Instituto de Formação Psicanalítica. Membro Provisório da Sociedade Brasileira de Psicanálise do Rio de Janeiro (SBPRJ). Ph.D. em Antropologia (UERJ) e Docente do Programa de Pós-Graduação em Educação, Cultura e Comunicação em Periferias Urbanas (PPGECC/FEBF-UERJ) e do Docente do Programa de Pós-Graduação em Bioética, Ética Aplicada e Saúde Coletiva (PPGBIOs/UFRJ, FIOCRUZ, UERJ, UFF).

GRÁFICA PAYM
Tel. [11] 4392-3344
paym@graficapaym.com.br